日本汉学研究

生 き つ づ け る 思 想

老子探究

〔日〕蜂屋邦夫 / 著

葛建廷 / 译

九州出版社
JIUZHOUPRESS | 全国百佳图书出版单位

图书在版编目（CIP）数据

老子探究 ／（日）蜂屋邦夫著；葛建廷译. -- 北京：
九州出版社，2023.7
（日本汉学丛书）
ISBN 978-7-5225-2169-5

Ⅰ．①老… Ⅱ．①蜂… ②葛… Ⅲ．①《老子》—研
究 Ⅳ．①B223.15

中国国家版本馆CIP数据核字（2023）第180251号

ROSHI TANKYU：IKITSUZUKERU SHISO
by Kunio Hachiya
© 2021 by Kunio Hachiya
Originally published in 2021 by Iwanami Shoten，Publishers，Tokyo.
This simplified Chinese edition published 2024
by Jiu Zhou Press，Beijing
by arrangement with Iwanami Shoten，Publishers，Tokyo.
著作权合同登记号：图字01-2022-6040

老子探究

作　者	〔日〕蜂屋邦夫　著　葛建廷　译	
责任编辑	黄瑞丽	
策划编辑	段琪瑜	
出版发行	九州出版社	
地　址	北京市西城区阜外大街甲 35 号（100037）	
发行电话	（010）68992190/3/5/6	
网　址	www.jiuzhoupress.com	
印　刷	北京捷迅佳彩印刷有限公司	
开　本	880 毫米 ×1230 毫米　32 开	
印　张	12	
字　数	240 千字	
版　次	2024 年 8 月第 1 版	
印　次	2024 年 8 月第 1 次印刷	
书　号	ISBN 978-7-5225-2169-5	
定　价	78.00 元	

新版序言

《老子》与《论语》并称为中国的古典双璧，这两本书的特色大不相同，《论语》中所体现的思想旨在恢复当时中国社会的政治和伦理秩序，致力于构建理想的社会，而《老子》的文言则更注重从世俗的纷扰中超然独立，追求的是个人内在的充实，以及客观洞察自然和社会的能力。此外，《老子》还融合了战国时代的生存智慧和独特的治国理念。

《老子》的这些特色使得它超越了时代和地域的限制，对世人的思想和心灵产生了直接影响，可以说具有普世性，更像是人类的教科书，而不仅仅是中国的经典。

关于《老子》的作者、版本、文本的解释，都存在着很多问题。本书将这些问题置于时代的洪流之中进行解答。由于上述问题的复杂性，本书无法面面俱到，只能对部分问题进行探讨，但即便如此，我仍然相信本书在老子其人、《老子》的版本及注解方面，还是提供了一些见解的。

我认为中国思想的特点在于探索"道"，"道"也是老子思想的核心概念。我一直在研究道家思想（如老子、庄子等），以及佛教思想在中国固有思想文化中的接受情况，尤为关注道教特别是金代全真教祖师们的思想。20 世纪 80 年代中期到 90 年代中期，我走遍了多地的道观，并与道士们交流，进行了所谓的"地方研究"。总之，我既研究了文献中关于"道"的思想内容，也研究了实践中关于"道"的体验。本书也是这一研究的一部分，将焦点放在了作为"道"思想的代表老子身上。本书的背后，是一个庞大的中国思想文化世界。

本书旨在探讨老子的"道"思想是如何被不同时代、不同地方、不同人群理解的。越是理解老子的"道"思想，便越会觉得其深奥，不愧是中国古典文化的象征之一。

然而，本书并不是纯研究性的专著，还是通俗易懂的启蒙书。我由衷地认为，本书能够被译成中文，并在老子的故乡——中国出版，是一件非常愉快的事情。希望中国的读者能够愉快地阅读本书，并从中获益。

蜂屋邦夫

2024 年 1 月

序

本书涉及与老子相关的人物、书籍和注释著作，但并非专业书籍。作为作者，我希望这本书既适合专业人士阅读，也能让普通读者轻松阅读。我为此付出了很多努力，力求涵盖理解老子学说所需要的知识。

本书分为三个部分。第一部分涉及老子的人物传记、生活方式、思想和各种传说。第二部分梳理了《老子》诞生的历史、时代变迁以及不同时代对《老子》的注解等。第三部分则聚焦于《老子》注解的一般性和特殊性。为便于读者理解，笔者进行了尽可能广泛且浅显易懂的表述，但总体而言，这三部分是互相交错、互为补充的。

从广泛性的角度来看，本书尝试以老子为中心，来考察战国时期的政治、社会、思潮的全貌。可以说，这是对中国人思维方式本质的追溯性考察。近年来，中国在世界上的重要性与日俱增。无论认可与否，国际社会都要接受中国的强大。在此背景下，到底什么是中国、什么是中国人，已经成为摆在日本人面前的大问题。这些问题，都与本书有着很深的内在关联。

从浅显的角度来说，笔者虽力求让本书的表述通俗易懂，但是围绕老子这一主题，第二部分的内容比第一部分更为深入，第三部分的内容则比第二部分更加深入。在第三部分中，注入了如密林般的注解，不可避免地增加了理解的难度。然而，在建构本书框架的过程中，笔者并非刻意用大量的术语遁入所谓的"专业"这一封闭领域，而是试图提出一种具有普遍性的解释，为公众走进老子的思想世界提供一座桥梁。

对于老子思想的考察，为什么困难重重呢？虽然《老子》中说"吾言甚易知，甚易行"（第七十章），但古往今来，老子的思想极难理解已经成为共识。实际上，"吾言甚易知，甚易行"后面还有一句话："天下莫能知，莫能行。"意谓自己的学说非常易懂、易行，但为什么没有人理解呢？为什么没有人施行呢？不得不说，老子的初心虽然是让自己的学说"易懂""易行"，但这一初衷与世人接受老子思想的方式，从一开始就存在着巨大的鸿沟。

与上文提及的"世人"相比，老子其实更希望位居权力中枢的官员接受自己的思想。本书反复强调，老子是极其关心政治问题的，因此笔者希望读者能以本书为纽带，更好地理解这一点。

《老子》一书之所以晦涩难懂，原因有很多，其表达方式无疑是最重要的原因。《老子》一书的文字，大多短小精深，要想精确把握其含义，要用不短的篇幅进行解释。随着时代的发展，解释的范围日益扩大。另一方面，为了缩小研究和解释的范围，人们进行了各种方式的探究。其中一个方法，就是将出现的问题置于历史语境中进行考察、审视。在本书中，笔者也进行了这方面的尝试。然而，由于出现的问题涉及的领域广泛、深入、尖锐，要想逐个解决这些难题并非易事。

在写作本书的过程中，笔者会暂时离开老子这一主题，去追寻老子所处时代的潮流。另外，为了使关于老子的表述更加简洁，很多地方只列举了数个例子。但是，笔者所举的例证都是具有典型意义的。有人提出，笔者应再举出一些例证来，但是纳入令所有人都满意的例子后，本书的体量就会膨胀很多倍。

20 世纪 80 年代以来，笔者去中国参加了一些关于中国思想的国际学术会议。2012 年 11 月，三百余位来自世界各国的学者参加了由北京大学举办的"北京论坛"。在这次论坛上，笔者以"根据道的思想，实现和谐与幸福"为题，阐述了关于老子思想的全局性看法。本书的序言，就采用这篇论文，希望以此来获取中国读者的反馈。

拙文从"道"的含义和儒家思想开始谈起，以老子的思想为中心展开论述。文章首先指出，老子所谓的"道"既是天地万物产生的本源和原则，也是道德的本质；"道"既是外在的，也是内在的。接着指出，老子通过对天地自然的长年累月的观察，得到了如下认识：天地自然是建立在玄妙的平衡之上的；老子不去追究事物本身，而是将其视作"一"，由此构筑了调和对立、去除极端等思想。

从天人合一的角度来说，天地万物均是由"道"而生的，而顺应"道"的生活方式，就是摒弃人为的东西，追求无欲恬淡且清静柔顺的生活方式。在老子看来，"道"既存在于人的外部，也存在于人的内部。而严格区分内外，大概就是近代的合理思想。在当今国际社会中普遍存在的对立面前，这一合理思想是无法实现的。从这一点来看，老子的思想难道不值得我们重新予以研究和评价吗？

老子的思想可比作一条宽广的河流，包括众多支流，涉及诸多问题。本书的叙述就像是在这条宽广的大河上缓慢下行的游船，我们坐在船上，可以欣赏沿岸的风景。有时，游船会离开主流，进入变化多样的支流，我们可以体验到不同的风景；有时，游船停靠在岸，我们可以爬上高处，远眺地形，思考河流的前景。然后，游船继续顺河而下，不在同一个地方停留。本书给人的印象，大概就是这样吧。我恳切地希望，能有越来越多的人脱离困难重重的日常生活，在一段时间里，尽情享受这趟老子三昧的游船之旅。

蜂屋邦夫

目　录

第一部分　老子的人物形象

第一章　历史中的老子

一、《史记》老子传

老聃传

距今 2100 年前，司马迁在《史记·老子韩非列传》中列举了三位老子。从那时起，老子的人物形象就开始变得模糊了。《史记·老子韩非列传》记载的三位"老子"中，老聃最有可能是老子。老聃是楚国苦县厉乡曲仁里人，姓李，名耳，字聃，曾做过周王室图书馆的书记官。我们先读一下司马迁的介绍 [1]：

---

[1]　日本学者武内义雄在《老子原始》《老子研究》两文中，对司马迁的《老子传》进行了详细介绍。参见武内义雄：《武内义雄全集》第五卷《老子篇》，角川书店，1978 。

老子者，楚苦县厉乡曲仁里人也，姓李氏，名耳，字聃，周守藏室之史也。

孔子适周，将问礼于老子。老子曰："子所言者，其人与骨皆已朽矣，独其言在耳。且君子得其时则驾，不得其时则蓬累而行。吾闻之，良贾深藏若虚，君子盛德容貌若愚。去子之骄气与多欲，态色与淫志，是皆无益于子之身。吾所以告子，若是而已。"

孔子去，谓弟子曰："鸟，吾知其能飞；鱼，吾知其能游；兽，吾知其能走。走者可以为罔，游者可以为纶，飞者可以为矰①。至于龙，吾不能知其乘风云而上天。吾今日见老子，其犹龙邪！"

唐代注释家们认为，《史记》中的"楚苦县厉乡曲仁里"，应当指今河南省鹿邑县的太清宫（地名）。太清宫相传是道教神仙居住的地方。现在，鹿邑不仅成立了老子学会，还有关于老子的纪念性建筑群。

"孔子适周"之"周"，指的是东周都城洛阳。春秋末年至战国时期，周平王以洛阳一带为中心，建立了东周。

---

① 奔跑的动物可以用网捕捉，游水的动物可以用钓丝钓取，飞翔的动物可以用带绳的箭射取。

孔子问礼于老子以后，在弟子面前盛赞曰"其犹龙邪"。自此以后，龙就成为老子的标志，北宋时期还出现了《犹龙传》这篇关于老子的传记。孔子去周之事，在《史记·孔子世家》中也有记载。《孔子世家》称，孔子从一开始就是为了向老子请教礼的问题，才去周国都城的。孔子向老子辞行时，老子赠言道：

吾闻富贵者送人以财，仁人者送人以言。吾不能富贵，窃仁人之号，送子以言，曰："聪明深察而近于死者，好议人者也。博辩广大危其身者，发人之恶者也。为人子者毋以有己，为人臣者毋以有己。"

《老子列传》和《孔子世家》记载的老子赠言虽然并不相同，但告诫孔子"毋以有己"则是相同的。"毋以有己"就是去除私己之小我，这一主张颇能代表老子思想的精髓。

虽然《老子》文本中并没有出现与《史记》相同的表述，但下面的描述，与《史记》中描绘的老子风貌是符合的。

自见者不明，人自见其形容以为好，自见其所行以为应道，殊不知其形丑，操行之鄙。自是者不彰，自以为是而非人，众共蔽之，使不得彰明。自伐者无功，所

谓辄自伐取其功美，即失有功于人也。自矜者不长。好
自矜大者，不可以长久。（第二十四章）

强梁者不得其死。（第四十二章）

信言不美，美言不信。善者不辩，辩者不善。知者
不博，博者不知。（第八十一章）

老聃之旅与其著作

《老子传》在介绍了老子的姓名、籍贯后，继续写道：

老子修道德，其学以自隐无名为务。居周久之，见
周之衰，乃遂去。至关，关令尹喜曰："子将隐矣，强为
我著书。"于是老子乃著书上下篇，言道德之意五千余
言而去，莫知其所终。

以上就是《老子传》中关于老子其人的全部记述。后世
根据这一记述，敷衍出各种传说。由上下两篇五千余字的记
述可知，老聃才是《老子》一书真正的作者。

至于"关令尹喜"之"关"的确切位置，早已不得而知。
有人说是位于今河南和陕西交界附近的函谷关，有人说是陕
西散关。相较而言，散关说似乎更有说服力。

西安西南约60公里处是楼观镇，该镇南面有一座名为

"楼观台"的道观。当地传说，尹喜担任散关令期间，在附近建造高楼进行天文观测，预测天下大势。

据说，楼观台始建于唐代，是道士修行的地方，许多道教神仙都曾在此修行过。此外，楼观台也是著名的道教圣地，前来参观的人络绎不绝。

相传，尹喜擅长天文观测。他曾建高楼用来观察星星的位置变化和月亮的盈亏，并以此来预测天下大势。尹喜所建的高楼，成为楼观台的起源。

现在，楼观台已被指定为中国国家重点文物保护单位，这里保留了许多古代的建筑、雕刻、书画等，营造出浓厚的传统文化氛围。

据说，有一天，尹喜在观察天象时，发现从东方飘来紫色的祥云，推测将有圣人到来，于是派人清扫道路四十里，以迎圣人。不久后，尹喜便见到了骑着青牛的老子，请其讲经授道。

老子似乎是在说经台上宣讲自己的学说的，如今楼观台的说经台就是当年老子讲经之处。笔者分别于1985年、1987年、1988年参观过那里，当时还是宁静古朴的道观，如今已经相当"发展"了。

"关令尹喜"除了可释为"关尹"（氏关，名尹）或"关尹喜"（氏关尹，名喜）外，还有一种由来已久的解释——"关的令尹很高兴"。"令尹"是楚国所设之最高官职，与老聃是楚国人的事实相符。虽然"关令尹喜"的含义至今没有定论，但道教界普遍将其解读为尹喜。《庄子》是中国最古老的哲学著作之一，其最后一篇《天下篇》中列举了许多道家学者，并将尹喜（关尹）与老聃并称为"古之博大真人"。

老子之墓

司马迁提出，老聃作上下两篇五千言留给关令尹喜后便离开了，不知道在何处去世。笔者不清楚司马迁是基于哪些材料和调查得出这一结论的。如今，在楼观台西面五六公里处，竟然建有老子墓。

关于老子墓，北周（公元 6 世纪后期）时期，甄鸾《笑道论》中有"（老子）身死关中，坟垄见在"的记载，道安《二教论》中有"（老子）死于扶风，葬于槐里"的记载。关中、扶风、槐里均位于今陕西省，关中指的是渭河流域一带，包括西安等市；扶风地处关中西部，而槐里曾是右扶风的治所。老子墓究竟位于槐里还是楼观台西面，至今没有定论。遗憾的是，笔者始终没有机会去参拜老子墓。

关于老子墓的具体位置，除司马迁、甄鸾、道安的描述之外，还存在其他传说。这也是中国人喜欢将所有事物具象化的表现。位于江西龙虎山的上清宫遗址中，有一口名为"镇妖井"的古井，据说井内镇锁着"三十六天罡星"和"七十二地煞星"，成为《水浒传》中梁山好汉们的诞生地。南昌万寿宫中有一口锁蛟井，传说许逊（东晋道士）将一条兴风作浪的蛟龙镇压在井底。日本也有类似的"遗迹"，千叶县"保存"有"南総里见八犬伝"中的犬士"遗迹"。相比之下，笔者认为老子墓作为现实人物的墓地，并不具有太大的价值。

老莱子

前文已述，《老子传》中出现了三位"老子"，除了老聃外，还有老莱子和周太史儋。司马迁称，有人说"老莱子亦楚人也，著书十五篇，言道家之用，与孔子同时"。唐张守节《史记正义》引用《列仙传》①第三篇作为补充说明。

据说，老莱子为躲避世乱，逃到蒙山②南麓隐居，垦山播种五谷。楚王听闻后，便亲自请他出山。老莱子逃到江南栖身，过着"鸟兽之解毛可绩而衣，其遗粒足食也"的生活。

---

① 《列仙传》是中国第一部系统记载神仙传记的典籍，主要记述了上古及三代、秦、汉之间的七十余位神仙的重要事迹及成仙过程。历代学者多认为该书并非刘向所作，而是东汉或魏晋时期的作品。

② 日本学者泽田瑞穗注曰：蒙山，古称象山，位于今湖北省荆门市西郊。参见泽田瑞穗译：《中国古典文学大系》8《列仙传》，平凡社，1969。

在厌世避世方面，老莱子与老子是相同的，二人的显著区别在于，老子对现实政治抱有极大的关切，而老莱子始终过着隐遁的生活。

楚国的疆域大致位于今湖北省和湖南省一带，其文化与中原文化大不相同。楚国江河湖水丰富，气候湿润，与中原地区普遍崇奉儒家思想不同，楚国产生了具有批判精神的道家思想。《老子》一书中提倡的上善若水、守柔若强、以守雌为美等主张，均和楚国的地理环境和人文氛围有着一定的关联。

司马迁称："盖老子百有六十余岁，或言二百余岁，以其修道而养寿也。"不知司马迁是根据何种传说（或是自己推算）得出这一结论的。司马迁一方面说老子"莫知其所终"，另一方面说其"享年"，前后不一。按照现代常识，老子不可能活到一百六十余岁或者二百余岁。但在古代传说中，彭祖活了八百岁。因此，在中国古人看来，老子活到一百六十余岁或二百余岁也是有可能的。

"老子"的"子"，与"孔子""孟子""庄子"的"子"一样，都是对人的尊称，又称"先生""老师"。从这个意义上来说，"老子"也可理解为"老先生"的雅称。老聃还有一个名字——李耳。在古代中国，"老"是作为姓氏存在的，"李"姓就是由"老"姓演变而来的。

张守节在注解《史记·周本纪》时提出，周幽王时期（公元前 781 年—公元前 771 年），有一个名叫伯阳甫的人根据"西周三川皆震"而推断出"周将亡矣"。三国时期，吴国学者唐固据此提出"伯阳甫就是老子"的主张。这一主张与老子被神秘化有关，相关论述详见本部分之第四章。

周太史儋

司马迁在《史记》中曾四次援引了同一预言。此预言最初是由周朝太史儋向秦献公陈述的。太史儋曰："始周与秦国合而别，别五百载复合，合十七岁而霸王出焉。"《周本纪》《秦本纪》中都记载了周太史儋见秦献公之事，但具体时间不同：《周本纪》称这件事发生在周烈王二年，《秦本纪》称这件事发生在秦献公十一年，均与孔子去世后的年数不符。无论如何，《老子传》中都没有明确指出"太史儋即老子"。此外，从老子的形象来看，太史儋不可能是老子。司马贞的《史记索隐》就否认了"太史儋即老子"的说法。

《老子传》中还记载了老子的世系，其文曰："老子之子名宗，宗为魏将，封于段干。宗子注，注子宫，宫玄孙假，假仕于汉孝文帝。而假之子解为胶西王卬太傅，因家于齐焉。"考虑到老子其人本就模糊不清，这段记载的可信度也就可想而知了。在介绍完老子的世系后，司马迁感慨地说：

"世之学老子者则绌儒学，儒学亦绌老子。'道不同不相为谋'，岂谓是邪？"

《老子传》中，出现了不少"或""盖"等模糊性表述，表明司马迁在写作《老子传》时，对老子的认识是含糊的。关于老子的一切，都属于模糊的传承。

司马迁在《史记·老子传》中提及三位"老子"的候选人，并将老聃置于首位，考虑到老聃与《老子》一书的密切联系，"老聃即老子"说较为可信。之所以列举老莱子和太史儋，是因为在司马迁生活的时代，关于老子其人，"世莫知其然"，二人也被视作"老子"。

司马迁对老子的评价

司马迁在《太史公自序第七十》中，将老子的根本思想概括为"无为自化，清静自正"。《老子传》末尾称：

> 老子所贵道，虚无，因应变化于无为，故著书辞称微妙难识。庄子散道德，放论，要亦归之自然。申子卑卑，施之于名实①。韩子引绳墨，切事情，明是非，其极惨礉少恩。皆原于道德之意，而老子深远矣。

_____

① 这里的"名实"，指的是官员的职位与履职情况。

由上述评语可知，老子的思想与《老子》一书的主旨思想是完全一致的。

司马迁将老子、庄子、申不害、韩非并列放在一个列传中，该章的全称是《老子韩非列传》，《老子传》是其简称。四人之中，申不害和韩非都是法家学者，申不害重视君王之术，韩非崇尚术法，二人的思想都本源于老子，庄子则被视为老子的大继承人。

"无为自化，清静自正"化用自《老子》第五十七章的"我无为而民自化，我好静而民自正"。其中的"我"，特指当政者。"我无为而民自化"是老子基于执政者政令繁苛，导致民众越来越难治理的社会现实提出的主张；"我好静而民自正"则是老子立足于执政者贪婪三昧，导致民众思想混乱的问题提出的主张。因此可以说，"无为自化，清静自正"是司马迁对老子思想的精准概括。

司马谈《论六家要旨》

司马迁对老子思想的理解，应该来其父司马谈（公元前190—公元前110）。司马迁通常被视为儒家学者，他对老子的高度评价则深受父亲司马谈的影响。

《太史公自序第七十》中收录有司马谈的《论六家要旨》，"六家"分别指道家、阴阳家、儒家、墨家、名家、法家。

六家之中，司马谈对道家的评价最高。

> 道家使人精神专一，动合无形，赡足万物。其为术
> 也，因阴阳之大顺，采儒墨之善，撮名法之要，与时迁
> 移，应物变化，立俗施事，无所不宜，指约而易操，事
> 少而功多。

这是司马谈对道家思想的全面赞扬。司马谈所说的道家，主要是指老子、庄子。

司马谈还说："道家无为，又曰无不为，其实易行，其辞难知。其术以虚无为本，以因循为用。"这一表述与《老子传》的结尾形成了呼应。

"无为，又曰无不为"化用自《老子》第四十八章的"为道者……无为而无不为"，"其实易行"化用自《老子》第七十章的"吾言甚易知，甚易行"，"其辞难知"则是《老子》第一章的"道可道，非常道"和"常无欲以观其妙；常有欲以观其徼"的简要表达。

"其术以虚无为本"化用自《老子》第十六章的"致虚极，守静笃"和《老子》第四十章的"天下万物生于有，有生于无"。需要注意的是，"因循"一般指遵守旧规，沿袭先例。但在汉代的道家文献中，"因循为用"是指遵循天地自

然之道（宇宙秩序）。从这个意义上来说，《老子》第二十一章的"孔德之容，唯道是从"、第二十五章的"人法地，地法天，天法道，道法自然"等，均有遵循天地自然之道的意思。

道家思想博大精深，司马谈将其归纳为"道家无为，又曰无不为，其实易行，其辞难知。其术以虚无为本，以因循为用"，可谓深得其要旨。

二、从春秋战国到秦朝

司马谈为何将道家置于六家之首呢？这不仅是其个人思考的结果，更反映了从春秋战国到秦汉的时代潮流。为了更加全面、深入地了解老子，我们需要先追溯从春秋战国到秦汉的历史。

春秋战国时期

春秋时期通常指公元前 8 世纪至公元前 5 世纪。当时，西周王朝制定的礼乐制度遭到了颠覆性的破坏，孔子一生致力于重建西周时期的礼乐制度，使人人"应分而为"、各司其职、各守本分。

"君主的本分"是祭祀祖先、山川神灵，像家长团结家族一样团结整个国家。"臣子的本分"是协助君主处理国家政务、保卫国家。家族是指以血缘关系为基础的亲属组织，而宗族则是建立在家族基础上的更为庞大的社会群体。

孔子生于鲁国陬邑（今山东省曲阜市），鲁国是周朝的同姓诸侯国之一，需要服从周王室的政令，向周王室朝贡、述职、服役等。周王统管诸侯的依据在于，其乃"受命于天"。孔子认为，周王虔诚地祭天，获得了天命的认可，由此开创了周王朝。经过文王、武王、周公等人的努力，周初建立了完善的分封制度、宗法制度和礼乐制度。孔子终其一生，都在呼吁恢复西周的制度。

封建制度以"配天之德"为表征，周王以"受命于天"自居，分封诸侯，祭祀天地、山川等神灵。周人认为，君主的权力是"天"授予的，只有有德者才可承受天命，孔子的道德就是由"德"发展而来的。因此可以说，封建制度是建立在德和血统之上的制度。春秋初期，周天子的权威一落千丈，秦穆公（公元前660年—公元前621年在位）之类的诸侯也可以祭祀上帝了。

孔子周游列国，积极推行自己的思想，均以失败告终。其中一个重要的原因是，周是通过武力夺取商朝政权的，"受命于天"是其用来宣示自己统治合法性的依据，"殷荐天祀"不过是其讨伐纣王的一个借口。

西周初期，天命思想仍比较流行，周天子的权威很大。

但是随着时代的发展，天命思想逐渐式微，诸侯也不再服从周天子的政令了。但无论如何，春秋时期，周天子仍是名义上的"天下共主"。公元前 453 年，晋国被实力雄厚的韩、赵、魏三家瓜分。公元前 403 年，周威烈王册封韩、赵、魏三位大夫为诸侯。按照常理说，瓜分晋国的韩、赵、魏三家本应受到周天子的讨伐，反而被册封为诸侯，"君臣之礼既坏矣，则天下以智力相雄长"。孔子推崇的周制受到冷落，也是不可避免的。

《春秋》是鲁国的编年史，记述了春秋时期（公元前 770 年至公元前 476 年）的重大历史事件。公元前 403 年的三家分晋，是春秋和战国的分界线。

孔子周游列国之所以失败的另一个原因，是他过于注重道德感化。在孔子看来，执政者践行仁义道德，民众自然会受其感化而走上正道，因此用道德礼义治理国家是最理想的方式。在崇尚道德这一点上，老子和孔子是相似的。

春秋战国时期，各诸侯国之间不断争战，无不崇尚权谋。各诸侯国内部，国君的权力被有权势的卿大夫和家臣把持。即使国君想要推行仁政，也会遭受重重阻碍。但不能就此认为，孔子的思想在当时没有影响力。孔子最推崇的"仁"，与"孝""悌"密切相关，而"孝""悌"是维护家族和谐的根本。孟子不仅继承了孔子"仁"的思想，还将其发展为"仁义"思想，称："仁之实，事亲是也；义之实，从兄是也。""仁，人之安宅也；义，人之正路也。"（《孟子·离娄上》）宗族是中国古代社会结构的基本单位，对于个体的身份认同和归属感起着至关重要的作用。

从战国到秦朝

战国时期从公元前 5 世纪中叶开始，到公元前 3 世纪后期结束，持续了两百多年。它是实力至上的时代，也是封建制向郡县制转变的时代。郡县制是一种由国君派遣官僚治理地方的制度。在这一制度下，行政能力成为官员的重要能力，"能"取代了"德"。

郡县制的形成与诸侯国之间的并吞战争密切相关。"县"是指征服本国附近的国家，并将其置于本国之下。"郡"是指征服距离本国较远的国家，并将它们归为一体。"县"出现的时间远远早于"郡"。

春秋末期，各诸侯国均朝着富国强兵的目标前进，经过兼并战争的淘汰，诸侯国的数量减少到十几个。到了战国时代，淘汰过程更加激烈，最后剩下的是被称为"战国七雄"的燕、赵、魏、齐、韩、楚、秦。七个国家共存了两百多年，在整个中国历史上也是绝无仅有的。当然，战国七雄之间也是有强弱之分的，它们或联盟对抗强敌，或相互救助，维持了两百年的平衡。

为了富国强兵，这七个国家采取了种种措施，思想家、谋略家、兵家成为各诸侯国富国强兵的重要助力，许多学术流派十分活跃，它们被统称为"诸子百家"。

以孔子为首的儒家不仅提出了"仁"的思想，还提出了比"仁"更广泛的道德品德，比"仁"更具限制力的"义"和"礼"。儒家试图通过道德的力量来端正人心，进而重建社会的秩序。

儒家以道、德为起点，发展出德—仁—义—礼，最终提出带有惩罚性质的法律。法律没有权力作为背景，就无法发挥作用。但法律不能被视作道德，因此儒家学说发展到"礼"为止。随着向礼的方向发展，将人类心灵这个无限的东西赋予一定的名称，并在形式上加以限定，就是自然而然的结果了。

于是，出现了一批批判其形式主义的人，其代表就是老子。《老子》第十八章中的"大道废，有仁义；智慧出，有大伪；六亲不和，有孝慈；国家昏乱，有忠臣"，第三十八章中的"失道而后德，失德而后仁，失仁而后义，失义而后礼"等，都对儒家的德行主义作出直截了当的批判。

因此，从思想的发展历程来看，先有儒家的德行主义，后有老子对其所作的批判。从这个角度来看，《老子列传》

中记载的孔子问礼于老聃之后，誉老聃为龙，是无法成立的。

秦国崛起之后，逐渐打破了七国之间的平衡。秦国兴起于西部边陲之地，与韩魏赵等中原国家相比，秦国的文化是落后的、质朴的。秦孝公（公元前 362 年—公元前 338 年在位）起用商鞅（又称公孙鞅、卫鞅）变法，使秦国实现了富国强兵。

商鞅通过法律的绝对主义，来实现富国强兵。其富国政策可概括为"以农业为基础，抑制商业"；通过推行"徕民"政策，吸引其他国家的流民迁入秦国。其强兵政策可概括为鼓励秦国士兵凭借战功获得官职、爵位。

此外，商鞅还强调法律的绝对性和平等性。他推行连坐制度，对告奸者给予奖励，对匿奸者予以严惩；不承认贵族的特权，主张法律面前人人平等。公族子弟犯了罪，虽不能对本人进行惩处，但对其师傅予以严厉的法律制裁。商鞅否定知识和学问的价值，主张让人民保持愚昧。

经过商鞅变法，秦国逐渐由弱变强。秦始皇（公元前 247 年—公元前 210 年在位）先后攻灭韩、赵、魏、楚、燕、齐六国，于始皇二十六年（公元前 221 年）统一了六国。

三、五行思想

《尚书·洪范》五行

秦始皇统一六国后，按照五行思想制定了一系列制度。有鉴于此，我们暂时中断关于老子的话题，对五行思想进行一番探讨。

五行思想是中国思想的支柱之一，其起源和发展都涉及很多复杂的问题。如果对每个问题都进行深入分析，将会没有穷尽。因此这里仅就五行思想的几个重要范畴，进行简单介绍。

"五行"是《尚书·洪范》中出现的一个概念。通常认为，《洪范》是殷王室成员箕子为周武王陈述的治国大法，是一篇很古老的文献。但实际上，《洪范》成书于战国时期。

箕子传授给周武王的治国大法有九条，又称为"九畴"。"畴"字的本义是指随地势而形成的田埂地界，由"田界"之义引申为"农作物种植的分区"；再由"分区"之义引申为"种类"，如现代汉语中的"范畴"。"九畴"中的第一畴是五行："一曰水，二曰火，三曰木，四曰金，五曰土。"五行相生的顺序，体现了中国古代哲学中宇宙万物相互滋生、相互依存的关系。

《洪范》先阐述五行的顺序，然后再阐述五行的特性。如水的性质是向下渗透、湿润。火的性质是向上燃烧，若人体内的阴阳失衡，就会出现燥热的症状，俗称"上火"；"去火"则称"下火"。木材可以弯曲、调直，竹子的韧性极强，是能屈能伸的代表。金属熔化后，可以铸造成各种形状。土地能生长万物，而中国自古以农立国，土地就成为最重要的生产资料。

关于五行、五行之性与五味（咸苦酸辣甘）之间的对应关系，《洪范》的描述是："润下作咸，炎上作苦，曲直作酸，从革作辛，稼穑作甘。"这段论述，现代人很难理解。但从经验层面来看，就容易理解了。如食物烧焦后，会呈现出苦味，此即"炎上作苦"；树里有草，草含有酸性物质，此即"曲直作酸"；种田得百谷，百谷含有甜味，此即"稼穑作甘"。由此可见，五行→五行特性→五味的逻辑关系，是贴合人们的生活经验的。

《洪范》中的"五行"，还可以理解为人们生活中不可或缺的五种材质（又称"五材"）。秦朝博士伏生《尚书大传》对"五行"的解释是："水火者，百姓之求饮食也；金木者，百姓之所兴作也；土者，万物之所资生也，是为人用。"意谓水和火用于饮食，金和木用于生产活动，土用来长养万物。因此可以说，"五行"在秦代也可称之为"五材"。在这里，

"五行"之"行"，类似于"列"，指属于某一类别的事物，或相关事物的组合。

东汉班固《白虎通》对"五行"之"行"的解释是："言行者，欲言为天行气之义也。"意谓"行"字是用来表述气的运动、运行方式的。这一解释将"五行"之"行"视为天地阴阳之气的动态运行，而非静态物质。

给《尚书》作"正义"（疏）的唐朝孔颖达，对"五行"之"行"的解释是："谓之行者，若在天则五气流行，在地世所行用也。"孔颖达认为，"五行"有天地之分，天有五气（春、夏、秋冬、土）流行，地有五材物质。如此一来，"五行"由哲学话语变成囊括人类和社会的宏大话语系统。因为《洪范》成书时，还没有出现"天时"这一概念，所以这里的"行用"大体可以理解为"使用"。

在《洪范》中，"五行"之后是"五事"（统治者的五种行为标准：仪容、言语、观察、听闻、思维）、"八政"（治国理政的八项政务：粮食、财货、祭祀、营建、教化、除奸、宾赞、军事）、"五纪"（天文历法的五种元素：岁、月、日、星辰、历数）；等等。"五行""五事""八政""五纪"构成了中国古代治国理政的庞大体系。

五行思想的形成

五行思想为什么会成为预测王朝更替和历史变迁的理论呢？要想弄清楚这个问题，首先需要明确五行思想形成的时期。

众所周知，阴阳五行思想在春秋时期就已普遍流行。据春秋时期左丘明编纂的《国语·郑语》记载，西周太史史伯为郑桓公分析天下大势时提出："先王以土与金木水火杂，以成百物。"这句话的大意是：土、金、木、水、火这五种元素相互结合，可以生成万物。史伯"五行相杂"的理论，是由五行思想发展而来的。这充分表明，五行思想在西周时期已经形成。

《孙子兵法》一书中也有关于"五行"的阐述。据说，《孙子兵法》是春秋末年齐国人孙武所著的兵书，其第六篇《虚实》曰："夫兵形象水，水之形，避高而趋下，兵之形，避实而击虚。水因地而制流，兵因敌而制胜。故兵无常势，水无常形。能因敌变化而取胜者，谓之神。故五行无常胜，四时无常位，日有短长，月有死生。"这段话的大意是：水流动时，会避开高处，流向低处；行军打仗时，要避开敌人的强项，攻击其弱点，也就是要"避实就虚"。而战场形势千变万化，没有永恒的胜利之道。

　　"五行无常胜"意谓五行相生相克，没有哪一个固定常胜。例如，将大量的水倒在火上，火就会被扑灭；坚固的堤坝，可以防止洪水泛滥，此即水胜火，却败于土。因此可以说，土、金、木、水、火之间存在着相生相克的关系。与《洪范》中的"五材"相比，"五行相生相克"无疑是一个很大的进步。

　　《虚实》所谓的"四时无常位，日有短长，月有死生"，是"五行无常胜"思想在自然界中的表现形式之一。这句话的大意是："五行"相生相克，四季依次交替，白天有短有长，月亮有缺有圆，宇宙万物永远处于变化之中。日本学者武内义雄在《孙子研究》中提出："'故五行无常胜'大概是注释，后来误为正文"；"若以此为正文，则有画蛇添足之嫌"。①这是一个非常独到的见解。

　　综上所述，无论是《郑语》中史伯的"五行相杂"论，还是《虚实》篇中孙武的"五行相生相克"论，都是《洪范》中"五行"思想的进一步发展。

　　用"五行"思想解释王朝更替、历史变迁的人物，是活跃于战国后期的邹衍（约公元前305年—公元前240年）。

---

　　① 武内义雄：《武内义雄全集》第七卷《诸子篇2》，角川书店，1979。

邹衍构建的"五德始终"说、"阴阳五行"学说，均对后世产生了深远的影响。

邹衍的五行思想

邹衍是战国末期齐国人，生平不详，事迹主要见于《史记·孟子荀卿列传》。《孟子荀卿列传》不仅记载了孟子、荀卿等儒家学者的生平事迹和思想，还记载了战国时期的阴阳、道德、法、名、墨各家的代表人物十余人。由于邹衍以"阴阳五行"学说为基础，阐释宇宙万物的运行规律，《汉书·艺文志》将其列入阴阳家。下面，我们将围绕《孟子荀卿列传》中关于邹衍的记载展开探讨。

关于邹衍的生平事迹和思想，《孟子荀卿列传》称："邹衍睹有国者益淫侈不能尚德，若大雅整之于身、施及黎庶矣，乃深观阴阳消息，而作《怪迂之变》《终始》《大圣》之篇十余万言。其语闳大不经，必先验小物，推而大之，至于无垠。"这里的《怪迂之变》，应指"五德终始"说，《汉书·艺文志·诸子略》"阴阳家"条下载有《邹子》四十九篇。《大圣》疑即《邹子》，或出于邹衍后学所编。《大圣》篇之内容与《终始》篇类同，二者应属于不同的抄本。《汉书·艺文志·诸子略》"阴阳家"条下载有《邹子始终》五十六篇。

关于邹衍的"大九州"观，《孟子荀卿列传》曰："先列中国名山大川，通谷禽兽，水土所殖，物类所珍，因而推之及海外，人之所不能睹。……以为儒者所谓中国者，于天下乃八十一分居其一分耳。中国名曰赤县神州。……中国外如赤县神州者九，乃所谓九州也。于是有裨海环之、人民禽兽莫能相通者，如一区中者，乃为一州。如此者九，乃有大瀛海，环其外天地之际焉。"在这里，先列举中国的名山大川和珍禽异兽，再论述海外的山川和物产。

关于邹衍的"历史观"，《孟子荀卿列传》称："先序今以上至黄帝，学者所共术，大并世盛衰，因载其禨祥度制，推而远之，至天地未生，窈冥不可考而原也。……称引天地剖判以来，五德转移，治各有宜，而符应若兹。"邹衍从自己所处的时代写起，一直追溯到黄帝时期，探讨了世代的兴衰变化。邹衍的学术"要其归，必止乎仁义节俭，君臣上下六亲①之施，始也滥耳②"。当时的王公大人虽然对邹衍的学说肃然起敬，却觉得其难以实行。邹衍在齐国、梁国、赵国、燕国均受到很高的礼遇。燕昭王亲自拿着扫帚，在前面为邹衍打扫开路，并以弟子的身份就座听他讲课；又特地为他修

---

① 六亲，唐颜师古注《汉书·贾谊传》引应劭曰："六亲，父母、兄弟、妻子也。""君臣上下六亲之施"意谓在君臣上下和六亲之间践行仁义节俭。

② "始也滥耳"之"滥"，《史记索隐》《史记正义》均释作"滥觞"；清初顾炎武释作"毫无节制"。

筑碣石宫，以师礼对待他。在燕国，邹衍撰作了《主运》[①]。

以上就是《孟子荀卿列传》中对于邹衍的描述。根据《孟子荀卿列传》的描述，我们可以得出两个重要结论。

第一，邹衍的思维方法是一种透彻的演绎法，"必先验于小物，推而大之，至于无垠"。邹衍采用演绎法，对时间和空间进行推理，由此提出了"大九州"说和"五德终始"说。

第二，"五德转移"说是邹衍独创的学说。"五德"指的是木、火、土、金、水所代表的五种德性。邹衍认为，每个朝代都代表一种德性，朝代的更迭是按照五行相克的顺序进行的。《终始》《大圣》就是立足于"五德转移"理论，讨论王朝更迭的著作。

"五德转移"说

"五德转移"说亦称"五德终始"说，是邹衍提出的历史观，以"五行"(金、木、水、火、土)的相生相克理论解释朝代更替。《终始》《大圣》，在不同史籍中的表述并不相同，《史记·封禅书》《汉书·郊祀志上》称作"始终五德之运"，《史记·秦始皇本纪》称作"始终五德之传"，《盐铁

---

① 唐司马贞《史记索隐》引刘向《别录》云："邹子书有《主运》篇。"

论·论邹》称作"大圣始终之运",《盐铁论·论儒》称作"变化始终之论",《文选·魏都赋》李善注引《七略》称作"始终五德"等。"转移""始终""运"等,都是用来表述五德循环活动的。在《洪范》中,"五行"被描述为构成宇宙万物的基本元素;邹衍赋予"五行"以道德和政治内涵,创造出解释王朝更替的"五德转移"说。

关于"五德之次",《淮南子·齐俗训》高诱注曰:"五德之次,从所不胜。故虞土、夏木、殷金、周火。"《文选·魏都赋》李善注引《七略》曰:"邹子有终始五德。从所不胜。木德继之。金德次之。火德次之。水德次之。"《文选·齐故安陆昭王碑文》李善注曰:"五德从所不胜,虞土、夏木、殷金、周火。"

由上述记载可知,"五德之次"就是五行相克的循序,即土—木—金—火—水。"土"无法战胜"木",前一个王朝的德行无法战胜后一个王朝的德行。"五德从所不胜"之"胜",并非指"互赢",而是表示王朝更替中,后朝的德性需按照五行相克("所不胜")的顺序取代前朝。在"五德转移"理论中,邹衍将虞、夏、商、周四代配五行,推导出四代的德行分别为:虞土、夏木、殷金、周火。后一德克制前一德,如此循环往复,以至于无穷。

《洪范》"五行"的顺序为水—火—木—金—土。邹衍遵循"五德从所不胜"的原则，将五德之次确定为土—木—金—火—水，历史朝代按照五行相胜（相克）的顺序循环更替。从生活经验层面来看，土地是用木制的锄犁耕作的（木胜土），树木会被金属制作的斧头砍断（金胜木）；金属会被火熔化（火胜金）；火会被水扑灭（水胜火）；水会被堤坝挡住（土胜水）。每个朝代属于一种五行，后朝五行克前朝五行，后朝取代前朝。

属水德的王朝

进入战国以后，周王朝可谓命运多舛。公元前256年，偏居洛阳一带的周朝被秦国所灭，哪个国家将会代替周王朝成为天下共主，成为时人关注的焦点。在此背景下，邹衍的"五德转移"说受到各诸侯国国君的强烈关注。

按照邹衍的"五德转移"说，周为火德，而根据五行生克理论，金克木，火克金，故取代周朝的王朝应为水德。根据《洪范》的记载，水具有润下之德。《老子》第八章亦曰："上善若水。水善利万物而不争，处众人之所恶，故几于道。"据此可知，具有水德的王朝施行的是宽厚、惠民的仁君之政。

据《左传·昭公二十年》记载，郑国宰相子产病危之时，对"接班人"子大叔说："唯有德者能以宽服民，其次莫如猛。夫火烈，民望而畏之，故鲜死焉。水懦弱，民狎而玩之，则多死焉，故宽难。"子产去世后，子大叔继任宰相。子大叔不忍心施行猛政而用宽政，却使郑国盗贼横行，盗贼们到崔符的草泽中打劫。子大叔懊悔不已，派步兵剿灭了崔符的盗贼，盗贼横行的问题才得以解决。

子产所谓的"宽政"，就是邹衍所倡导的水德政治。邹衍认为，水具有润下之德，为政者应以仁爱之心治国理政。

"阴阳主运"说

用"五德转移"说解释王朝更迭，具有划时代的意义。根据"五德终始"说，周朝为火德，取代了属金德的商朝，而金生水，所以取代周朝的王朝应属水德。为了进一步论证"五德转移"说，邹衍在燕国的石宫撰作了《主运》。由于《主运》早已失传，其详细内容不得而知，我们只能从其他典籍的记载中捕捉到只言片语。

《史记·历书》曰："是时独有邹衍，明于五德之传，而散消息之分，以显诸侯。"这里的"五德之传"即"五德转移"，"传"可释作"转移"。

《史记·孟子荀卿列传》称邹衍"深观阴阳消息，作迂怪之变"。所谓"阴阳消息"，指阴气逐渐消减，而阳气逐渐增长的过程，这里指代四季轮回。

《史记·封禅书》曰："邹衍以阴阳主运显于诸侯。"邹衍将"阴阳交替"的朴素辩证法思想和"天人感应"说结合起来，用以解释王朝的更替。

裴骃《史记集解》引如淳曰："今其书有《主运》。五行相次转用事，随方面为服。"五行以次循环，以次用事，终而复始。每个朝代都有与五行相对应的"德"，不同的"德"都有自己代表的颜色，每个朝代的服饰颜色都与其"德"紧密相连。

综上所述，《主运》将五行与季节、方位、服色等结合起来，对"五德转移"理论进行了系统阐述。《礼记·月令》进一步发展了邹衍的阴阳五行学说，按月记录每月的天象特征、天子的衣食住行以及每月所施行的政令。以天子的衣食住行为例，孟春（初春），天子居住在明堂的青阳堂的左室，乘坐饰有用青凤命名的响铃的车子，车前驾着青色的高马，车上插着绘有青龙的旗子，穿着青色的衣服，佩带青色的饰玉，吃的是麦与羊，使用的器物纹理粗疏而通达。此外，《礼记·月令》还详细记载了每月的天象物候、政令发布、农事安排、祭祀礼仪等，并指出了不遵守相关准则时受到的天罚。

邹衍认为，建立在"五行相胜"说基础上的"五德转移"理论，无法满足治国理政的需求，于是在《主运》中从阴阳五行、季节、方位、服色等方面，对"五德转移"理论进行了详细论说。《礼记·月令》融汇阴阳五行学说，按月记录每月的天象、天子起居、祭祀礼仪、政令、民众日常活动等，为天子治国理政提供基本准则。"阴阳主运"学说的要归，"必止乎仁义节俭，君臣上下六亲之施"。如此一来，便实现了儒家思想与阴阳学说的交汇融合。

五行思想的发展

秦汉以后，五行思想得到了很大的发展。除《洪范》五行说（一曰水，二曰火，三曰木，四曰金，五曰土）、"五行相胜"说（水克火、火克金、金克木、木克土、土克水）之外，还出现了"五行相生"说（木生火、火生土、土生金、金生水、水生木）。从自然现象来看，摩擦木头可以产生火（木生火），物体燃尽后会变成土（火生土），土中可以提取出金属（土生金），金属熔化后就变成液体水（金生水），水可以促进树木生长（水生木）。五行之间的相生关系，形成了一个循环不息的链条。

邹衍将阴阳五行与季节、方位结合起来，提出了"主运"学说。后世学者受其启发，提出了"五行相生"说。四季是按照五行相生的顺序循环的：春季属木，夏季属火，秋季属金，冬季属水，土属季夏或四季过渡。史伯在《国语·郑语》中将五行与四季相配，提出了"土王（旺）四季"说。

中国古人认为，一年有三百六十天，每季专划出十八日属土，全年共计七十二天，这些日子便称为"土旺"。受江户时代著名戏剧作家平贺源内的影响，日本人在"土用丑日"这一天有吃鳗鱼的习惯。由此可以看出，"土旺于四季"说在日本也是根深蒂固的。

由于"相胜"和"相生"的读音相同，为避免混淆，将"相胜"称作"相克"，将"五行相胜"称作"五行相克"。

在后世，五行学说作为阐释宇宙万物的生成与演化的学说，被应用于诸多领域。五行对应人体五脏为：肺属金，心属火，肝属木，肾属水，脾属土；五行对应方位为：东属木，南属火，西属金，北属水，中央属土；五行对应颜色为：木为青，火为红，土为黄，金为白，水为黑。中医认为，属火的心脏出现问题，是由属木的肝脏或属水的肾脏功能异常引起的。

五行学说作为中国古代的宇宙观，是一个复杂而精妙的系统。我们要想理解其深邃的内涵与背后的逻辑，需要查阅大量古籍。

第二章　从秦到汉

一、秦始皇的政治思想

秦始皇与五行思想

公元前 221 年，秦王嬴政统一六国后，改称"皇帝"。他作为中国第一位皇帝，又被称作"秦始皇"。

秦始皇延续并发展了商鞅的政策，先于公元前 213 年，下令焚烧除秦国历史、医学、占卜等书籍外的其余典籍；又于公元前 212 年，在咸阳坑杀了 460 余名"犯禁"的儒者。焚书坑儒事件充分反映了秦始皇对思想的极端控制和对知识的恐惧。

据《史记·封禅书》记载，秦朝建立后，"有人"将邹衍的"阴阳主运"学说进献给了秦始皇，称："黄帝得土德，黄龙地螾（大蚯蚓）见。夏得木德，青龙止于郊，草木畅茂。

殷得金德，银山自溢。周得火德，有赤乌之符。今秦变周，水德之时，昔秦文公出猎，获黑龙，此其水德之瑞。"秦始皇采纳了邹衍的"五德终始"说，将黄河改名为"德水"，以十月作为一年的第一个月，将黑色视为贵色，以六作为计量的单位，以大吕作为阴律之始，万事皆决于法律。

关于"赤乌之符"，据《史记·周本纪》《史记索隐·封禅书》记载，武王第一次伐纣时，率领大军自孟津渡过黄河后，有一团火突然从天而降，落到武王所住的屋顶上后变成了一只赤红色的鸟。孟津位于河南洛阳的北部，王屋山在孟津西北三十公里到五十公里处，王屋山脚下有王屋村。《史记·封禅书》中的"王屋"，应指王屋村。

《吕氏春秋·有始览·应同》篇记载："凡帝王之将兴也，天必先祥乎下民。……及文王之时，天先见火赤乌衔丹书集于周社。""见火"应指武王在孟津时，天降流火，火再化为赤乌之事。"丹书"就是用朱砂书写的文本。红与火相配，因此周朝属火德。

关于秦文公猎获黑龙之事，来源不明。《史记·封禅书》中记载了一个相似的故事：一日，秦文公梦到有一条黄蛇从天上垂到地面，嘴巴一直伸到鄜城（今陕西洛川东南）一带的田野中。猎获黑龙与黄蛇托梦是否为同一件事，我们不得而知。《史记·秦本纪》中记载了秦文公率领七百人东行打猎，在汧渭之会建造都城之事。

《史记·封禅书》曰："自齐威、宣之时，邹子之徒论著终始五德之运。及秦帝而齐人奏之，故始皇采用之。"据此推断，"有人"应指邹衍的门徒。

秦始皇的水德思想

所谓"水德"，方位为北，季节为冬，性质为阴，色为黑，数为六等。在《洪范》五行中，一曰水，水生数为一。生数与五相配后，水成数为六。

秦代，服装、旗帜都以黑色为标准色，以六作为计量的单位。如符节和法冠都为六寸，车宽六尺，驾车用六匹马，以六尺为一步（秦代的一步相当于现代的 0.231 米，日本算作两步）。1988 年初，陕西省甘泉县发现了秦直道的部分遗迹。这段秦直道的最宽处约 60 米，可供大型坦克通过。

关于"事统上法"，《史记集解·封禅书》引公孙瓒之言曰："水为阴，阴主刑杀。"在施政方面，秦代推崇法家思想，通过法律的绝对权威和刑罚的威慑力来维持社会秩序。

需要指出的是，秦始皇对"水德"的解读，与邹衍的原意可谓背道而驰。邹衍强调水的润下之德，主张以仁义节俭治国。秦始皇更看重水的无所不入性，主张以法律作为治国的根本手段。

秦始皇的治国策略

秦始皇推行的一系列治国策略中，最具划时代意义的，当属将天下分为三十六个郡。秦代以六作为计量的单位，六的平方为三十六，因此三十六个郡这一数字背后蕴含着五行思想。秦始皇废除封建制、推行郡县制的举措，在当时是很先进的。但是推行政策的过程中太过激进，反而加剧了社会矛盾，最终导致了秦朝的灭亡。

除推行郡县制外，秦始皇还统一了文字和度量衡，并将各诸侯国修建的长城连接起来，并在敌军根本无法翻越的地方修筑了长城，由此建成一条"万里长城"。这些政治措施和文化措施，均具有极其重要的意义。从这个意义上说，秦始皇是中国历史上最具开创性和奠基性的皇帝。

后世之所以将秦始皇与纣王视为暴君的代表，主要有三个原因。一是强迫人民修建宫殿（如阿房宫）与骊山陵墓，极其劳民伤财；二是制定了严苛的法律，民众稍有不慎就会触犯法律；三是被秦始皇灭掉的六国贵族与百姓对秦始皇怀有强烈的仇恨。

依赖于上天的秩序

最近的考古发掘显示，秦始皇是按照天上的星座秩序，来规划咸阳的建筑格局的。中国古天文学家以北极星为中心，将星空划分成"三垣"（太微垣、紫微垣和天市垣），天子居住在紫微垣，贵族和大臣居住在太微垣。秦始皇按照星座秩序修建咸阳城，无非是希望自己的王朝能够世世代代传承下去。

《老子》第二十五章曰："人法地，地法天，天法道，道法自然。"秦始皇按照星座秩序修建咸阳城，充分体现了"人法地，地法天"的理念。此外，秦始皇还通过封禅等仪式，宣扬自己上承"天命"。从这个意义上说，秦始皇的"天人合一"之"天"和老子的自然之"天"是不同的。

二、"天"是什么

"天"乃下达命令者

周武王灭商后，向殷商遗民宣称：诛杀纣王并不是他个人的意愿，而是执行上帝的命令。上帝之所以下达这一命令，是因为纣王不修德，而自己勤于修德。

商汤之所以灭夏，也是因为善祀天。《尚书·多士》曰："自成汤至于帝乙，罔不明德恤祀，亦惟天丕建保乂有殷。"这句话的大意是：从成汤到帝乙，无不力行德政，慎行祭祀，上帝才会保佑殷朝。纣王荒淫暴虐，不敬祀上帝，于是上帝降下了灭夏的惩罚。

现在所见的《尚书》，是东晋元帝时期，梅赜所献的伪《古文尚书》。它作为中国上古历史文献的汇编，具有重要的史料价值。在《尚书·多士》中，作为祭祀对象的"天"，指的是上帝。

《诗经·大雅·文王》曰："文王在上，于昭于天。周虽旧邦，其命维新。有周不显，帝命不时。文王陟降，在帝左右。"这首诗说的是文王得天命兴国，建立新王朝是天帝的意旨。"帝命不时"中的"帝命"，指的是天帝的意旨；"不时"是时时、经常的意思。"有周不显，帝命不时"的大致意思是说，周文王具备了相应的德性，才得以承接天命。日本明治维新的维新，就源于"其命维新"。

无论是天帝还是文王之类的人神或祖先神，都是周人祭祀的重要对象。祭品主要分为两大类：一是牛、羊、猪等牺牲，二是玉帛、粮食以及酒水。

什么是"德"

中国古人认为，人有七情六欲，天帝亦是如此。天帝一旦发怒，就会降下邪祟。地震、洪涝、旱灾、蝗灾、日食、月食、瘟疫等，都是天帝降下的惩罚。

《多士》所谓的"明德恤祀"，是指谨慎地祭祀先祖、上帝。其中,"德"指的是祭祀行为。《诗经·大雅·既醉》曰:"既醉以酒,既饱以德。"《既醉》篇描述的是周成王完成祭祀祖先的仪式后,祝官代表神主对周成王传达了神灵的祝福之意。"既醉以酒"是说神主已享用了祭祀的祭品;"既饱以德"表明神主已感受到周成王的一片诚心。这里的"德",指的是祭祀的诚意。

在中国传统文化中,牌位作为一种祭祀对象,代表着对祖先的崇敬和纪念。儒家祭祀的对象是宗族、血亲和祖先。由此推断,立神灵牌位是儒家礼仪。

孔子的"天"

周人将"天"奉为人格化的至上神,从商的覆灭中认识到"天命靡常"。周人以孝事祖,犹如以德事天。而孝与德的统一,亦为以祖配天提供了依据,从而使祖先神升于上帝之侧。直到春秋时期,一个国家消灭另一个国家时,仍会保留国君一族的部分成员,让其祭祀自己的祖先神。

将某族全部杀光,是战国之后的事。随着时代的发展和文明的进步,人的力量越来越强大,"德"也由对天的敬畏之情转变为施惠于民。如此一来,天人关系就从"君权神授"转变为"以德配天"。

春秋末期的孔子虽然并不否定鬼神的存在,但他更看重人的力量。《论语·雍也》曰："樊迟问智与仁。孔夫子回答：务民之义，敬鬼神而远之，可谓知矣。"在孔子看来，所谓的"智"，就是教化民众，使他们的行为合于道德；对鬼神，既要心怀敬意又要保持一定的距离。

据《论语·子罕》记载，孔子受困于匡地时，感慨地说："文王既没，文不在兹乎？天之将丧斯文也，后死者不得与于斯文也；天之未丧斯文也，匡人其如予何？"在孔子看来，上天既然把传承三代文明的重任交给自己，又怎会让桓魋伤害自己呢？这里的"文"，既是"质"的对立面，也是和"野"相对的概念。"质"指人与生俱来的品格，也称天性；"文"指人后天习得的礼仪、文化等，也即社会性修养。于孔子而言，"质胜文则野，文胜质则史，文质彬彬，然后君子"（《论语·雍也》）。这与老子的主张是针锋相对的。孔子曾说过："吾十有五而志于学，三十而立，四十而不惑，五十而知天命。"（《论语·为政》）由此可见，孔子所谓的"天命"，指的是上天的意志，而"天"是一种有意志的神秘存在。

秦始皇的"天"

秦始皇按照五行思想，将秦朝定为"水"德，按照水德治理天下。秦始皇认为自己"德兼三皇，功过五帝"，以"皇帝"作为自己的帝号。秦始皇是中国历史上第一个使用"皇帝"称号的君主，又称"始皇帝"。

公元前219年，秦始皇在泰山举行了封禅大典。所谓"封"，就是在泰山之顶筑圆台以祭天帝；所谓"禅"，就是在泰山脚下筑方坛以祭地神。早在夏商周三代就有封禅的传说，但中国历史上有明确记载的第一次封禅，是秦始皇在泰山举行的封禅大典。在封禅大典上，秦始皇向天地宣告自己的丰功伟绩，祈求上天的庇佑。秦始皇下令铸造了一块传国玉玺，上刻"受命于天，既寿永昌"八个大字，以此来宣示自己的权力是上天赋予的。因此在秦始皇看来，"天"是主宰一切的神秘力量。

此外，秦始皇自视为上帝的嫡长子，希望自己创立的秦朝能够像亘古不变的天一样，千秋万代地传承下去。作为王朝统治的神圣依据的"天"，也是宇宙间所有秩序的本原与依据。

《老子》第二十五章曰：

> 有物混成，先天地生。寂兮寥兮，独立而不改，周行而不殆，可以为天地母。吾不知其名，强字之曰"道"，强为之名曰"大"。大曰逝，逝曰远，远曰反。故道大，天大，地大，人亦大。域中有四大，而人居其一焉。人法地，地法天，天法道，道法自然。

这段话的大意是：有一个混然一体的东西，在天地形成以前就存在了。它寂静无声、空虚无形，傲然独立而不变，反复运行而不止，可以作为万物的根本。我不知道它的名字，只好称其为"道"，勉强称其为"大"。它广大无边而运行不息，运行不息而伸展遥远，伸展遥远而又返回本原。所以说道大、天大、地大、人也大。宇宙间有四大，而人居其中之一。人效法大地，大地效法天空，天空效法"道"，"道"效法自然。在这里，老子将"道"视作天地万物之始源。老子在不借助于任何现代科学仪器的情况下，对宇宙的起源和演化规律进行了解释。老子对"道"的描述，远远超过了同时代的其他思想家。

老子的宇宙观与其说是神话，不如说是自然哲学。老子并不否认鬼神的存在，如《老子》第六十章曰："以道莅天下，其鬼不神；非其鬼不神也，其神不伤人也。"如果用"道"来治理天下，鬼神就不能发挥其作用了，也就无法对民众造成伤害了。从这个意义上来说，老子的世界观是极为强调自然无为的。

《老子》第七十三章曰："天之道，不争而善胜，不言而善应，不召而自来，繟然而善谋。天网恢恢，疏而不失。"这是老子总结出的四种天道规律：不需要通过战斗就能取得胜利；不需要言语就能得到回应；不需要召唤就能自动到来；

从容不迫却善于谋划。天道就像一张广大无边的网，看起来很稀疏，却不会有遗漏。

老子认为，天道既是自然界的运行规律，也是人类社会的道德规范。也就是说，人应该效法天道，努力做到"不争而善胜，不言而善应，不召而自来，繟然而善谋"。

"天网恢恢，疏而不失"中的"不失"，在唐代以后的《老子》文本中写作"不漏"。日语中也有"天网恢恢，疏而不漏"的成语。

三、从秦到汉

秦始皇的严刑酷法

始皇帝认为，秦属水德，水主阴，阴主杀，因此制定了严刑酷法。据《史记·秦始皇本纪》记载："始皇推终始五德之传，以秦为水德……刚毅戾深，事皆决于法，刻削毋仁恩和义，然后合五德之数。于是急法，久者不赦。"这段话的大意是：秦始皇根据五行相生相克的原理提出，施政应严而少恩，凡事皆取决于法，于是把法令搞得极为严酷，犯法之人长久不能得到宽赦。周谷城先生认为，"久者不赦"一句晦涩难懂，应将"者"字改作"而"，表示"即使很久了，也无法获得赦免"之意。①

刘宋裴骃的《史记集解》、唐司马贞的《史记索隐》和
唐张守节的《史记正义》三书，分别从不同角度对《史记》
进行了注释和补充，合称《史记》三家注。遗憾的是，三书
均没有对"于是急法，久者不赦"作出详细解释。

在日本，也有一部可与《史记》三家注并肩的著作，那
就是泷川龟太郎的《史记会注考证》。泷川龟太郎认为，如
果说"久者不赦"是秦法严酷的证据，那么，"吏有罪未发
觉者，赦之"就是汉法与秦法的最大区别了。

汉朝的赦免

据《汉书·武帝纪》记载，公元前128年，汉武帝立
卫氏为皇后，并大赦天下，对于景帝后元三年（公元前141
年）以前在外逃亡，以及尚未结案的案件不再追究，一律赦
免。《史记·孝武本纪》记载，公元前110年，武帝在泰山举
行封禅仪式后，大赦天下，免除了两年以上罪行的刑罚。《汉
书·高帝纪下》记载，高祖八年，"吏有罪未发觉者，赦之"。
泷川根据《史记》《汉书》的相关记载推断，汉代有未发现
的犯罪可获赦免的惯例。与之相对，秦法规定，未发觉的犯

---

① 参见周谷城：《中国通史》上册，上海人民出版社，1981。

罪无论过了多久，都不会获得赦免。

在笔者看来，泷川的解释存在不妥之处。首先，泷川提出，按照秦法的规定，犯罪是没有时效性的。汉高祖和汉武帝时，旧罪之所以得到赦免，是因为特别颁布了赦免令。在正常情况下，旧罪一旦被发现，就要受到惩处。

其次，犯罪大多属临时性行为，而"久"字具有长久持续之意。因此，泷川将"久"释作"在某一时刻犯下罪行，之后一直没有被发觉"，是不合理的。旧罪只要没有被发现，就不会受到惩处。

林剑鸣在《秦汉史》[①]中指出："秦代刑罚残酷……对死刑以外的刑徒（劳役之刑），均无规定刑期，即皆无期徒刑。"《汉书·刑法志》记载，文帝时期颁布了减刑令，对各种刑徒的刑期作出了明确的规定。

综上所述，笔者的结论是"久者不赦"的"久者"，指的是刑期较长的人。秦始皇制定的法律极为严酷，他即使多次颁布赦令，也没有赦免刑期较长的人。这才是"久者不赦"的正确内涵。

----

① 林剑鸣：《秦汉史》上册，上海人民出版社，1989，第137—138页。

秦朝酷法的依据

关于秦朝的严刑酷法，《史记》从不同的角度进行了描述。秦始皇为何要用严酷的刑罚来奴役天下百姓呢？这是因为他在本质上是一位专制君主。对于古今中外的专制君主来说，人民的意愿根本不值一提。他们只有在自身的地位受到严重威胁时，才会对人民施以一定的恩惠。

老子思想的根源是自然无为的"道"，秦始皇是根据五行思想治国理政的。因此，在不特别关注人民的意愿方面，二人"基本上"是相同的。需要注意的是，老子并非对百姓的意愿毫不关注，《老子》第四十九章曰："圣人无常心，以百姓心为心。"这里的"圣人"，代指老子理想中的执政者。老子这句话的意思是，理想的执政者不执着于个人的情感和欲望，而是以百姓的意愿作为自己的行动准则。也就是说，圣人之心和百姓之心都是自然无为的"道心"。

《老子》第五十七章曰："我无为，而民自化；我好静，而民自正；我无事，而民自富；我无欲，而民自朴。"这段话的意思是说，执政者如果不妄为、清静无欲，人民就会变得质朴、正直、富足。这段话可谓道出了老子无为而治的治国理念。

老子提出，圣人除了应"以百姓心为心"外，还应"以百姓为刍狗"。《老子》第五十七章曰："天地不仁，以万物为刍狗；圣人不仁，以百姓为刍狗。"所谓"刍狗"，就是用草编成的狗，可用于求福、禳灾、祈雨等祭祀活动。祭祀结束后，就会被随意丢弃。这段话的意思是说，天地对待万物无所偏爱，任其自然生灭；圣人应效法天地，对百姓一视同仁。如果将"不仁"解读为不近人情，就会得出与秦始皇相同的结论，即用严酷的法律统治人民。

由此可知，老子和秦始皇对"道"的理解是截然不同的。老子认为"道"是自然规律，执政者若能遵循"道"的法则来治理国家，百姓就会安居乐业。秦始皇治国所遵循的"道"，是人为制定的法律，而用严酷的法律统治人民，其统治必定不会长久。

综上所述，在老子看来，圣人和百姓都是自然的存在，执政者应顺应自然规律和社会规律，追求无为而治的境界。而对秦始皇来说，人民只不过是法律约束的对象而已。

陈胜、吴广起义

秦始皇在世时，尚可依靠严刑峻法维持政权。公元前210 年，秦始皇在巡游途中突然去世，其子胡亥即位，赵高当权，苛政愈演愈烈。公元前209 年，陈胜、吴广在大泽乡发动起义，推翻了秦朝的暴政。关于起义的原因，据《史记·陈涉世家》记载，秦朝法律规定凡服徭役者，必须在指定的期限内到达指定地点。如果不能准时到达，就会被处以斩刑。

关于起义的过程，据《史记·陈涉世家》记载，公元前209年，陈胜、吴广等900余人被征发到渔阳戍守长城，两人担任这支戍边队伍的屯长（分队长）。这支队伍到达安徽大泽乡时，遭遇连日暴雨，道路被洪水阻断，无法按时抵达渔阳。按照法律规定，应被处以斩刑。于是，二人杀死县尉，随后召集属下号召道："王侯将相宁有种乎！"这是一句充满反抗精神的名言，直接挑战了秦朝的世袭制度与等级观念。

一个月后，陈胜、吴广率领的起义军便达到了数万人的规模，占领陈县后，建立了张楚政权，陈胜自封为"张楚王"。由于张楚政权内部矛盾重重，吴广被部将杀死，陈胜则死于车夫之手。陈县被秦将章邯击破后，张楚政权宣告覆灭。陈胜、吴广的起义，激发了全国范围内的反秦斗争，项羽和刘邦也相继起义，加入了反秦的行列。公元前206年，项羽率领的楚军在巨鹿击溃了秦军主力。公元前202年，刘邦率领的汉军与项羽率领的楚军在垓下展开了生死较量。最后，刘邦获胜，建立了汉朝。

楚汉战争期间，发生过许多惊心动魄的故事。如鸿门宴、四面楚歌、垓下之围等故事，均是大家耳熟能详的。日本江户时代，出现了一部与楚汉战争有关的通俗小说，那就是《汉楚军谈》。

四、汉朝的建立

汉初的状况

公元前206年，刘邦率军进入咸阳，与关中父老"约法三章"："杀人者死，伤人及盗抵罪。余悉除去秦法。"也就是杀人要偿命，伤人及偷盗要治罪，废除秦朝的其他酷刑。秦朝的法律以严苛细密著称，涵盖了社会生活的方方面面。如秦律规定：一旦秦人犯了重罪，就要诛灭父系、母系和妻系三大宗亲。秦人犯了罪，其邻居如果不检举揭发，就要跟犯罪者同罪。

刘邦称帝后，分封了七个异姓诸侯王，诸侯王们掌握着封国内的政治、经济、军事大权，封国就是一个半独立于中央政权之外的小王国，其政治地位远远高于郡。汉初实行郡国并行制，全国有54个郡，中央直辖者不过15个郡，诸侯王国则占据了40个郡。从这个意义上来说，刘邦称帝后，名义上虽是全国统一，实际上却形成了类似战国七雄的局面。为了削弱诸侯王国的势力，汉景帝采取晁错的建议，削减楚王、赵王等人的封地，引发了刘姓宗室诸侯王的叛乱，史称"七国之乱"。七国之乱平息后，刘姓诸侯王的势力遭受到了致命打击，行政权和置吏权被收归中央。汉武帝（公元前 141 年—公元前 87 年在位）通过一系列的改革措施，真正实现了汉朝的大一统局面。

刘邦称帝后，废除秦朝苛法，豁免徭役，"与民休息"。据《史记》记载，刘邦死后，群臣皆曰："高祖起细微，拨乱世反之正，平定天下，为汉太祖，功最高。"

无为而治

公元前 195 年—公元前 180 年，为吕后掌权时期。在日本镰仓时期，北条氏掌权的幕府成为日本最高权力的拥有者。公元前 180 年，吕后去世，太尉周勃、丞相陈平及刘姓诸王联合发动政变，将吕氏集团一网打尽，迎立刘恒为皇帝，是为汉文帝。

《史记·吕太后本纪》赞曰："孝惠皇帝、高后之时，黎民得离战国之苦，君臣俱欲休息乎无为，故惠帝垂拱，高后女主称制，政不出房户，天下晏然。刑罚罕用，罪人是希。民务稼穑，衣食滋殖。"在司马迁看来，惠帝和吕后执政期间，百姓才真正得以远离战乱之苦，君臣都希望通过无为而治来休养生息，所以惠帝垂衣拱手，安闲无为，吕后代行皇帝职权，施政不出门户，天下安然无事。这里的"无为而治"，并非指什么也不做，而是指"顺民之情，与之休息"，实行休养生息的政策。

《论语·卫灵公》记孔子之言曰："无为而治者，其舜也与？夫何为哉？恭己正南面而已矣。"这是孔子对"无为之治"的理解。朱熹进一步解释道："圣人德盛而民化，不待其有所作为也。"换言之，"无为而治"是"君子之德风，小人之德草，草上之风必偃"（《论语·颜渊》）的感化思想的最高境界。

《老子》第三章曰："为无为，则无不治。"其所强调的也是顺应自然，不求有所作为的治理方法。因此可以说，儒家的思想和老子的思想是相通的。

司马迁所谓的"惠帝垂拱"中的"垂拱"，指的是垂衣拱手，形容帝王垂下衣裳安坐，不用亲自处理政务，而天下得到治理。需要指出的是，"垂拱"具有多重含义，有时用来描述不负责任、冷漠的旁观者。在此意义上，与"袖手旁观"同义。

《尚书·武成》称，周武王"淳信明义，崇德报功，垂拱而天下治"。何晏解释道："言任官得其人，故无为而治。"周武王能量才授职，因此什么都不用做，就可以治理天下了。

由《论语》《尚书》的记载可知，老子和孔子虽然都推崇"无为而治"，但是我们仔细推究的话，就会发现老子的

"无为"和孔子的"无为"存在很大的区别。儒家的"无为"，强调的是君主量才授职，让臣子们各尽其才，自己坐享其成就可以了。《老子》第二十八章曰："朴散则为器，圣人用之，则为官长，故大制不割。"这里的"大制"，指的是治理天下的大道；"大制不割"强调的是百姓能在不受干涉的情况下，根据"道"的规律来安排自己的生活。

司马迁所说的"君臣俱欲休息乎无为"，并不是儒家理想的"无为而治"。儒家理想中的"无为而治"，是君主在举贤任能之后，便不再过多地干涉臣子的工作。无为的是君主，有为的则是大臣。而老子理想中的"无为而治"，是君主和大臣都不要干预百姓的生产生活，让百姓有得以休养生息的机会。

根据路遇、滕泽之《中国人口通史》的推测，历经了秦末乱世和楚汉争霸之后，西汉建立之初的人口仅有 1300 万左右。与秦朝初期相比，人口减少了三分之二左右。[①] 在古代中国，人口是最重要的资源和财富。面对人口锐减的状况，汉王朝的统治者除了采用"无为而治"的政策外，也别无选择了。

---

① 路遇、滕泽之：《中国人口通史》，山东人民出版社，2000。

五、黄老思想

汉初的黄老思想

西汉初期，黄老"无为而治"的思想成为治国的指导思想。"黄老"中的"黄"，指的是黄帝。黄帝作为中华文明的奠基者，被誉为"中华民族的始祖"和"人文初祖"。《史记》以《五帝本纪》开篇，其中黄帝是五帝[①]之首，因此可以说，《史记》记载的历史是从黄帝开始的。黄帝之前的时代，被称作"神话时代"。

中国人素有"崇古"的观念，认为越古老的东西越有价值。孔子说过："述而不作，信而好古，窃比于我老彭。"（《论语·述而》）孔子试图恢复"周公之礼"，将捍卫三代典章文物当作自己的神圣使命。墨家崇尚大禹，提倡兼爱非攻。孟子批判墨家的"兼爱"是"无父"的"禽兽"理论，提倡"尧舜之道，孝悌而已矣"。为了与儒家抗衡，道家不得不推出了黄帝。

《老子》中并没有直接提及黄帝，《庄子》中出现了大量的圣人智者，《在宥篇》中记载了黄帝两次问道广成子的故事，由此提出了"自然无为"的主张。

---

① "五帝"分别指黄帝、颛顼、帝喾、尧、舜。

自魏晋以来，随着佛教在中国的广泛传播，围绕老子与释迦牟尼佛出生时间的争论愈演愈烈。《史记·老子韩非列传》称"老子莫知所踪"，并没有明确记载其葬于何处。东汉时期出现了"老子化胡说"，宣称老子西出函谷关，到西域化身佛陀释迦牟尼，对西域人实行教化。"老子化胡说"最早出于梁代僧祐的《出三藏记集》卷十五《法祖传》。

西晋末年（3 世纪末—4 世纪初），有个叫王浮的道士为了贬低佛教，编造了《老子化胡经》，称老子在天竺乘日精进入净饭王妃净妙腹中，出生后自号释迦牟尼，建立了佛教。《老子化胡经》一经问世，便遭到佛教徒的强烈抵制，最终于元代被禁毁。

时至今日，佛教和道教之间的竞争仍在继续。前些年，笔者去浙江进行道教调查期间，当地一座道观的道长抱怨说，当地曾有许多规模宏大的道观，后来都被改建成佛寺了。

黄帝书

《列子·天瑞》篇引黄帝之书曰："谷神不死，是谓玄牝。玄牝之门，是谓天地根。绵绵若存，用之不勤。"这段话实际上出自《老子》第六章。

战国时期，诞生了三个伟大人物——老子、列子和庄子；与之相应，出现了三部巨著——《老子》《列子》《庄子》。

相传,《列子》为战国时期郑人列御寇所作,书中保存了不少先秦时代的神话传说和寓言。4世纪初时,《列子》已有所散佚,而今本《列子》八篇,是由东晋人张湛辑录增补的。因此,书中所引的"黄帝之书"的真实性,仍有待考证。

西汉末年,楚元王刘交的四世孙刘向对宫廷藏书进行了一次大规模的汇集、整理、校订工作。永始三年八月,刘向将所校《列子书录》献给成帝。刘向认为,列子的学说"本于黄帝老子,号曰道家。道家者,秉要执本,清虚无为,及其治身接物,务崇不竞,合于六经"。景帝(刘启,公元前157—公元前141年在位)崇奉黄老之术,《列子》一书颇为流行。与《庄子》的风格颇为相似,《列子》也通过寓言故事来表达深刻的哲理。

刘向每校完一书,都附上叙录一篇,后将群书的叙录汇集成书,称为《别录》,共有二十卷。刘向的儿子刘歆在《别录》的基础上删繁就简,编成《七略》七卷。东汉班固将《七略》的内容精简提炼,编入《汉书》作为《艺文志》。因此,虽然《别录》《七略》早已失传,但我们仍可以通过《汉书·艺文志》窥见两书的风貌。

《汉书·艺文志》是中国现存最早的目录学文献,也是中国历史上首部官方书籍目录。班固根据刘歆的《七略》,将先秦诸子学派归纳为十家,"道家类"下列举了四种以黄帝命名的典籍，分别是：

《黄帝四经》四篇

《黄帝铭》六篇

《黄帝君臣》十篇

《杂黄帝》五十八篇

其中，《黄帝君臣》十篇，班固注曰："起六国时，与《道悳经》相似也。"《杂黄帝》五十八篇，班固注曰："六国时贤者所作。"

上述四种典籍，除《黄帝铭》六篇中的《金人铭》和《巾几铭》因被他书引用而保留部分内容外，其余的均已失传。刘向在《说苑·敬慎》中引用了《金人铭》的部分内容，如曰："孔子之周，观于太庙。右陛之前，有金人焉。三缄其口，而铭其背曰：'古之慎言人也。戒之哉！戒之哉！无多言，多言多败。'"劝诫人们慎言。《金人铭》亦曰："强梁者不得其死，好胜者必遇其敌。执雌持下，莫能与之争者。夫江河长百谷者，以其卑下也。天道无亲，常与善人。"《老子》中能找到类似的表述，如《老子》第四十二章的"强梁者不得其死"、《老子》第六十六章的"江海所以能为百谷王者，以其善下之"、《老子》第七十九章的"天道无亲，常与善人"。

《巾几铭》曰："毋弅弱，毋俹德，毋违同，毋敖礼，毋谋非德，毋犯非义。"① 这段话告诫人们：不要欺凌弱小，不要败坏道德，不要违背承诺，不要轻视礼节，不要谋求不道德的事，不要触犯不义的事，可谓折中了道家和儒家的思想。

《黄帝四经》四篇

《黄帝四经》四篇早已失传。1973 年底，在湖南省长沙市马王堆三号汉墓中出土了大量帛书，涵盖 50 余种文献，抄写时代在战国末年至汉文帝十二年（公元前 168 年）之间。这批帛书中，包括两种《老子》写本（分别称为甲本和乙本），甲本的抄写时间可以追溯到刘邦称帝之前，乙本的抄写时间应在汉高祖即位与汉文帝即位之间。

此外，甲本在《老子》之后有古佚书四篇，乙本在《老子》之前有古佚书四篇。经专家鉴定，《老子乙本卷前古佚书》就是失传已久的《黄帝四经》。《老子乙本卷前古佚书》由《经法》《十大经》《称经》《道原经》四部分组成，唐兰先生认为，这四篇古佚书从内容上看是一部书，从思想方法上说，大体上是继承老子而加以发挥，为研究黄老思想提供了可靠的史料依据。笼统来说，《黄帝四经》是一部阐释"治国之本"的书，以"道法自然"为哲学根基，主张依据道的

---

① 参见南宋罗泌的《路史》、清人严可均的《全上古三代文》。

法（法则、规律）而生成世间常法。下面，将根据日本学者泽田多喜男译注的《黄帝四经：马王堆汉墓帛书老子乙本卷前古佚书》①，对《黄帝四经》的部分内容进行探讨。《经法》第一章《道法》曰：

> 道生法。法者，引得失以绳，而明曲直者殹也。故执道者，生法而弗敢犯也，法立而弗敢废也。故能自引以绳，然后见知天下而不惑矣。

这段话的大意是：道衍生出法。而法就如同衡量得失的准绳，能够辨明是非曲直。既然制定了法度就不可违反，法度一旦设立便不可废弛。如果能够以绳墨法度自正，就可以识天下万物之理而不会迷惑了。

> 故执道者之观于天下也，无执也，无处也，无为也，无私也。……无私者智，至智者为天下稽。称以权衡，参以天当，天下有事，必有巧验。

① 泽田多喜男译注：《黄帝四经：马王堆汉墓帛书老子乙本卷前古佚书》，知泉书馆，2006。

这段话的大意是：懂得大道的人变通而不固执，功成而不依赖它，顺时而动不妄为，处事公正而不以私意。……无私的人是为智者，最高的智者是为天下的榜样。如果用法度权衡，并且参照天地自然规律，治理天下之道，必然能够得到良好的方法。

　　　天地之恒常，四时、晦明、生杀、柔刚。万民之恒事，男农，女工。贵贱之恒立，贤不肖，不相放。畜臣之恒道，任能毋过其所长。使民之恒度，去私而立公。变恒过度，以奇相御。

这段话的大意是：天地之间存在着永恒的规律，四季更迭，昼夜交替，荣枯变换，柔刚转化。百姓各自从事着自己的本职，男耕女织，各行其力。贵贱高低都有它们确定的位置，管理臣下有确定的方法，治理百姓有既定的原则。选任官吏时，职位的高低要与他们的能力相符。去私门而行公道，是统治人民的原则。一旦出现超越常规的事情，就要采取非常规的手段加以调节。

　　上面所引用的《经法》第一章《道法》的内容，即使放在《老子》文本中，也毫无违和感。总括而言，与《老子》相比，《法经》的内容更加务实，执政者完全可以根据它来治国理政。因此可以说，《老子》偏重于治国之道，《黄帝四经》偏重于治国之术。

六、黄老思想的信奉者们

曹参的黄老思想

提起黄老思想的践行者，我首先想到的是曹参。曹参的事迹，主要见于《史记·曹相国世家》。曹参与刘邦、萧何一样，也是沛县人。刘邦起兵反秦后，曹参跟随他四处征战，立下赫赫战功。刘邦称帝后，封刘肥为齐王，并任命曹参为齐国相国。

惠帝时，朝廷废除了诸侯国设立相国的法令，改任曹参为齐国丞相。曹参刚任丞相，就召集齐国的长老和诸生，向他们征求让齐国百姓安居乐业的方法。于是，有人向曹参推荐了精研黄老学说的盖公。曹参立即派人带着厚礼，恭敬地把盖公请了过来。盖公对曹参说："治道贵清静，而民自定。"盖公说的，正是《老子》第五十七章的"我好静，而民自正"。曹参听了盖公的话茅塞顿开，当场让出自己办公的正厅，让盖公住在那里，以便随时向他请教。曹参担任丞相的九年间，齐国安定繁荣，他被尊称为贤相。

汉惠帝二年（公元前193年），萧何去世，曹参接任相国之位，完全遵照萧何制定的法规治理国家。在用人方面，曹参专择"木讷于文辞"的忠厚长者，处事苛刻、欲求名声者概不录用。

　　曹参继任相国后，日夜饮酒，不理政事。若有同僚或下属加以劝谏，曹参必然会拉着他们一起喝酒，直到把他们灌醉为止。相国官邸的后园紧挨着官吏的房舍，官吏们也和曹参一样，喜欢饮酒高歌。曹参的随从官员们对此非常不满，于是就请曹参到后园中游玩，希望曹参严惩醉酒高歌的官吏。谁知曹参竟然拿出酒来，和醉酒的官吏一起纵酒高歌。

　　曹参纵酒高歌的行为，不由得让人联想到竹林七贤之一的阮籍。阮籍深受老庄思想的影响。据说，司马昭为了拉拢阮籍，有意与他结为亲家。为了躲避这门亲事，阮籍日日醉酒，一醉就是两个月，司马昭只好作罢。曹参的"萧规曹随""不问政事"，充分践行了"无为而治"的黄老思想。

惠帝与曹参

　　据《史记·曹相国世家》记载，汉惠帝见曹参整日饮酒作乐，不理朝政，便派曹参的儿子曹窋去询问原因。曹参不但没有正面回答这个问题，反而以多管闲事为由，将曹窋痛打了一顿。汉惠帝得知此事后，心里很不高兴，便在第二日上朝时，就此事责问曹参。

曹参摘下帽子谢罪说："请问在圣明英武方面，您和高帝谁更强些？"

惠帝回答道："我怎敢跟先帝相比呢？"

曹参接着问道："陛下觉得我和萧何相比，谁更贤能呢？"

惠帝回答道："您好像不如萧何。"

曹参说道："陛下说得很对。高祖皇帝和萧何平定天下，法令已经非常严明。如今陛下以无事治理天下，臣等恪尽职守，遵循前规，不是很好吗？"

惠帝额首道："好吧，那您好好休息吧！"

一提到曹参，人们首先想到的是"萧规曹随"的典故。汉初民谣云：

　　萧何为法，讲若画一；曹参代之，守而勿失。载其清静，民以守一。

歌谣的大意是：萧何制定法令，明确划一；曹参接替萧何为相后，遵守萧何制定的法度而不改变。因为曹参施行清静无为的政策，百姓得以安居乐业。

司马迁对曹参的评价是："参为汉相国，清静极言合道。然百姓离秦之酷后，参与休息无为，故天下俱称其美矣。"西汉初期，百姓刚刚摆脱秦朝的残酷统治。有鉴于此，曹参采用黄老之术，施行清静无为的政策，让百姓得以休养生息。因此可以说，黄老思想在汉初的政治环境中得到了充分的认同与推行。

黄老思想的其他信奉者

汉初，黄老思想的信奉者除了曹参外，还有张良、陈平、文帝。张良（约公元前 262 年—公元前 187 年），是刘邦建立汉朝的智囊团成员之一，以黄老思想为安身立命之本。据《史记·留侯世家》记载，张良因身体虚弱，经常闭门在家练习道家的导引术和辟谷术。晚年更是以"愿弃人间事，欲从赤松子^①游耳"为借口，迅速离开了权力中枢。

公元前 180 年，吕后去世，右丞相陈平（？—公元前 178 年）与太尉周勃（？—公元前 169 年）联合刘氏诸王以迅雷不及掩耳之势诛灭了吕氏一族，拥立刘邦的第四子代王刘恒为帝。根据《史记·陈丞相世家》的记载，陈平以黄老之术为思想底色，在楚汉相争与汉宫政变中屡建奇功，最终成为汉初唯一历经高帝、惠帝、吕后、文帝四朝而荣宠不衰的丞相。

汉文帝以仁治国、以诚驭下、以俭养德，是老子"一曰

① 赤松子，号左圣南极南岳真人、左仙太虚真人等，是秦汉传说中的上古仙人。他曾服用水玉祛病延年，并将此法传授给神农氏。

慈，二曰俭，三曰不敢为天下先"思想的践行者。需要指出的是，汉文帝并非完全按照黄老思想治国理政，为了加强中央集权，他将齐国分为六个小王国，又将淮南国分为三个小王国，极大地削弱了宗室诸侯的势力。

汉文帝时规定，每年八月在首都长安祭高祖庙献酎饮酎时，诸侯王和列侯要按封国人口数献黄金助祭，献金统一由少府验收。献金数额为：每千人贡金四两，余数超过五百人的也是四两；如少府发现黄金的分量或成色不足，诸侯王削县，列侯免国。这种有关酎金的法令，称为"酎金律"。据《汉书·武帝纪》记载，元鼎五年（公元前 112 年），汉武帝以诸侯王所献酎金的成色不好或斤两不足的名义，夺取了106 位列侯的爵位，占当时列侯的半数。

显然，"酎金律"是一项旨在削弱和打击诸侯王及列侯的势力，加强中央集权的法律。汉初的统治者采用黄老之术，施行与民休息、轻徭薄赋、清静俭约的政策，是由当时的历史环境所决定的，他们真正想施行的是中央集权制和郡县制。除了文帝外，文帝的皇后窦氏、文帝的继任者景帝，都是黄老思想的信奉者。

需要明确的是，黄老之学是黄帝之学和老子之学的合称。西汉初年的黄老之学，是道家的无为与法家的法治的奇特结合，是统治者治理国家的主导思想。司马谈对道家的评价、司马迁对老子的评价，都是以漫长而复杂的历史作为背景的。

第三章　作为神秘存在的老子

一、汉朝至六朝的老子信仰

作为信仰对象的老子

汉武帝"罢黜百家，独尊儒术"，黄老之术被儒家思想所取代。汉武帝运用儒家思想治国，以儒家经典《诗》《书》《礼》《易》《春秋》作为教育和选拔官吏的依据。汉武帝弃黄老之学而独尊儒术，是多种因素共同作用的结果。

东汉时期（25年—220年），随着儒家思想的进一步发展，对儒家经典的研究也越来越多。东汉明帝时，尊称周公为"先圣"、孔子为"先师"，而老子则被尊称为神仙。下面，将对老子神化、宗教化的过程进行梳理。

据《后汉书·楚王英传》记载："楚王诵黄老之微言，尚浮屠之仁祠，洁斋三月，与神为誓，何嫌何疑，当有悔吝。"

这里的"浮屠之仁祠"即佛寺。东汉末年，佛教传入中国，刘英既信奉黄老，亦崇拜佛陀。

《后汉书·桓帝纪》记载，延熹八年（公元165年）正月，桓帝派遣中常侍左悺到老子的故乡苦县大张旗鼓地祭祀老子，并立庙画像。同年，桓帝还命陈相边韶撰写了《老子铭》，刻于石碑之上。《老子铭》原石遗失已久，铭文被著录于南宋洪适的《隶释》卷三中。此后，黄帝、老子被进一步神秘化，最终形成了以尊奉老子为神明的黄老道。《老子铭》曰：

> 以老子离合于混沌之气，与三光为终始，观天作谶。升降斗星，随日九变，与时消息，规矩三光，四灵在旁，存想丹田，太一紫房，道成身化，蝉蜕渡世。自羲、农以来，（世）为圣者作师。

这段话的大意是：老子离于混沌降生人间，通过道术再合于混沌，而后再离混沌化身为诸圣者之师。这里的"规矩"，就是伏羲、女娲用来开天辟地的工具；"三光"分别指太阳、月亮、星星；"四灵"分别指青龙、白虎、朱雀、玄武四大神兽。自三皇五帝以来，老子改名换号，成为历代皇帝的老师。如此一来，就将老子与当时流行的神仙方术结合起来，将老子进一步神化。

从整体上看，老子是宇宙的"权化"。边韶之所以将老子比作蝉，是因为相传老子是不死之身，在不同时期以不同的形象出现。

五斗米道与《老子想尔注》

东汉顺帝时（125—144），张陵等人在四川鹤鸣山（今四川大邑境内）创立了"五斗米道"（又称"天师道"）。五斗米道尊奉老子为教主，以《老子五千文》为基本经典。张陵之孙张鲁专门作《老子想尔注》以解释《老子五千文》。《老子想尔注》的成书年代一直存在争议，一种观点认为其成书于东汉末年；还有一种观点认为其成书于东晋末、北魏或刘宋时期。

在《老子想尔注》中，老子被神化为大道的化身，并被尊称为"太上老君"，由此成为三清尊神之一。因此可以说，《老子想尔注》在老子神化过程中起到了关键作用。

在张陵之孙张鲁（同时也是五斗米道的第三代天师）的经营下，五斗米道成为巴蜀汉中地区（今四川及陕西南部）的一大势力。诸葛亮在向刘备陈述三分天下之计时，建议刘备与张鲁联合，共同对抗曹操。这是《三国演义》中广为人知的故事。

鹤鸣山位于成都西部的大邑县。1988年，笔者带队去鹤鸣山进行道教调查时，大邑县还是禁止外国人进入的地区。笔者带领的团队，有幸成为第一批获准进入该地区的外国人。为了纪念此事，笔者在鹤鸣山道观竖立了《日本国海外学术研究团登访大邑鹤鸣山之碑》。举行石碑揭幕仪式那天，道观的主干道上挂满横幅，在震耳欲聋的爆竹声中，信众们虔诚叩拜。中国人的仪式感，令笔者印象深刻。

在《后汉书》和《三国志》中，都有关于鹤鸣山的记载。在笔者看来，鹤鸣山作为道教的发源地、中国的历史名山，一定是美丽而神圣的。因此当笔者看到位于小山丘上的道观时，心里十分沮丧。后来才得知，笔者当年登上的只是相当于鹤头的部分。民间传说，张陵得道之日，仙鹤降临山头，张陵遂驾鹤升天而去。

王阜《老子圣母碑》

西汉成帝（刘骜，公元前33年—公元前7年在位）时，河南洛阳人桑钦撰《水经》一书。该书只有一万余字，只是简单地列出了137条河流的名称和大致流向。北魏时期，郦道元为《水经》作注，此即著名的《水经注》。书中详细记载了1252条河流的发源、流向及相关的历史遗迹、人物掌故、神话传说等。

在中国的古代典籍中，有些注本的价值和影响力要远远大于其原著，《水经注》就是其中的代表。由于种种原因，《水经注》在明代以前一直不受重视。对《水经注》的系统研究，肇兴于明代，明代还形成了专门的"郦学"。《水经注》并非一部单纯的水利专著，而是涉及历史学、地理学、民俗学等多个领域的宝库。

《水经注》第二十三卷记载：

> 谷水又东迳苦县故城中……涡水又北迳老子庙东。庙前有二碑，在南门外。汉桓帝遣宦臣管霸祠老子，命陈相边韶撰碑。北有双石阙，甚整顿。石阙南侧，魏文帝黄初三年，经谯所勒……北则老君庙，庙东院中有九井焉。又北，涡水之侧，又有李母庙。庙在老子庙北，庙前有李母冢。冢东有碑，是永兴元年谯令长沙王阜所立。碑云：老子生于曲涡间。

引文中的"曲涡间"，指的是曲水与涡水之间的地带。关于桓帝派遣官员的名字，《水经注》称管霸，而《后汉书》称左悺。《水经注》提及的王阜所立的石碑，早已遗失，《太平御览》中收录了部分碑文的内容。其中，关于老子的描述是：

> 老子者，道也。乃生于无形之先，起于太初之前，行于太素之元。浮游六虚，出入幽冥。观混合之未别，窥清浊之未分。

王阜将老子视为化生天地的神灵，称老子能遍观混杂融合的混沌世界，洞察不辨清浊的宇宙。换言之，老子已经成为"道"的化身。

《老子》第二十五章曰："有物混成，先天地生。寂兮寥兮，独立而不改，周行而不殆，可以为天地母。吾不知其名，字之曰道，强为之名曰大。"由这段描述可知，王阜将"道"与老子相等同，进一步将老子神化、宗教化了。

《太平广记》收录的这段碑文，还与贾善翔的《犹龙传》有关，相关内容将在第四章展开论述。

《老子圣母碑》记述了老子诞生的过程。《史记·老子传》中并未涉及老子的家庭背景，更不用说其母亲的信息了。西汉时，孔子被尊称为"褒成宣尼公"。宋真宗时，又追封孔子为"玄圣文宣王"，追封其父亲为"齐国公"，追封其母亲为"齐国公太夫人"。王阜尊称老子的母亲为"圣母"，必定有其特殊的用意。在道教神话中，"圣母"是女性神灵的尊称，尊称老子的母亲为"圣母元君"，意味着老子已经被宗教化了。

《水经注》称，圣母碑是东汉永兴元年（153 年），谯令王阜所立。当时，人们将佛教当成一种神仙方术，将佛陀当成祭祀的对象。《起世经》记述了释迦牟尼从降生到证悟成佛的事迹，唐初被译成汉文。西晋时期，《起世经》出现了多个译本。楠山春树认为，老子形象是由许多不同层次的传说融合出来的，而且老子形象的成型时间应该不早于两汉中期。[①] 这一看法非常有见地。

道教中的老子

三国两晋南北朝时期（3 世纪—6 世纪），老子的宗教化达到鼎盛时期。佛教于西汉末年传入中国，东晋时期，佛教受到皇室贵族的推崇和支持。为了与佛教抗衡，张陵创设了天师道，将老子极度神化，尊为"太上老君"。

道教以黄帝为始祖，以老子为道祖，并以老子为释迦牟尼的老师。北魏道士寇谦之以"天师"身份，废除了三张伪法、租米钱税以及男女合气之术，同时尊奉太上老君为最高神。南朝梁国陶弘景在《真灵位业图》中，将神仙划分为七大等级：第一阶为玉清境，主神是元始天尊；第四阶为太清

---

① 楠山春树：《老子传说的研究》，创文社，1979，第 324 页。

境，主神是太清太上老君，排在左位之首的是开创五斗米道的张陵。在《真灵位业图》中，陶弘景尊奉元始天尊为最高神，将太上老君和张陵置于第四阶，应是受到了其师陆修静（406—477 年）的影响。

陶弘景是上清派第九代宗师，在茅山建造华阳馆，为众人传授上清大洞经箓，开创了茅山派。据说，陶弘景深得梁武帝的赏识，"国家每有吉凶征讨大事，无不前以咨询，月中常有数信，时人谓之山中宰相"。

六朝时，道教仿效佛教设过去、现在、未来三佛的做法，立玉清、上清、太清三位尊神。在道教宇宙观中，天界被划分为多个层次，其中玉清、上清、太清是最高层次的三个境界，分别由元始天尊、灵宝天尊和道德天尊（太上老君）执掌。与太上老君神格相比，道德天尊神格更高。唐代以后的道教宫观大多设有三清殿，殿内主供三清尊神：中为玉清元始天尊，东为上清灵宝天尊，西为太清道德天尊。

东汉时期，佛教传入中国，与此同时老子开始被神化。东汉末年，张陵创立五斗米道，尊老子为道教道祖，开始了老子宗教化的进程。三国两晋南北朝时期，为了与佛教抗衡，道教竭力扩充和完善了自己的神仙谱系，并比附佛教的三世佛，创立了"三清"尊神，分别是元始天尊、灵宝天尊和道德天尊。

二、唐代的老子信仰

唐朝祖先神

李渊建立唐朝后,尊崇老子为"圣祖"。《旧唐书·高祖纪》详细记载了李渊举兵反隋与老子被神秘化的历程。

隋大业十三年(617年),因隋炀帝荒淫无道,各地纷纷起兵反隋。唐公李渊于七月五日,率兵3万从山西太原出发,沿汾河南下,进驻贾胡堡,准备进攻霍邑。隋朝的虎牙郎将宋老生在霍邑布阵,与李渊大军对峙。大雨连续下了十多天,由于道路被冲毁,粮食补给无法送达。在兵粮快要耗尽之时,李渊命令军队撤回太原,遭到次子李世民的强烈反对。

就在双方争执不下之际,一位身着白衣的老人来到李渊的军营前,大声喊道:"我是霍山神的使者,特来拜见唐皇帝。八月份大雨就会停止,到时候你们从霍邑东南进军,我将保佑你们取得胜利!"李渊说:"这个神没有欺骗过赵无恤,又怎么会辜负我呢!"李渊相信了白衣老者带来的神谕,在贾胡堡继续抵抗。果然八月一到,大雨便停了,李渊率领军队突袭霍邑,斩杀宋老生,大败隋军。

赵无恤与霍山之神

李渊所谓的"此神不欺赵襄子"中的赵襄子，嬴姓，赵氏，名无恤（亦作"毋恤"），是晋国六卿之一。据《史记·晋世家》记载，公元前 458 年，晋国六卿之一的智氏家主智伯与韩、魏、赵合谋，夺取了范氏和中行氏的领地。公元前 453 年，智伯向韩、赵、魏索要土地，韩、魏因畏惧而献上了一万户的封地，赵氏家主赵襄子坚决不给。智氏一怒之下，率韩、魏攻赵，赵襄子逃到晋阳（今太原附近）固守。

据《史记·赵世家》记载，赵家的家臣原过跟着赵襄子逃亡晋阳，因走得太慢而落在后面。走到王泽这个地方时，原过遇到三位神秘人物。半云半雾间，原过只能看到三人的金冠锦袍。三人给了他两节青竹，请他转交给赵襄子。原过到达晋阳后，将这件事告诉了赵襄子。赵襄子斋戒三日后，亲手剖开竹子，见竹管内壁上有两行红字："告示赵无恤，我是霍山之神，奉上天命令，三月丙戌日，让你灭智氏。"

智伯集结韩氏、魏氏的兵力攻打赵国，将晋阳城团团围住，并用洪水淹城。赵襄子派人秘密出城，以唇亡齿寒之理说服韩氏、魏氏倒戈，然后决堤放水倒灌智伯军营，大破智伯军，擒杀智伯。后来，赵襄子在百邑给三神立庙，并派原过主持霍泰山神庙的祭祀。

霍山神与太上老君

霍山神最初只是民间奉祀的一个山神而已，在道教形成之前就已经受到民间奉祀。道教典籍中，将白袍老人直接改成霍山神，并且增加了其受太上老君命告李渊的情节。如唐末五代道士杜光庭的《历代崇道记》记载："皇朝高祖神尧大圣大光孝皇帝于隋末大业十三年感霍山神，称'奉太上老君命告唐公，汝当来必得天下'。"大唐开国之初，又发生了数起太上老君现身的事件。唐代皇室以老子李耳为同姓，对老子尤为崇奉，不断累加尊号。

武德八年（625年），唐高祖李渊颁布《先老后释诏》，明确规定道教为三教之首、大唐国教。唐初，士族门阀的势力仍很强大，为了提高李氏皇族的地位和神化统治，唐太宗李世民（626—649年在位）自称是老子的后代。乾封元年（666年），唐高宗李治（649—683年在位）亲临亳州，拜谒老君庙，并追尊老子为"太上玄元皇帝"。

相传，尹喜亲迎老子至终南山北麓的楼观讲经。武德三年（620年），唐高祖李渊亲自来楼观拜谒老子，将楼观改名为"宗圣观"。宗圣观于金末毁于战乱，元代修复，清末因被泥沙淤塞而面目全非。

唐代皇帝对老子的崇拜和对道教的保护

李世民年轻时，并不相信鬼神之说，对秦皇、汉武吃丹药的行为嗤之以鼻。到了晚年，他却成为丹药的极力追求者，最终因丹药中毒而病逝。丹药中常常含有汞、铅、砷等重金属成分，长期服用必然会引发重金属中毒。清人赵翼《廿二史劄记》卷十九"唐诸帝多饵丹药"条记载，唐太宗、唐宪宗、唐穆宗、唐敬宗、唐武宗、唐宣宗都因服食丹药而中毒身亡。

唐高宗李治尤为尊崇老子和道教。龙朔二年（662年），下诏在邙山翠云峰建上清宫，这是唐代皇室以尊崇老子而建立的祖庙。乾封元年（666年），亲往亳州老君庙祭拜，追尊老子为"太上玄元皇帝"，开创给老子册封尊号之先河。上元元年（674年），令王公百官皆习《老子》，并将《老子》作为科举考试的内容。

武则天执政时期，为了从宗教上打击李唐皇室，下令削去老子"太上玄元皇帝"的尊号，废除道教作为国教的地位，转而尊崇佛教。天授二年（691年）下诏，将佛教置于道教之前。长寿二年（693年），撰写《臣轨》两卷，作为科举考试的教科书。

唐中宗李显于神龙元年（705年），恢复了老子"太上玄元皇帝"的尊号。与此同时，为了标榜"大唐中兴"，下令在全国各州建造中兴观、中兴寺。武则天逝世后，又下令将中兴寺、中兴观改名为龙兴寺、龙兴观。景龙二年（708），下令在河北易县龙兴观建造道德经幢。在马王堆帛书《老子》出土之前，龙兴观道德经幢曾是现存最早的《老子》文本。

唐睿宗李旦主张"道佛齐重"，下令"自今每缘法事集会，僧尼、道士、女冠等宜齐行道集"，但他本人更偏向于道教。景云二年（711年），唐睿宗迎著名道士司马承祯入西京长安宫中，问以阴阳术数和修身治国之事。太极元年（712年），唐睿宗的两个女儿自请入道，唐睿宗为二人在长安之西建造了金仙观和玉真观。

道士皇帝唐玄宗

唐玄宗李隆基在位时期（712年—756年），是道教发展的鼎盛时期。

开元九年（721年），唐玄宗迎接司马承祯进宫，并亲自接受法箓①，成为道士皇帝。同年，唐玄宗令司马承祯依汉代蔡邕石柱三体，书《道德经》于景龙观石柱。开元二十三年（735年），唐玄宗亲自为《道德经》作注，此即《唐玄宗御

---

① "法箓"是道士修行阶位的凭证，记录了道士的姓名、道阶、道号和师承等信息。

注道德真经》。此外，唐玄宗还追封老子为"大圣祖玄元皇帝""圣祖大道玄元皇帝""大圣祖高上大道金阙玄元天皇大帝"，为老子建"太上玄元皇宫"，并在五岳立"老君庙"。

唐玄宗开创了御注《道德经》的先河。此后，北宋徽宗有《宋徽宗御解道德真经》，明太祖朱元璋有《大明太祖高皇帝御注道德真经》。朱元璋的注本虽然蕴含了"道治天下"的治道思想与政治理想，却被评价为"做得极差"。

通行本《史记·列传》前三篇的排序是"伯夷列传第一""管晏列传第二""老子韩非列传第三"。这一排序根据的是《太史公自序》。唐张守节《史记正义》称，开元二十三年（735年），奉皇帝旨意，将"老子、庄子"一篇升列为《列传》之首，放在伯夷、叔齐之前。百衲本《史记》采用的底本是南宋庆元年间建安黄善夫家塾刊本，则将《老子伯夷列传》列为第一，《管晏列传》列为第二，《申不害韩非列传》列为第三。

开元二十五年（737年），诸州建石台刻《御注道德真经》。

开元二十七年（739年）元月，玄宗在长安、洛阳及各州置玄元皇帝庙并置崇玄学，置生徒，令习《老子》《庄子》《列子》《文子》，在科举考试中设置道举。五月，命画玄元皇帝真容，分置诸州开元观。

天宝元年（742年）二月，诏封庄子为南华真人、列子为冲虚真人、文子为通玄真人、庚桑子为洞虚真人（一说洞灵真人）；将四子所著书改为真经，《庄子》称《南华真经》，《文子》称《通玄真经》，《列子》称《冲虚真经》，《庚桑子》称《洞灵真经》。九月，两京玄元庙改为太上玄元庙。

天宝二载（743年）元月，玄宗追尊老子为"大圣祖玄元皇帝"，两京崇玄学改为崇玄馆。三月，敕西京玄元庙为太清宫，东都玄元庙为太微宫，诸州玄元庙为紫极宫。

天宝八载（749年），追尊老子为"圣祖大道玄元皇帝"。天宝十三载（754年），追尊老子为"大圣祖高上大道金阙混元天皇大帝"。

天宝末年，玄宗贪图享乐，宠信并重用奸臣，导致朝政腐败，社会矛盾激化。天宝十四载（755年）十一月，范阳节度使安禄山起兵造反，拉开了安史之乱的序幕。

三、玄宗对《老子》的阐释

玄宗对《老子》的阐释

唐朝皇室尊老子为圣祖，以老子庙为家庙。唐玄宗尤为尊崇道教，对老子及其著作《道德经》极为重视。他以《老子河上公注》为底本，作《御注道德真经》，明确提出："《道德经》其要在乎理身、理国。理国则绝矜尚华薄，以无为不言为教。理身则少私寡欲，以虚心实腹为务。"

《龙角山记》称，开元二十年（732年）正月，玄宗再诏下太上老君观："道德者百家之首，清静者万化之源，务本者立极之要，无为者太和之门。"龙角山原名羊角山，位于山西省浮山县境内。相传武德三年（620年），老子在羊角山显圣五次，唐高祖李渊下诏改羊角山为龙角山，并建老子庙。唐玄宗时，将老子庙予以扩建，并更名为庆唐观。

南宋谢守灏搜集、编纂的《混元圣纪》，详细记述了老子被神化的历史。该书卷八收录了玄宗所作的《分道德为上下经诏》，其文曰：

化之原者曰道，道之用者为德，其义至大，非圣人孰能章之？昔有周季年，代与道丧，我列祖玄元皇帝，乃发明妙本，汲引生灵，遂述玄经五千言，用救时弊。意高象系，理贯希夷，非百代之能俦，岂"六经"之所拟？

这段话的大意是：宇宙万物变化之根谓之道，德是道的呈现。道、德的意义至大至深，非圣人谁能彰显之？我祖先玄元皇帝揭示玄妙的根本，传授五千言，拯救时弊。这五千言之义理不仅远远高于《象传》《系辞传》，就连儒家的"六经"也无法与之比拟？玄宗对老子的尊崇之情，由此可见一斑。玄宗所谓的"发明妙本"之"发明"，并不是指爱迪生发明留声机之类的"invention"，而是指揭开被掩盖的事物。

《周易》主要分为经和传两部分，传就是《象传》《象传》《系辞传》等所谓"十翼"，其中《系辞传》主要探讨了《易经》的起源和哲学基础，《象传》是对六十四卦卦辞的解释和阐发，二者均蕴含着深刻的哲理。在玄宗看来，《老子》所蕴含的哲理远远胜过《周易》。"希夷"出自《老子》第十四章的"视之不见名曰夷，听之不闻名曰希，搏之不得名曰微"。"希夷"作为道教术语，描述的是一种形神俱忘、空虚无我的境界。

"六经"指的是儒家的六部经典——《易》《书》《诗》《礼》《春秋》《乐》。玄宗除了将《老子》置于儒家"六经"之上，诏令王公以下皆习《老子》外，还亲自为《老子》作注，此即《御注道德真经》。

以皇帝身份为《老子》作注

玄宗以《老子河上公注》和王弼本《老子注》为底本，作《御注道德真经》。该书大体上是从道家立场对《老子》文本进行解释的，也有从皇帝立场进行阐发的。

《老子》第二十五章曰："人法地，地法天，天法道，道法自然。"一般将"法"解作"以……为法则"，将这段话解作"人以地为法则，地以天为法则，天以道为法则，道以自然为法则"。玄宗两次对《老子》进行注疏，第一次采用河上公本，鉴于其未能反映《老子》的精义，于是改采王弼本。王弼认为，"道"是世间万物的根源，其最大特色在于"自然"，天地、日月、四时的运行都遵循"自然"的规律，因此人类应当效法天地，顺应自然，清静无为，让万物保持安定和谐的状态。玄宗将"人"解作"王"，从帝王治国理政的立场对这段话进行了解释：

> 人谓王也，为生者先当法地安静。既尔又当法天，运用生成。既生成已，又当法道，清静无为，令物自化。人君能尔者，即合道法自然之性。

玄宗认为，上天按照自然规律生成万物，人君应以天道为榜样，以清静无为来治理天下，让百姓自我化育。由此可见，唐玄宗的这一解释充满了强烈的政治色彩。

礼不能废

老子对于礼、法之类的社会规范，一概持否定的态度。

从帝王的角度来看，礼、法是万万不能废除的。《老子》第
三十八章曰："夫礼者，忠信之薄，而乱之首。"玄宗对这句
话的解释是：

> 制礼者为忠信衰薄，而以礼为救乱之首尔。用礼者
> 在安上理人，岂玉帛云乎哉？

玄宗指出，制作礼乐是为了拯救由忠信淡薄而引发的混
乱局面。换言之，制作礼乐的最终目的是安定国家，治理百
姓，玉帛钟鼓只是礼乐的载体而已。需要注意的是，玄宗将
"乱之首"解作"救乱之首"，如此一来，"乱"就兼具"乱"
和"治"的双重内涵。这里的"岂玉帛云乎哉"，化用自《论
语·阳货》中的"礼云礼云，玉帛云乎哉"？先秦时期，诸
侯在聚会、朝觐天子时，常常通过敬献玉帛以示友好与尊敬，
《淮南子·原道训》中记载有"化干戈为玉帛"的典故。孔子
由此提出，礼不仅是外在的仪式规范，更是"仁"的外在体
现。在此基础上，玄宗进一步提出"用礼者在安上理人"的
主张，并于开元二十年（732 年）颁行了以《礼记》为基础
的《大唐开元礼》。

关于治学，《老子》第四十八章曰："为学日益，为道日
损。"通常释作追求学问的人，其知识技能会一天比一天增

加；追求大道的人，其欲望会一天比一天减少。玄宗对这句话的解释是：

> 益见闻为修学之渐，损功行为悟道之门，是故因益以积功，功忘而体道矣。

这段话的大意是：通过不断增长见闻来修习学问，通过减少欲望来开启悟道之门。当修养功夫达到无为境界时，便能体悟大道的真谛。

"功"在《老子》中多次出现，如第九章曰"功遂身退，天之道也"，意在告诫人们，功业既成，名位已至，须顺应天道，适时退隐。第十七章曰"功成事遂，百姓皆谓我自然"，强调的是统治者应当无为而治，让百姓自化自正。第三十四章曰"万物恃之以生而不辞，功成而不有"，意谓大道滋养万物却从不推辞，生养万物却不居功。

玄宗为了化解修学与修道的矛盾，煞费苦心地提出了"因益以积功，功忘而体道"的主张，强调通过修行积累功德，最终体悟大道。

执政者视角的解释

《老子》第四十章曰："反者道之动，弱者道之用。天下

万物生于有，有生于无。"通常将"反者道之动"解作事物
发展到一定程度后，会向其相反的方向转化或回归。玄宗对
"反者道之动"的解释是："此明权也，反者取其反经合义。
反经合义者，是圣人之行权，行权者是道之运动，故云反者
道之动也。"玄宗认为，"经"指常道，"反经"就是违背常
道；"权"指权宜之计，"行权"就是采取权宜变通的办法灵
活处理问题；"反经行权"说的是在特殊情况下，圣人的所
作所为虽然违背常道，却仍合于义理。圣人的权变智慧是对
"反者道之动"规律的主动顺应。这就为执政者在不违背道
义的前提下，随机应变地施政提供了有力的辩护。

《老子》第六十四章曰："合抱之木，生于毫末；九层之
台，起于累土；千里之行，始于足下。"通常解作合抱的大
树，生长于细小的萌芽；九层的高台，筑起于每一堆泥土；
千里的远行，是从脚下第一步开始走出来的。人们常用"千
里之行，始于足下"，比喻任何事情的成功，都是由小而大
逐渐累积而成的。"合抱之木""九层之台"两句，表达了相
同的意思。玄宗认为："此三者喻其不早良图，后乃成患。"
玄宗意在告诫臣子，重大祸患常常是由极小的错误积累而成
的，因此与力挽狂澜相比，把问题化解在萌芽阶段、把矛盾
化解在初始时期更为重要。这无疑是一种极为务实的治国
策略。

那么，玄宗"喻其不早良图，后乃成患"的解释，是否符合《老子》文本的原意呢？"合抱之木，生于毫末"云云之前，还有一段文字："其安易持，其未兆易谋。其脆易泮，其微易散。为之于未有，治之于未乱。"通常释作局面安稳的时候容易掌控，问题还没有显露迹象的时候容易解决。事物脆弱时易于消解，事物微小时容易消散。因此，要在事情尚未发生之时就预防处理，要在祸乱产生之前就早做准备。玄宗的解释是：

> 欲心初染，尚自危脆，能绝之者，脆则易破。祸患初起，形兆尚微。将欲防之，微则易散耳。

将这两段注文合观可知，玄宗将《老子》第六十四章的主旨概括为防微杜渐。通常认为，"合抱之木，生于毫末；九层之台，起于累土；千里之行，始于足下"这三个比喻意在告诫人们，任何伟大的事业，都是从小事做起，逐渐积累而成的。玄宗从执政者的立场出发，将其解作防患于未然，充分暴露了其局限性。

玄宗虽然亲自为《老子》作注，并设立道举，但其是否完全采用老子思想治国理政，就另当别论了。

儒家立场的解释

玄宗在注解《老子》时，也会采用儒家的主张。如《老子》第二十五章曰："有物混成，先天地生。寂兮寥兮，独立而不改，周行而不殆，可以为天地母。吾不知其名，强字之曰道，强为之名曰大。"玄宗注曰："始者冲气也，言此妙气生成万物，有茂养之德，故可以为天下母。"在玄宗看来，万物皆因道而生，因道而长，故可将道称作万物之母。"茂养之德"化用自《周易·无妄》的"先王以茂对时育万物"，为努力养育之义，而"厚生养民"是儒家的重要主张之一。

老子的宇宙生成论，可概括为"道生一，一生二，二生三，三生万物"。根据这一理论，道是万物的本源和主宰者，天地万物都应遵循自然规律运行，无须外力"养活"。但不能由此认为，《老子》中没有修养方面的内容，第十章、第三十四章、第五十一章等章节中，均出现了"道养万物"的表述。

玄宗将道与万物的关系比作父母与孩子的关系，"茂养"与"茂育"同义，是"茂对时，育万物"的简称，说的是贤明的君主会顺应时节的变化，精心培育万物，使百姓安居乐业。儒家将君王比作天下臣民的"君父"，提倡以"孝"治国。汉朝以"孝"治天下，并将"孝"作为官吏选拔的途径与评价标准之一。

玄宗为避"名不正，言难顺"之讳，宣布以"孝"治天下。开元十年（722 年），玄宗颁布了《御注孝经》；开元二十三年（735 年），玄宗颁布了《御注道德真经》；开元二十四年（736 年），玄宗颁布了《御注金刚般若波罗蜜经》。玄宗遍注三教的举动，充分表明他是以老子思想为中心，调和儒释道三教的。除遍注三教外，唐玄宗还明确提出"会三归一"的主张，从而为三教和谐共存提供了有力支持。

《老子》第八十章曰："小国寡民，使有什伯之器而不用。"众所周知，历代帝王无不以广土众民为志向，而非仅仅满足于小国寡民。历代学者对"小国寡民，使有什伯之器而不用"的解释，可谓见仁见智。玄宗对这句话的解释是：

> 此章明人君含其淳和，无所求及，适有人材器堪为什件伯长者，亦无所用之矣。

玄宗从帝王心态的角度，将"小国寡民"解作"人君含其淳和，无所求及"。这里的"含其淳和，无所求及"，说的是为君者应保持清静平和的心态，减少欲望的干扰，致力于兴国富民。

《老子》中的"器"，大体释作"工具""才能"。玄宗所谓的"人材器",就是指具备某种能力的人才,"人材器堪为什伍伯长者"指的是能管理一方百姓的官员。《御制道德真经疏》对"小国寡民"的疏解是:"此论淳古之代也。言国小者,明不求大。言人少者,明不求多。不求大则心无贪竞,不求多则事必易简。"

宋徽宗的《御解道德真经》从老子所处的时代出发,对老子提出"小国寡民"思想的初衷进行了分析。老子生活的春秋末年,王室衰微,诸侯争霸,社会动荡,崇尚刑罚武力,不行仁义道德。老子对当时的社会失望至极,于是提出了"小国寡民"的理想,那就是通过保持国家的小规模和人口的稀少,来实现社会的和谐与安宁。

宋徽宗能立足于老子所处的时代,考察"小国寡民"思想的提出缘由及其内涵,这一点远远胜过唐玄宗。但是与唐玄宗一样,宋徽宗对"小国寡民"的解释也没有超越帝王身份的局限。总之,无论是唐玄宗还是宋徽宗,都没有真正理解老子提出"小国寡民"构想的良苦用心。

玄宗以后,佛教和道教的演变

不管给老子叠加多少尊号,建多少座道观,沉迷享乐、重用奸臣的唐玄宗都无法扭转大唐由盛转衰的趋势。天宝十四载(755年),安史之乱爆发,唐玄宗携带后宫嫔妃和皇族后代，从长安逃往蜀国（四川），行至马嵬坡时，大将军陈玄礼纵容属下斩杀杨国忠，逼迫唐玄宗缢死了年仅 38 岁的杨贵妃。次年（756 年），太子李亨在灵武即位，是为肃宗。至德二载（757 年），唐军在回纥兵的帮助下收复了长安和洛阳，唐玄宗也回到了长安。

历时八年（755 年至 763 年）的安史之乱，不仅动摇了唐朝的统治根基，也加速了佛教和道教的传播与发展。有人提出，玄宗极其崇拜老子和道教，是安史之乱发生的一个重要原因。由于李唐皇室以老子为"始祖"，而道教又是唐朝的国教，因此道教在安史之乱后仍然具有一定的影响力。需要指出的是，唐朝皇帝在崇信道教的同时，对佛教也采取支持和包容的态度。如贞观十九年（645 年），高僧玄奘从印度带回大量的佛经、佛像和舍利等圣物，受到了唐太宗的隆重接见。唐太宗还让玄奘主持大慈恩寺的寺务，领管佛经译场。玄奘翻译的佛教典籍，在佛教界产生了巨大的影响。

开元年间，密宗由印度的善无畏和金刚智传入中国。除密宗外，唯识宗（法相宗）、律宗、华严宗、天台宗、净土宗等佛教宗派也十分活跃。唐代，长安和洛阳是佛教的两大中心，不仅高僧云集，不少王室贵族也成为佛教信徒。安史之乱中，长安和洛阳相继落入叛军之手，大量宫殿、官署、佛寺被焚毁殆尽，僧尼们被迫离开自己的修行之地。

在长江流域，出现了强调精神修炼和修行实践的佛教宗派，如禅宗、华严宗、唯识宗、律宗等。长江流域作为唐王朝的重要稻米粮仓，汇集了大量有权势的士族。安史之乱后，大量中原人口为躲避战乱而迁移至长江流域，这在一定程度上促进了北方佛教和南方佛教的碰撞与交流，佛教由此走上了世俗化、平民化的道路。

净土宗以普通百姓为传播对象，强调通过念诵佛的名号（尤其是"阿弥陀佛"的名号）来修行。安史之乱期间，大量佛经被毁或散佚，净土宗的修行方法因简单易行而广为流行。唐末以来，结社念佛在吴越一带相当流行。

安史之乱后，禅宗成为最大的佛教宗派。六祖慧能在广东韶关曹溪开创南宗，强调顿悟成佛，直指人心。《六祖坛经》宣称，一切众生本具圆满佛性，无需向外求取，只需向内觉知与开发。唐末五代的永明延寿大师在调和禅宗和净土宗矛盾的基础上提出了"禅净双修"的主张。六祖慧能门下出了南岳怀让、青原行思两位禅门巨匠。南岳怀让门下形成了临济宗和沩仰宗，马祖道一、百丈怀海、黄檗希运、临济义玄等，均是南岳一脉的高僧。青原行思门下形成了曹洞宗、云门宗和法眼宗。

总之，佛教传入中国之初通过走"上层路线"，形成了具有浓厚经院哲学色彩的"贵族佛教"。安史之乱以后，佛教逐渐走上了世俗化、平民化的道路。

安史之乱以后，道教的变化远没有佛教那么显著。据说，唐肃宗（李亨，760—765年在位）和唐代宗（李豫，762—779年在位）都迷信阴阳鬼神，无论事情大小，都要求神问卜。乾元元年（758年），唐肃宗亲自画了一尊老子像，送到太清宫。唐代宗崇佛，常于宫中陈设佛像，予以奉祀。又设置宫内道场，每日引僧尼百余人念诵佛经。邠宁节度使马璘死后，代宗没收其宅，拆毁中堂，改为乾元观，置道人四十九名，为肃宗祈福。

据说，唐德宗（李适，779—805年在位）信奉祈禳之术，唐文宗（李昂，826—840年在位）迷信神仙方药。唐武宗（李炎，840—846年在位）即位后，召道士赵归真等八十一人入宫，于三殿修"金箓道场"，并亲受法箓。在赵归真的蛊惑下，唐武宗于会昌五年（845年）下诏，拆除各地的寺院，遣散所有的僧众。据统计，在这场灭佛运动中，共"拆寺四千六百余所，还俗僧尼二十六万五百人"。

总括而言，唐朝皇帝大多崇奉道教。据唐末道士杜光庭的《历代崇道记》记载，唐代自开国以来，先后造宫观一千九百余座，度道士计一万五千余人。

第四章　贾善翔的《犹龙传》

一、宋代的老子信仰

本章主要以贾善翔的《犹龙传》为中心，探寻有宋一代，老子神化的足迹。

宋朝社会

唐朝灭亡之后，中原地区相继出现了定都于开封和洛阳的后梁、后唐、后晋、后汉和后周五个朝代以及割据于西蜀、江南、岭南和河东等地的十个地方政权。后世将这些王朝和政权合称为"五代十国"。宋朝的建立，标志着五代十国分裂局面的彻底结束。20世纪初，日本学者内藤湖南通过对比唐宋期间发生的一些社会变革，提出了著名的"唐宋变革说"，认为"唐代是中国中世纪的结束，宋代则是中国近代的开始"。

在政治方面，宋太祖赵匡胤通过杯酒释兵权、削弱相权、直接派文臣担任地方长官等举措，使皇权得到了空前的强化。在文化方面，印刷术和造纸术的迅速发展，促进了出版事业的兴盛。在语言方面，宋末元初入声开始消失。"入声"指的是韵尾收 [-p-t-k] 的韵母，k（如英文 desk）、p（如英文 cup），t（如英文 net）。在宗教方面，道教的神仙谱系已臻完善，如今的道教神仙谱系大体形成于宋代。南宋末年，道士王宗岳创建了全真教。全真教跟传统道教的最显著区别在于：传统道教的信徒并非都要出家，而全真教的教徒必须驻观修行。就老子的神秘化而言，宋代的变化并不大。

宋徽宗对道教的痴迷

宋朝皇帝普遍对道教情有独钟，与道士们的关系也十分密切。宋徽宗（赵佶，1100—1125 年在位）是中国历史上对道教极为热衷的皇帝之一，他不仅自封"教主道君皇帝"，还将道教信仰推向了高潮。宋徽宗尤为宠信道士林灵素，赐号"通真达灵先生"，后又加号"元妙先生""金门羽客"。林灵素编造有《神霄雷书》，称宋徽宗是"昊天上帝长子神霄玉清真王长生大帝"。

在林灵素的鼓动下，宋徽宗下令编修《政和万寿道藏》，新建、扩建了许多道观，还赐给每一座道观田地上千顷，每一位道士都能领到俸禄。政和七年（1117年），宋徽宗示意道录院上奏章，正式册封自己为"教主道君皇帝"。这使得宋徽宗成为中国历史上唯一的集天帝、人君、教主为一体的皇帝。

与同样痴迷道教的唐玄宗相比，宋徽宗的结局更为悲惨。宣和七年（1125年），金军南下直逼大宋都城东京（今河南开封），宋徽宗轻信道士刘知常所炼的"神霄宝轮"能够震慑敌军，便派遣使者带着"神霄宝轮"到各地的神霄宫中镇守。宣和八年（1126年），开封被金兵包围之际，宋徽宗仓皇南逃，太子赵桓受宋徽宗禅让登基，改元靖康。病急乱投医的宋钦宗竟然让精通"六丁六甲之术"①的道士郭京组建了一支"天兵部队"，来抵挡金兵。靖康二年（1127年），金军攻破东京，俘虏了宋徽宗、宋钦宗父子及大量赵氏皇族、后宫妃嫔与贵卿、朝臣等三千余人，押解至五国城（今黑龙江省哈尔滨市依兰县境内）。

宋人编撰的道教典籍中，较有名的是《犹龙传》和《混元圣纪》。其中，《犹龙传》是由"宋崇德悟真大师贾善翔编"的，书名中的"犹龙"，源自《史记·老子列传》中孔子对老

---

① 《宋史·律历志》引宋仁宗《景祐乐髓新经》云："六甲，天之使，行风雹，策鬼神。"

子的评价"吾今日见老子，其犹龙邪"！《混元圣纪》是由"宋观复大师高士谢守灏编"的，两书为研究老子如何被神化及其历史过程提供了详细的资料。

《犹龙传》详细记载了老子的生平以及被神化的历程，从老子出生一直写到宋真宗朝谒太清宫。该书共六卷，其中卷一包括《序》《起无始》《禀自然》《见真身》《启师资》《历劫运》。贾善翔在《序》中介绍了编造本书的初衷、目的以及各卷的主要内容。关于编造此书的初衷，贾善翔称是有见于《史记》中关于"聃圣降世之迹，虽预其列，大率简约，学者莫能究始末。愚不揆浅陋，细绎内外书而广之，庶其详也。然涉世之外，其间不能无耳目不相接之论，盖著于传记，无敢略之，且不以辞害意者，其是之谓欤"？这里的"内外书"，是以道教典籍为"内"，其他宗派的典籍为"外"。由此可知，《犹龙传》的内容主要取材于道家典籍，同时引用了其他宗派的典籍。

关于"道"的内涵和老子被神化的历程，在贾善翔之前就已经积累了大量的资料。贾善翔在总结吸收前人研究成果的基础上，编造了《犹龙传》。由于年代久远、文献散佚，该书中的部分描述已经无法追溯其来源了。《犹龙传》详细记载了老子的身世和其被神化的历程，是研究老子和道教的珍贵文献。

老子诞生的神话

《犹龙传·序》在介绍完编造初衷、目的后，对老子的身世进行了概述，叙述中出现了一些超越常识的内容。其文曰：

老氏姓李讳耳，字伯阳，谥曰聃。当商十八王阳甲之十七年，岁在庚申，其母昼寝，梦太阳化流珠入口，因吞而有娠，凡八十一年，极太阳九九之数。母氏因逍遥于李下，由左腋而生。既生，皓首而能言，指李曰："此吾姓也。"一云：父姓李名灵飞，母尹氏名益寿，即商二十二王武丁之九年，岁在庚辰，二月十五日卯时生于楚国苦县万乡（一作濑曲）仁里涡水之阴。至纣王时，居岐山之阳，西伯命为守藏史。武王克商，诏为柱下史。至昭王二十五年癸丑岁五月，乘青牛薄辇车，徐甲为御，而去周。因度函谷关，关令尹喜善天文，知有圣人之来，乃斋戒迎伺。至七月十二日，老君至，授《道德》二经。约千日后，会蜀郡青羊肆，而俱适流沙。至幽王时，却还诸夏。故孔子适周而问礼。后于涡水故居乘白鹿，登桧而升天。或曰老莱子，或曰太史儋。或曰百有六十余岁，以其修道而养寿也。或曰受学于容成，问道于常枞。

由这段描述可知，老氏姓李讳耳，诞生于商第十八王阳甲十七年庚申之年。老子的母亲梦见太阳变成珠子流进口中，自己随后怀孕，八十一年后才生下了老子。老子是从母亲的左腋窝里降生的，出生时便白眉白发，并指着李树说："这是我的姓氏。"

女性在梦中吞下某种特殊物质而怀孕，是圣人诞生传说中的常见情节。如释迦牟尼的母亲摩耶夫人梦见一位仪表堂堂的人骑着一头白象从天而降，自右肋进入自己的腹中，没过多久自己就怀孕了。不难发现，老子和释迦牟尼的诞生情节极为相似，不同的是，老子的母亲在怀孕八十一年后才生下了老子。这就意味着老子出生时，他的母亲已经将近一百岁了。因此可以说，老子的母亲也是一个超凡脱俗的存在。

老子的母亲"梦太阳化流珠入口，因吞而有娠，凡八十一年，极太阳九九之数"，才生下了老子。在中国古代文化中，奇数为阳，偶数为阴；阳之极为九，阴之极为八，八十一是由九九相交而成的，是最大的阳数。《老子》共八十一章，也是取八十一乃最大阳数之意。

贾善翔还引用了另一种观点：老子的父亲叫李灵飞，母亲叫尹益寿，于西周末年武丁朝庚辰二月二十五日卯时诞生，出生地在楚国苦县涡水的南边。据《水经注》记载，涡水在鹿邑县城南部绕过，从太清宫东边向北，再向东流向下游的亳州谯城。

据《序》记载，商朝末年，老子住在岐山南部。周文王时，老子出任守藏史（掌管周王室图书馆的史官）。周武王时，老子出任柱下史（掌管典章文物）。周昭王二十五年五月，老子乘坐由徐甲驾驶的青牛车离开洛阳，向西游历。有一天，函谷关的关令尹喜登关巡视，但见东方有团紫气飘然而来，知道有圣人即将到来，于是沐浴更衣，静静恭候。七十二天后，老子来到函谷关。尹喜拜老子为师，并请老子著书，老子写下《道经》和《德经》后，继续西行。一千天之后，老子和尹喜在成都青羊肆会合后，一起前往沙漠地区。周幽王时期，老子回到故乡苦县，最后骑白鹿登桧树飞升。有人称老子为老莱子，有人称老子为太史儋，有人说老子活了160多岁，有人说老子拜容成子、常枞子为师。总之，老子是一位隐世君子。

在介绍了老子的生平之后，《序》接着介绍了老子应时显化，为历代帝王师的情况。《史记集解》引三国吴人唐固"伯阳甫，周柱下史老子也"之说，应与老子于幽王时期回到故乡，并在故宅飞升的传说有关。如果说唐固之说属实，那么从东汉末年开始，老子便被神化了。

二、《起无始》篇

无始发生

《起无始》篇是《犹龙传》的首篇。"起无始"的"无始"，指的是"道"，因此《起无始》篇主要介绍了道的起源、本质和作用。《老子》第二十五章对"道"的解释是："有物混成，先天地生。寂兮寥兮，独立而不改，周行而不殆，可以为天地母。吾不知其名，强字之曰道。"道教在建构理论体系的时候，都是以这段话为基础的。

受《道经》的影响，很多道教典籍都是从"道"开始阐述的。如相传为西汉淮南王刘安及其门客所著的《淮南子》，其开篇《原道训》的第一句话就是："夫道者，覆天载地，廓四方，柝八极；高不可际，深不可测。"相传成书于战国时期的《文子》，其首篇《道原》的第一句话是："夫道者，高不可极，深不可测，苞裹天地，禀受无形。"茅山上清二十三代宗师观妙先生朱自英①述《上清大洞真经序 》开篇曰："夫道生于无，潜众灵而莫测；神凝于虚，妙万变而无方。"

---

① 朱自英（976—1029），宋代茅山派道士，字隐芝，句曲朱阳里（今江苏省句容县）人。据《茅山志》卷十一、《玄品录》卷五记载，其九岁时，能吹笛引鹤。

上述几段文字均详细描绘了"道"的广阔和深邃。

《犹龙传·起无始》也是从道开始讲起的。在贾善翔生活的时代，关于道和老子的知识已经积累了庞大的体量，贾善翔对这些知识进行系统整理与组合，编成《犹龙传》。因此可以说，《犹龙传》是贾善翔对宋代之前，关于道与老子相关记载的归纳，是研究老子生平和老子被神化过程的宝库。《起无始》篇开头曰：

> 原夫浑沦之未判，神灵之未植，而为冥妙之本者，道也。所谓道，莫穷其根本，莫测其津涯，而有大圣人禀之，而生于其间，故谓之无始者，即太上也。太上生乎无始，起乎无因，为万道之先，元炁之祖，盖无光无象，无色无声，无宗无绪，杳杳冥冥，其中有精，其精甚真，弥纶无外，故称大道焉。

这段话吸取了不同学者的思想，主要阐述了道的起源、性质以及道与圣人的关系。其中"杳杳冥冥，其中有精，其精甚真"一句，化用自《老子》第二十一章的"道之物为，唯独恍惚，恍恍惚惚，其中有象；恍恍惚惚，其中有物；金东万冥，其中有精，其精甚真"一段。《起无始》这段话的大意是：在天地未生成之前，"道"就存在于浩瀚的宇宙之中。太上秉道而生，由此成为"大道"的化身。这里的"太上"，指的是老子。

庄子关于"始"的讨论

关于"始"，《庄子·齐物论》从自然的角度，作出了独特的解释。中国古人在阐释某个词的意义时，往往采用反训的方法。如"黑"和"白"经常同时出现，强调黑白之间的相互依存和转化。庄子对于"始"的解释是："有始也者，有未始有始也者，有未始有夫未始有始也者。"在庄子看来，"始"和"未始"是相对而言的。如风吹，是相对于风不吹来说的；而风不吹，是相对于风吹来说的。按照这种解释方式，对词义的追寻将是兜兜转转、永无止境的。

老子和庄子站在天地自然的立场上来追寻语言的意义，形成了一种无限思想，从中可以看到逻辑或数学中无限思想的萌芽。惠子（惠施）可以说是庄子一生相伴的朋友和论争的对手，他曾和庄子探讨过"开始"的概念。相比而言，庄子对于"始"和"无始"的哲学洞察更为深刻。然而，在大部分学者看来，老子、庄子和惠子这种解释词义的方式，只是一种语言游戏罢了。贾善翔在《犹龙传》中，仅仅罗列了一些与"无始"有关的词语，并未对其内涵进行深入的思考。

太上·老君·老子

贾善翔认为，在天地未生成之前，道就已经存在了，禀受道者为太上。《起无始》篇在阐述了道与圣人的关系之后，接着说道：

> 夫道，自然之妙本也，于此幽玄微妙之中而生空洞。空洞者，真一也。真一者，不有不无也。从此一炁而生上三炁，三合成德，共生无上也。自无上而生中三炁，三合成德，共生真老也。自真老而生下三炁，三合成德，共生太上也。自太上乃生前三炁，三合成德，共生老君也。自老君化成后三炁，三炁又化生真妙玉女，自玉女禀三炁，混沌凝结，变化五色玄黄，大如弹丸，流入玄妙口中，吞之有身，凡八十一年，乃从左腋而生。生而白首，故号老子，老子即老君也，乃大道之身，元炁之祖，天地之根也。

这段话的大意是：道作为宇宙万物的根本，是玄妙莫测的，玄妙中生出空洞，空洞就是真一。真一之气化生上三气，上三气合而生无上。无上又生中三气，中三气合而生真老。真老又生下三气，下三气合而生太上。太上又生前三气，前三气合而生老君。老君化成后三气，后三气又化成真妙玉女。玉女禀受三气后，变成五色玄黄的丹药。玄妙吞下丹药后就怀孕了，直到八十一年后，才从左腋生下一个满头白发的孩子，即老子。老子是大道之化身，元气之祖，天地之根。

这段叙述作为中国古代的宇宙生成论，具有一定的意义，但是作为老子诞生的过程，是荒唐无稽的。在道教典籍中，经常出现这一类的情节。

道在运动的过程中产生了真一之气，真一之气既不是有，也不是无。真一之气无光无象、无色无声、无宗无绪，因此不是有；但其作为气而存在，因此不是无。真一之气又化生出上中下三气和前后三气。三气思想在初唐道士孟安排纂集的《道教义枢》中也有阐述，贾善翔的表述或来源于该书。

三气又依次产生了无上、真老、太上、老君、真妙玉女、玄妙，玄妙生出了老子。这里的太上与大圣人禀道而生之太上有何关联，我们不得而知。贾善翔只是原封不动地将不同时期的史料摆在一起，并未进行深入的分析。"元气之祖"的重复出现，也说明了这一情况。南宋谢守灏的《混元圣纪》对贾善翔的《犹龙传》的评价是：虽记述颇详，但枝节引用过多，首尾不连贯，且不乏自相矛盾之说，迷惑读者。

这里的"玄妙"，可能指玄妙玉女。张守节的《史记正义·老子传》开头引述有《玄妙内篇》关于老子诞生的传说，其文曰："李母怀胎八十一载，逍遥李树下。乃割左腋而生。又云：玄妙玉女梦流星进入口中而有娠。七十二年而生老子。"由李母说和玄妙玉女说并存可知，《玄妙内篇》的有些内容也是自相矛盾的。《玄妙内篇》大概成书于东晋中后期，由此推断，到了东晋中后期，老子被进一步神化了。

"五色玄黄"中的"玄黄"，本指天地的颜色，这里指代五色的丹药。丹药形若弹丸，因此能被玄妙吞下。玄妙吞下丹药后受孕，七十二年后才生下了老子。

无上、真老、太上、老君等神名，均是老子神化过程中的不同称谓。因此，老子又有无上玄老、太上老君等别称。

老子是"道"的体现

在介绍了老子诞生的过程后，贾善翔接着说道：

> 夫大道微妙，出于自然，生于无生，先于无先，挺于空洞，陶育乾坤，号曰无上。变化无常，不可得名，故曰：吾生于无形之先，起乎太初之前，长乎太始之端，行乎太素之元，浮游幽虚，出入杳冥。观混沌之未判，清浊之未分，三景之未光，万物之未形。独能寓惚恍之庭，游旷浪之野，卓然独立，大而无配，视之不见，听之不闻，搏之不得。所谓混元，由兹而始矣。

这段话阐述了"大道"得名的缘由、内涵以及特性。通读《起无始》篇，虽然给人一种杂乱无章的感觉，但应该承认，贾善翔将老子神化到了一个新阶段。这里的"出于自然，生于无生，先于无先，挺于空洞，陶育乾坤"，充分表明道是宇宙万物的根源。

"吾生于无形之先……出入杳冥"，是对"无上"的解释。"观混沌之未判……搏之不得"，是对"道"的特性的描述。"所谓混元，由兹而始矣"中的"混元"，指的就是老子。宋真宗加封老子为"太上老君混元上德皇帝"。

三、《乾凿度》《起无始》《老子圣母碑》

《乾凿度》

《周易乾凿度》是成书于西汉末期的纬书《易纬》中的一篇，又称《易纬乾凿度》，简称《乾凿度》。"太始""太素"等概念，表示天地形成的阶段。

"注疏"是"注"与"疏"的合称，其中"注"是对经书字句的注解，又称传、笺、解、章句等；"疏"是对注的注解，又称义疏、正义、疏义等。西汉今文经学兴盛，学者依口传重新整理经籍，形成系统的注疏。早期的经书注疏往往与经文独立流传，被称为"单疏本"。《周易乾凿度》是东汉初年所出《七经纬》中的一篇，其受到尊重与孔子地位的提升有关。

《周易乾凿度》将"太初"释作"气之始"，将"太始"释作"形之始"，将"太素"释作"质之始"。但在"太初"之前还有"太易"，表示"未见气之前"的阶段。贾善翔认为，《周易乾凿度》的"太易"，应释作"无形之先"。"无形之先"出自王阜《老子圣母碑》中的"老子者，道也。乃生于无形之先"。笔者认为，《周易乾凿度》的解释更加合理。其文曰：

> 故曰：有太易，有太初，有太始，有太素也。太易者，未见气也。太初者，气之始也。太始者，形之始也。太素者，质之始也。炁形质具而未离，故曰浑沦。浑沦者，言万物相浑成而未相离。视之不见，听之不闻，循之不得，故曰易也。易无形畔，易变而为一，一变而为七，七变而为九。九变者，穷也，乃复变而为一。一者，形变之始也。

《周易乾凿度》接着说，经过"太易""太初""太始""太素"几个阶段后，气、形、质还是没有分离出来，世界仍是混沌的，仍是"视之不见，听之不闻，循之不得"

的 。"视之不见，听之不闻，循之不得"出自《老子》第十四章的"视之不见，名曰夷；听之不闻，名曰希；搏之不得，名曰微。此三者不可致诘，故混而为一"。这段话所蕴含的道思想是极为深刻的。

"浑沦"的"沦"，通常释作沉沦、没落。《列子·天瑞》篇亦收录有这段文字，其将"浑沦"释作"万物相浑沦而未相离也"。此外，"形畔"在《列子》中写作"形埒"，"埒"为界限、边际之意，"形埒"就是"那边"的意思。"循之不得"的"循"，在《老子》第十四章中写作"搏"。

《周易乾凿度》对于混沌状态的描述，与《老子》第十四章的结尾非常相似。前文已述，旨在阐述老子神化的过程《起无始》，其框架基本上沿用了《周易乾凿度》。

关于《列子》和《周易乾凿度》孰先孰后的问题，东晋张湛在《列子·天瑞》篇"子列子曰：昔者圣人因阴阳以统天地"一章之后注曰："此章全是《周易乾凿度》。"按照张湛的描述，《周易乾凿度》在前，《列子》在后。

《周易乾凿度》与王阜的《老子圣母碑》

王阜的《老子圣母碑》，最早见于郦道元的《水经注》，其文曰："《李母冢碑》于东汉桓帝永兴元年（153 年），由谯令长沙王阜刻立。"《李母冢碑》又名《老子母碑》《老子圣母李夫人碑》《老子圣母碑》,《太平御览》中收录有碑文的部分内容。我们将其与《犹龙传》进行比较可以发现,二者的内容基本相同,只是碑文的表述更为简略。贾善翔的《犹龙传》参考了前代的历史文献和传说,对老子的生平和神化过程进行了较为详细的叙述和补充。《犹龙传》中的"视之不见,听之不闻,搏之不得",应来自《周易乾凿度》。《犹龙传》中的"吾生于无形之先,起乎太初之前,长乎太始之端,行乎太素之元",应来自《老子圣母碑》中的"老子者,道也,乃生于无形之先,起于太初之前"。《老子圣母碑》是关于老子生平的记载,因此用"无形之先"代替了《周易乾凿度》的"太易"。

四、《禀自然》

《禀自然》

《起无始》篇之后,是《禀自然》篇。该篇开头曰:"老君乃元气之真,造化自然。自然者,道也。强为之容,即老君也。"意谓老君是元气与道的真谛所在,他造化自然,彰显大道的玄妙。老君"以虚无为道,自然为性……上通寥廓,并包六合,控驭三界,不足言其虚也",则阐述了老君作为道之本体所具有的神异之处,接着是对"道"的描述:

且道本无形，真非有相，盖托虚假有，体用互陈，不足以尽其妙，故归之自然。自然者，理之极致也。合之为自然，离之为道德，故众圣所共尊，今古不能泯。

这段话的大意是：道本无形无象，即使体用互相发明，也难以准确表达道的玄妙之处，所以将道归为自然。老君合之为自然，离之为道德，因此受到圣贤们的尊崇，古往今来都是这样。

"今古不能泯"之后，引用《老子》第五十一章"道之尊，德之贵，夫莫之命而常自然"结束全篇。需要注意的是，"莫之命"的"命"字，《起无始》篇中写作"爵"。与"命"字相比，"爵"字于文义更合。

在古代汉语中，"道""德"是两个不同的概念，"道"是本体，是万物的根本规律；而"德"是"道"的功用，是"道"在具体情境中的实践形式。

自然是理之极致

关于"合之为自然"，唐玄宗《御注道德经》第三章的解释是"合道法自然之性"。《老子》第二十五章曰："人法地，地法天，天法道，道法自然。"在老子看来，"道"作为宇宙的本源和根本法则，是以自然为法则的。换言之，自然是"道"的最高形态。

王弼对"自然"的解释是："无称之言，穷极之辞也。"这一解释格外晦涩，可大致理解为"自然是没有名称的话，穷尽言辞也是这样"。通常来说，名称都有指向的对象，但是"自然"没有指向的对象。如山、河、高、低、亮、暗、快乐、悲伤等名称，都有指向的对象，但"合之为自然"后，就没有具体的指向对象了。《犹龙传》所谓的"自然者，理之极致"，表达了同样的意思。

"人法地，地法天，天法道，道法自然"的"法"，就是按照某种原则或规律来行动。这句话的意思是：人们依据于大地而生活劳作，繁衍生息；大地依据于上天而寒暑交替，化育万物；自然气候、天象变化遵从宇宙间的大道运行；大道则依据自然之性，顺其自然而成其所以然。例如人们会根据居住的地方是山区还是平原，是湿润地区还是干旱地区等，来安排生产与生活。地上万物根据天时变化而繁衍生息，日月星辰等天体依据道的规律来运行。一言以蔽之，天地万物都是依道而行的，而道是依自然而行的。

老子所说的"自然"，并不是指山川草木、风花雪月等实体性的存在或事实性的存在，而是指道存在的状态。如大自然中的山川，是自古以来就存在的。依照现代科学的观点，山川的形成是地球长期地质作用的结果。在老子看来，山川河流、日月交替、四季循环等都是自然而然的过程，不需要任何人为刻意的干预。老子所谓的"无为"，就是不违背自然，不要人为地干预事物自身的发展状态和规律。

老子提出，天地万物的变化都遵循"道"的规律，而"道"的最根本规律就是"自然"。"道"的本义是道路，引申为规律、道理。按照"道"的规律行事，就是顺应"自然"。关于"道"与"自然"的关系，老子用"道法自然"来概括。"道"是宇宙万物运行的根本规律，而"自然"是"道"的运行法则。

中国哲学强调，万事万物莫不有道，万事万物莫不有理。在此意义上，道即是理，理即是道，两者合在一起，就是"道理"。在老子生活的时代，虽然"理"字已经存在，但尚未抽象化为哲学概念，故《老子》一书中并未出现"理"字。到了战国末期，韩非子在《解老》篇中明确提出了"道理"的概念，他说："缘道理以从事者，无不能成。"从汉代开始，"理"逐渐成为一个哲学概念。到了宋代，"理"成为程朱理学的核心概念。贾善翔是北宋人，其"自然者，理之极致也"之说，直接指出"自然"就是"理"的最高体现。

贾善翔在"自然者，理之极致也"之后，接着说"合之为自然，离之为道德"。这里的"自然"，就是事物本身固有的状态，没有受到外界的干预或影响。如山就是山，河就是河。在传统逻辑学中，"A 是 A"是同一律（tautology）的基本表述形式，表示任何概念或命题都与其自身等同。同一律、矛盾律（A 必不非 A，或 A 不能既是 B 又不是 B）和排中律（A 或者非 A）是逻辑学中的三个基本定律。三者之中，"A 是 A"是所有逻辑推理的出发点。在笔者看来，贾善翔是不懂逻辑学的，《犹龙传》也不是逻辑学著作，但"自然者，理之极致也"之说确实是符合逻辑学的同一律的。

五、《见真身》等篇

《见真身》篇

《见真身》篇主要讲述了老君现身的故事。其文曰：

老君者，乃元生之至精，兆形之至灵也。昔于虚空之中，结气凝真，强为之容，体大无边，相好众备，自然之尊。上无所攀，无所蹑，悬身而处，不颓不落。着光明之衣，照虚空之中，如含日月之光也。或在云华之上，身如金色，面放五明，自然化出，神王、力士、青龙、白兽，麒麟、狮子，列于前后。或坐千叶莲花，光明如日，头建七曜冠，衣晨精服，披九色离罗帔，项负圆光。或乘八景玉舆，驾五色神龙，建流霄皇天丹节，阴九光鹤盖，神丁执麾，从九万飞仙，狮子启涂，凤凰翼轩。或乘玉衡之车，金刚之轮，骖驾九龙，三素飞云，宝盖洞耀，流焕太无，烧香散华，浮空而来，伎乐骇虚，难可称焉。

西晋道士王浮在《老子化胡经》中称，老子西出函谷关，经西域至天竺，化身为佛，教化胡人。《见真身》篇中的老君形象，明显与佛祖形象相对抗。老君的存在超越了光和象，他虽然没有声音和形状，幽幽冥冥之中，却蕴含着至真至精的元气。在描述完老君的形象之后，贾善翔接着说："学上道之子，宜识真形。真形不测，但存此足以感会也。"意谓修行得道的人，若能诚心礼拜供养，老君就会显现；若能进一步洞观"非身之身，图像真形，理亦无二"，自然就能成道了。

道教认为，老君在天为众圣之尊，在世为万教之主，谓之老子者，道之形也。应既不一，号亦无量。《混元圣纪》卷之二记载，老君降生之时，十方天神空中称赞，尊号有十，曰太上老君、高上老子、天皇大帝、玄中大法师、有古大先生、金阙帝君、太上高皇、虚无大真人。这十个尊号也是汉魏六朝时期，老子被神化过程中出现的称号。

前文已述，老君的本体是大道、自然、元气。大道无始无终，无形无相，大道之气凝结在一起后，就有了人格化的老君。

《启师资》等篇

《启师资》篇描述了老子以大道本源之身降临世间，为道教确立师承体系。该篇开头曰："夫道之妙，非形色声味之所可求，而必资于师授也。"老君的老师是太上玉晨大道君，太上玉晨大道君的老师是元始天尊。南朝刘宋道士陶弘景在《真灵位业图》中，将元始天尊列为道教最高神。道教传道主要通过口头传授的方式进行，如果没有师父的点拨与教导，弟子很难领悟道法的玄妙。弟子从师父那里学到的道法，不能轻易地传授给他人。笔者曾有幸跟随龙门派的一位高道学习小周天功法，师父反复叮嘱我，不可将此法传给他人。

《历劫运》篇叙述了老君经历五劫，劫劫分身下世，开化人天的情况。所谓"五劫"者，龙汉之为木劫，赤明之为火劫，延康之为土劫，开皇之为金劫，上皇之为水劫。邹衍的"五德终始说"认为，历史是按照土、木、金、火、水的顺序从始到终、周而复始地转移运行的，每个朝代对应一德，德衰则朝代更迭。按照这一理论，汉代为火德，而通过"禅让"代汉的曹魏则为土德。

《造天地》篇详细描述了老君创造天地的过程。其关于"九天"的论述，具有一定的研究价值。

《登位经》篇将元始天尊、太上玉晨大道君与老君合称为"三尊"。老君"上总群圣，中理众真，下制诸仙，而统摄三十六天，三十六地，七十二君，星辰日月，岳渎万灵，阴阳变化，一切神明，主领天上天下，地上地下，五亿天界，有情无情，有识无识，有形无形，皆太上老君之所制御焉"。在《登位经》篇中，老子被神化到了无以复加的程度。

六、成为历代帝王师的老子

成为历代帝王师的老子

《为帝师》篇讲述了老子化身为历代帝王之师，随世立教的事迹。东汉延熹八年(165 年)，边韶受命作《老子铭》，称老子"道成身化，蝉蜕渡世。自羲农以来，世为圣者作师"。这里的"圣者"，是古代对帝王的尊称。①

老子"世为圣者师"的说法，在三国至隋唐时期逐渐完善。《犹龙传》称，自三皇五帝以来，老子改名换号，成为历代皇帝的老师，神农时的太成子，轩辕时的广成子，帝尧

---

① 《武内义雄全集》第五卷《老子篇》中，关于老子的详细介绍主要出现在《老子研究（上）》《三神仙传》。

时的务成子，秦汉时的河上公，都是老子的化身。

《为帝师》篇中详细列举了老子与历代帝王的师徒组合。伏羲时，老君号曰郁华子，讲《元阳经》。神农时，老君号曰大成子，讲《太微经》。祝融时，老君号曰广寿子，传《按摩通精经》。黄帝时，老君号曰广成子，传《南华经》。颛顼时，老君号曰赤精子，传《微言经》。帝尧时，老君号曰务成子，传《政事经》。帝舜之时，老君号曰尹寿子，传《太清经》。夏禹时，老君号曰直行子，传《德诫经》。周初时，老君号曰燮邑子，传《赤精经》。

这些组合阐述了道教典籍的渊源。如《为帝师》篇称，祝融时，老君居衡山，号广寿子，以《人皇内经》《灵宝五千文》授于祝融。众生始知冶金、炼铁、造斧、生铅之术。因此可以说，祝融被尊为火神，与老子的教导密切相关。

《为帝师》篇称，黄帝时，老君号广成子，居崆峒山，为黄帝讲《南华经》，教以理身之道，黄帝修之，白日升天。《南华经》是《庄子》的别称。唐玄宗诏封庄子为"南华真人"，并尊《庄子》为《南华真经》。

关于黄帝问道广成子之事，《庄子·在宥》篇的记载是：黄帝即位十九年时，天下大治，听说广成子在崆峒山隐居修道，便亲自去山中拜访，向他请教如何才能达到"道"的最高境界。

黄帝问道："我听说先生已经达到道的最高境界，冒昧地请教至道的精髓。我想从天地间汲取精华，以辅助五谷，养育百姓。又欲调节阴阳，以成就万物。应该怎么做呢？"广成子回答道："你所问的，是万物的根本；你想主宰的，是万物的枝叶。你虽有智巧却心胸狭窄，哪里配得上谈论至道呢？"黄帝回去之后，不再过问天下的事，而是在一间茅草屋里苦思冥想了三个月，又去请教广成子怎样治身，才能长寿。广成子回答道："至道之精，窈窈冥冥；至道之极，昏昏默默。无视无听，抱神以静，形将自正。必静必清，无劳女形，无摇女精，乃可以长生。目无所见，耳无所闻，心无所知，女神将守形，形乃长生。"

陆德明《经典释文》称："广成子，或云即老子。"成玄英《老子义疏》说，"广成子"乃老子的别号。由此可见，在唐初，广成子就已被视为老子的化身了。

商代，老君降于潜山，号锡则子，为商汤说《长生经》，教以恭爱之道。作为大道化身的老子，在完成为历代帝王师的任务后，重归太虚境界。

总体而言，老子八十一化的前十一化，讲述的是作为神话的老君传；十一化以后，讲述的就是作为"历史"的老君传了。

成为帝王师的东方朔

以不同的身份和形象出现在人间，担任历代帝师的人，并不仅仅限于老子。据应劭《风俗通义·正失》篇"东方朔"条记载："俗言东方朔为太白星精，黄帝时为风后，尧时为务成子，周时为老聃，在越为范蠡，在齐为鸱夷子皮，言其神圣能兴王霸之业，变化无常。"东方朔是太白星精的化身，传说他在黄帝时为风后（黄帝的宰相），在尧帝时为务成子（尧的老师），在周朝为老聃，在春秋战国时期为范蠡、鸱夷子皮。

东方朔是太白星精在人间的化身之一，其本体在天上。这与《犹龙传》对老子的定位是相同的。《风俗通义·正失》篇所列举的老聃、范蠡、鸱夷子皮，均是《史记》中出现的人物。

范蠡是越王勾践的将军兼谋士。在范蠡的苦心筹谋与辅佐下，勾践最终灭掉了宿敌吴国。灭吴之后，范蠡敏锐地察觉到勾践"可共患难，不可共安乐"的本性，于是化名为鸱夷子皮，寓居齐国海滨，以耕作为生。后因经商致富，被尊为"陶朱公"。日本后醍醐天皇被流放到隐岐期间，儿岛高德曾以范蠡的典故作十字诗献给后醍醐天皇，其诗曰："天莫空勾践，时非无范蠡。"这首诗在日本广为流传。

《汉书》对东方朔的描述是："其事浮浅，行于众庶，儿童牧竖莫不炫耀，而后世好事者因取奇言怪语附着之朔。"东方朔滑稽多智，巧言善辩，举止荒诞，常一本正经地胡说八道，却深得武帝的赏识，被时人视为"滑稽之士"，后世的人经常把一些奇言怪语托附在东方朔身上。东方朔不仅是西汉时期著名的文学家，还因智慧过人而被后世尊为"智圣"。

《论衡·道虚》篇称："世或言东方朔亦道人也，姓金氏，字曼倩。变姓易名，游宦汉朝。外有仕宦之名，内乃度世之人。"由此推测，东方朔的传说在东汉初期就出现了，一开始只是茶余饭后的谈资，后被"好事者"加以附会，成为民间传说。老子传说的价值，远远大于东方朔传说的价值。既然东方朔的传说附带有具体姓名，那么老子的传说最初也应附带有具体姓名。

据《风俗通义》记载，东方朔"黄帝时为风后，尧时为务成子"。《为帝师》篇称，黄帝时，老君号曰广成子，传《南华经》。帝尧时，老君号曰务成子，传《政事经》。尧时的务成子，既是老君的化身，又是东方朔的化身。从这个意义上来说，东方朔也是老君的化身之一。

在《史记·五帝本纪》中，风后是黄帝的宰相。黄帝是中国古代神话传说中的伟大人物之一，风后亦是如此。风后、广成子虽然都是神话传说中的人物，但相较而言，广成子的形象更加神秘，其"天人合一"思想更贴合道家的主张。

七、"历史"中的老子

后世的老子传

《降生年代》篇称，殷商武丁九年（公元前 1245 年），老君自太清境分神化炁，托孕于玄妙玉女八十一载，于二月十五日降生为道祖老子，是为降圣。自此以后，被神化为帝师的老子转变为"历史"上的老子了。

在帝师这一角色上，"历史"上的老子与神话传说中的老子并无不同。周文王时，老君号曰燮邑子，说《赤精经》。武王克殷，老君号曰育成子，为柱史，说《璇玑经》。成王时，老君号曰经成子，说《广化经》。康王时，老君号曰郭叔子，仍为柱史。"柱史"是"柱下史"的简称，周秦时期掌管王室文书档案。因老子曾任此职，故后世常以此代称老子。

被神化为帝师的老子，到康王时为止。据《为柱史》篇记载，昭王时，太上玉晨大道君对老君说："商辛淫乱，水运将穷，西伯应昌，可往佐之。"据《去周》篇记载："至昭王二十五年癸丑岁五月二十九日壬午，乃乘青牛薄軬车，徐甲为御，遂去周。"

《去周》篇的内容包括：试徐甲道心；度关令尹喜，传道授经；与尹喜相约于成都青羊肆，正式收尹喜为弟子，一同西去教化胡人；留下尹喜，独自返回故里等。部分内容与《史记·老子传》的内容重合。

继与孔子论礼之后，老子还向河上公、于吉、张天师（张陵）、葛仙公（葛玄）、寇谦之等传道授业。

《犹龙传》的典据

《犹龙传》虚实结合地记述了老子被神化的过程，这些内容并非贾善翔凭空杜撰，而是以史料为依据的。

《道德真经广圣义》（简称《广圣义》）是唐末五代道士杜光庭的代表作，全书共五十卷，以阐释唐玄宗《御注道德真经》为核心。每卷皆首列经文，次列唐明皇注，再次为明皇疏，最后为杜光庭疏义，分别标"注""疏""义"加以区别。

卷二《释老君事迹、氏族、降生年代》开篇对"老子者，太上老君之内号也"进行了阐释，杜光庭说："老子即太上老君也，太上谓证果尊位，玄元皇帝谓显册鸿名，内号谓真经共所标载。"接着将老君的位号分为三十段，逐一解释名号的内涵和来源。

第一《起无始》篇曰："老君生于无始，起于无因，为万道之先，元炁之祖也。"《犹龙传》中也有类似的记载。需要指明的是，《犹龙传》中出现了许多《广圣义》中没有的内容。这也从侧面证明，《犹龙传·序言》"细绎内外书而广之，庶其详也"这句话所言非虚。

第二《体自然》篇的基本结构与表述，与《犹龙传·禀自然》不乏重合之处。

第三《见真身》篇的开头部分，与《犹龙传·见真身》几乎相同。

第四《应法号》篇，《犹龙传》中并未有与之对应的章节，其实际上是《见真身》的后半部分。

第五《启师资》、第六《历劫运》、第七《造天地》、第八《登位统》等篇的基本内容，与《犹龙传》的对应章节几乎相同，只是在篇章划分、叙述详略方面有所不同。

第九《随机赴感》至第三十《册鸿名者》，除第二十九《兴帝业者》和第三十《册鸿名者》外，其余篇章的内容与《犹龙传》几乎相同。因此，南宋谢守灏《混元圣纪》卷一说："尹文操编《圣记》八百二十章，贾善翔传《犹龙》，析为百篇，虽记述颇详，而枝蔓旁引，首尾失次，其间取舍，未免乖违，二三其说，览者滋惑。"

综上所述，《犹龙传》是在《道德真经广圣义》的基础上，添加其他典籍中与老子有关的内容敷衍而成的，而《道德真经广圣义》似乎是根据尹文操的《玄元皇帝圣纪》敷衍而来的。遗憾的是，尹文操的《玄元皇帝圣纪》早已失传，其内容究竟如何，我们不得而知。尹文操生于唐初，是楼观道士中的佼佼者。由此推测，老子的神化在唐初基本完成，玄宗时达到高潮。宋代对老子的尊崇程度，远远不及玄宗时。

第二部分

《老子》一书

第一章 《老子》的成书与展开

一、《老子》的成书

上下两篇

《史记·老子传》称："老子乃著书上下篇，言道德之意五千余言而去，莫知其所终。"由此可知，老子在尹喜的恳求下撰写了一本书，分上下两篇，阐述道与德的含义。《老子传》只称"老子乃著书上下篇"，并没有标明具体书名，后世为何将老子临行前交给尹喜的书称作《老子》呢？

孔子以前，并无私人著述之事。以《庄子》为例，并非所有篇章均出自庄子之手。根据学界的普遍观点，《内篇》七篇一般被认为是庄子本人所著，而《外篇》和《杂篇》是庄周弟子及后学所作。

在中国古代，"子"是对老师或有道德有学问的人的尊称，类似于现代的先生。在孔子以前，并无私人著述之事，遑论以自己的姓氏加"子"来命名自己的著作了。众所周知，《庄子》是与庄子有关的著作，是由庄子及其后学共同编纂的。因此，书中不仅记载有庄子弥留之际的故事，还有与庄子实际生活年代不符的传说或故事。

汉代通行的《庄子》，有五十二篇。西晋郭象勘定《庄子》时，删去了其中或似《山海经》，或类《占梦书》的十九篇文章。现在流传的版本，就是郭象删定的三十三篇本，计内篇七、外篇十五、杂篇十一的三十三篇本。

其他以姓氏加"子"来命名的著作，亦是如此。如记录墨子言行的《墨子》一书，是由墨子的弟子及其后学共同编纂而成的，该书的时间跨度从公元前 400 年左右到秦朝建立前夕。《韩非子》一书是韩非子逝世后，由其后人辑集而成的。

《老子》的书名

老子在尹喜的恳求下撰写的书，是何时被命名为《老子》的呢？《汉书·艺文志·诸子略》"道家"条著录的与老子有关的著作共有四种，分别是：

《老子邻氏经传》四篇

《老子傅氏经说》三十七篇

《老子徐氏经说》六篇

《刘向说老子》四篇

上述四种著作早已失传。《汉书·艺文志》将邻氏之书题为"经传"，将傅氏、徐氏之书题为"经说"。由此推断，西汉时期，随着《老子》的广泛传播和深入研究，其注本的数量逐渐增多。目前流行的大部分《老子》版本，都是以王弼注本为底本的，全书分为上下两篇，上篇三十七章，下篇四十四章，共八十一章。王弼的《老子注》在北宋时已无善本，现存最早的刻本为明代张之象本。

现存的《老子》版本中，以帛书甲、乙本为最早版本。现存的石刻版本中，以虞世南校写的石刻《老子》为最古；其次是唐中宗景龙二年（708），易州龙兴观《道德经碑》；再次是唐玄宗开元二十六年（738），易州龙兴观《唐玄宗注道德经幢》；再次是开元二十七年（739），河北邢州龙兴观《道德经幢》。① 其中，《唐玄宗注道德经幢》由汉白玉雕刻而成，幢身为八角棱柱形，最上部刻有"太上玄元皇帝道德经 大唐开元神武皇帝注"，接下来刻有唐玄宗所颁赐的诏书，

---

① 参考朱谦之：《老子校释》，中华书局，1984。

中间刻着《道德经》经文，落款有"易州刺史兼高阳军使赏紫金鱼袋上柱国田仁琬奉敕立"以及"开元二十六年岁次戊寅十月乙丑朔八日壬申奉敕建"等字样。这块石碑是李唐皇室尊崇老子的历史见证。

帛书《老子》出土

《老子》文本的实物材料，可追溯到 8 世纪初。但是 1973 年，这一情况发生了变化。那年冬天，湖南省长沙市马王堆第三号汉墓中出土了两种写在丝绸上的《老子》。这两个文本的书名都不是《老子》，只是将相当于今本《老子》的那部分内容，称作帛书《老子》。

帛书《老子》分为甲本和乙本，甲本的抄写年代最迟在刘邦称帝（公元前 202 年）之前；乙本稍晚，大概在刘邦称帝与汉文帝即位之间（公元前 202 年—公元前 180 年）。甲本和乙本都分为两篇，篇序相同。甲本没有标题，这一情况与《史记·老子传》的描述非常吻合。乙本之《德经》末尾作"《德》三千卌一"，《道经》末尾作"《道》二千四百廿六"。可见，直到汉代，老子书的名称还没有固定下来。

作为与老子有关的文本，除了称其为《老子》外，没有更合适的书名了。《韩非子》中的《解老》和《喻老》，是阐释《老子》的专篇。其中，《解老》是对老子之书或老子思想的解释，《喻老》则引用历史故事、民间传说来解释《老子》前十二章的思想。两文中的"老"字，指《老子》一书是不言而喻的。有人认为，《解老》《喻老》并非韩非自著，而是西汉黄老学者所作。

一方面，老子书的书名在汉初尚未固定；另一方面，《汉书·艺文志·诸子略》收录的道家典籍中，部分书名中出现了"老子"。刘向出生于西汉末年，如果《艺文志·诸子略》是按照成书时间先后排序的话，那么，邻氏、傅氏、徐氏的书在刘向之前就已经成书了。《诸子略》"道家"条下，还收录有《黄帝四经》。

儒家有《诗》《书》等六经，《墨子》中有《经上》《经下》《经上说》《经下说》四篇，而其他学派的著作很少被称作"经"。从《老子邻氏经传》《老子傅氏经说》《老子徐氏经说》中的"经"字推测，黄老思想在汉代仍受到相当重视。老子书起初并无专门的书名，《老子》这一书名大概是在西汉固定下来的。北京大学藏西汉竹书《老子》，即是明证。

楚国竹简《老子》出土

帛书《老子》出土 20 年后，又有一个重大的考古发现。1993 年冬，在湖北省荆门市郭店一号楚墓出土了 804 枚竹简，其中包括抄写时间比帛书《老子》更早的《老子》。楚简《老子》的内容只有今本《老子》的五分之二，其对"道"与"德"的定义更为接近老子的原始意图。

楚国竹简（简称楚简）在许多地方都有出土，较有代表性的有信阳楚简、郭店楚简、包山楚简等。鉴于目前楚简《老子》均出土于郭店，故将郭店楚简《老子》简称"楚简《老子》"。

楚简《老子》的抄写时间虽无法确定，但不会晚于公元前300年，比帛书早了一百多年。楚简《老子》所用竹简有三种制式，根据竹简的长短，分为甲、乙、丙三本。从内容来看，甲本似乎最早。甲本有39枚，简长32.3厘米，每简约30字；乙本有18枚，简长30.6厘米，每简约25字；丙本有14枚，简长26.5厘米，每简约22字。甲、乙、丙三本的内容涵盖通行本《老子》的31章。

楚简《老子》没有像帛书《老子》那样，分为上下两篇，也没有章节划分，三组竹简的抄录顺序与通行本《老子》完全不对应。据此推断，其应是处于形成过程中的《老子》文本。如果是这样的话，《史记》所谓的"老子乃著书上下篇"，指的应是晚于楚简的《老子》文本。

德道本和道德本

帛书《老子》乙本在两篇正文的末尾处分别标有"德"

字和"道"字，如果将这两个字视作篇名的话，则两篇分别为《德》篇、《道》篇（又称"德道本"）。今本《老子》也分为上下两篇，上篇为《道经》，共三十七章；下篇为《德经》，共四十四章（又称"道德本"）。从战国诸子的著作中引用的《老子》文本来看，"德道本"和"道德本"在战国末期是并存的。

《韩非子·解老》篇中，《老子》文本是从第三十八章（通行本下篇的第一章）开始的，接下来是第五十八章、第五十九章、第六十章、第四十六章。然后是对"道"的解释，即第十四章和第一章。第一章之后，则是第五十章、第六十七章、第五十三章、第五十四章。总的来说，《喻老》篇的内容与通行本《老子》相重的占七成，但章节次序是杂乱无序的。因此可以说，《解老》篇是对"德道本"的阐释。

《汉书·王贡两龚鲍传第四十二》记载，汉末，蜀地有一个叫严遵的人，以在街头占卜为生。每日得铜钱百枚后，就闭门研读《老子》。其诠释《老子》的著作《老子指归》，也遵循"德先道后"的顺序。相当于"德"篇的"上经"为四十章，相当于"道"篇的"下经"为三十二章，共七十二章，为最大的阴数八与最大的阳数九的乘积。七十二章之数，大概与严遵以占卜为生有关。

在相当长的历史时期内，《老子指归》都被视作伪书，但近年的研究发现，其内容大体可信。遗憾的是，该书的"下经"部分早已失传了，仅有零星片段散见于其他文人的著作中。有学者将其他典籍中有关《老子指归》的资料搜集起来，编成辑佚本。

关于分章，《老子》文本原本是不分章的。楚简《老子》的甲本和乙本用符号"■"来表示章节的结束，且与句点混在一起。帛书《老子》甲本中相当于"德"篇的那部分，每段前有一个"●"符号，一共有十九个这样的符号，其位置大致与今本《老子》分章的位置重合；而相当于"道"篇的那部分，仅在篇首有一个"●"符号。乙本则没有这类符号，阅读起来相当困难。

关于《老子》文本的书名、章序、分章等，近年来取得了丰硕的研究成果。相关研究成果，被收录在 2012 年出版的《北京大学藏西汉竹书 贰》①一书中。该书收录有竹简3000 余枚，包括竹简的彩色原大照片与放大照片、红外照片、简背划痕示意图、简文与注释等。

楚简《老子》、帛书《老子》以及北京大学藏西汉竹书《老子》这几种实物文献，均保留了不同时期《老子》文本

---

① 朱凤瀚主编，韩巍整理：《北京大学藏西汉竹书 贰》，上海古籍出版社，2012。

的原貌，是研究老子思想的宝贵资料。

北京大学藏西汉竹书《老子》

《北京大学藏西汉竹书概说》（简称《概说》）和《北京大学藏西汉竹书分述》（简称《分述》）两文，对北京大学藏西汉竹简《老子》进行了全面介绍。《概说》称 2009 年初，北京大学收到海外捐赠的 3346 枚竹简，这批竹简大约抄写于西汉中期，形制多样，修治工巧，书法精美，保存状况极佳。遗憾的是，文章并没有指出这批竹简的由来。

《概说》称，竹简运抵北京大学赛克勒考古与艺术博物馆时，被浸泡在乙二醛溶液中，大致按长短分装于九个大小不等的塑料盒中。乙二醛是由二醛（CHO）结合而成的黄色液体，是处理纤维或纸张表面使用的药物。2009 年 3 月，北京大学以历史系、考古学系、中文系专家为成员成立"出土文献研究所"，对这批竹简进行了清理、测量和拍照。2011 年，在《文物》上以论文的形式发表了部分整理成果。2012 年，全部竹书的资料报告集以《北京大学藏西汉竹书贰（老子卷）》为题，采用多卷本的形式正式出版。

据《概说》介绍，这批竹书包括近二十种文献，抄写年代大约在西汉中期，主要是汉武帝后期。按照这一结论，西汉竹简《老子》比严遵本还要古老。竹简《老子》共 220 余枚，5300 余字，其残缺部分仅 60 余字。因此，与楚简和帛书相比，其保存较为完整，堪称迄今为止，保存最完整的汉代古本。

竹简《老子》分为上、下两篇。二号简背面上端有"老子上经"四字，一、二、四号简背面上端有"老子下经"四字，书体与正文一致，为抄写者所题，即两篇的篇题。篇序与帛书、严遵本相同。关于这批西汉竹简的具体来源，文章没有交代。

在《分述》中，对竹简中包括的二十种文献进行了详细介绍。其中竹简《老子》280 枚（含断简在内），整理后推定原书为 223 支。每简长约 32 厘米，宽 8 厘米—9 厘米，形制与楚简甲本大致相同。每简 28 字（极少数简为 29 字），略少于每简 30 字左右的楚简甲本。全书共分七十七章，其中"上经"四十四章，"下经"三十三章。每章均另起一简抄写，章首有圆形墨点"●"作为分章提示符号。符号位于竹简的上部，如果中途章节结束，则下方为空白。与楚简和帛书相同的是，重复文字用"="表示。

以"老子上经"和"老子下经"作为篇题，表明《老子》这一书名在西汉时期已经确立，《老子》一书也被视为"经"。北京大学藏西汉竹简《老子》是第一个明确标注"老子"书名的实物文献。

二、西汉时期的老子像

两篇的顺序和分章问题

帛书本、北大汉简本《老子》本、严遵本都是"德道本"。我们是否可以由此断定"德道本"在西汉时期十分普遍呢？答案是否定的。南宋谢守灏在《混元圣纪》卷三中引用刘歆《七略》之言曰："刘向雠校中书《老子》二篇，太史书一篇，臣向书二篇，足中外书五篇一百四十三章。除复重三篇六十二章外，还定著二篇八十一章。《上经》第一，三十七章;《下经》第二，四十四章。"其中的"中书《老子》"就是官方秘藏的"中秘本";"太史书"是史官藏书，"臣向书"是自己家传的《老子》。刘向校勘整理的《老子》被视为"官定本"，这一版本也是后世最流行的版本。

谢守灏又说："此则校理之初、篇章之本者也。但不知删除是何文句，所分章何处为限？中书与向书俱云二篇，则未校之前已有定本。参传称《老子》有八十一章，共云象太阳极之数。《道经》在上，以法天，天数奇，故有三十七章;《德经》在下，以法地，地数偶，故有四十四章。"这里的"参传"指何书，我们不得而知。谢守灏认为，在刘向未校勘之前，《老子》已有定本。谢守灏所说的"定本"，应是

"德道本"。帛书本、北大汉简本《老子》本等实物资料，有力地证明了谢守灏的这一观点。

今本《老子》总章数八十一和上篇章数三十七、下篇章数四十四的结构划分，是否来源于刘向定著本？这是一个值得我们重新探讨的问题。前文已述，《汉书·艺文志》所载西汉《老子》有四种：一曰《老子邻氏经传》四篇，二曰《老子傅氏经说》三十七篇，三曰《老子徐氏经说》六篇，四曰刘向《说老子》四篇。《邻氏经传》《徐氏经说》的分篇较粗，无法据以推测其所传《老子》本的篇章数。而《傅氏经说》的分篇颇细，共三十七篇，且此"三十七篇"之数正好与通行本《老子》上篇三十七章相合。笔者认为，如果《傅氏经说》只是推演了《老子》上篇三十七章之经义的话，那么，上篇三十七章、下篇四十四章的本子在刘向校书之前就已存在了。

目前通行的《老子》，大部分都是以王弼注本为底本的，而王弼采用的是"道德本"，道经三十七章在前，德经四十四章在后。高亨等学者认为，战国时期已有两种《老子》传本，其中上道下德的"道德本"乃道家传本，帛书等上德下道的"德道本"乃法家传本。笔者认为，道经和德经孰上孰下，是一个极为复杂的问题。但可以肯定的是，王弼以后，"德道本"就逐渐消失了。

北京大学藏西汉竹简《老子》分为上、下两篇，二号简背面上端书有"老子上经"四字，一二四号简背面上端书有"老子下经"四字，分别对应今本《德经》和《道经》。每篇均有分章符号，章节划分与传世本有所不同，其中"上经"四十四章，与今本"德经"相同；"下经"三十三章，比今本"道经"少四章，共七十七章，其文本形态介于帛书本与传世本之间，为我们探讨古本《老子》的分章问题提供了宝贵资料。

北大汉简本《老子》的抄写年代

关于北京大学藏西汉竹简《老子》的抄写年代，学界尚无定论。汉简《老子》的整理者根据竹简上"孝景元年"（公元前156年）的纪年以及竹简所反映的书体特征推断，这批竹简的抄写年代大约在西汉中期，其中多数可能抄于汉武帝时代。韩巍先生指出，汉简《老子》的字体在同批竹书文献中属于相对较早的一种，但仍然明显晚于银雀山汉简，估计其抄写年代有可能到武帝前期，但不太可能早到景帝时期。

关于汉代隶书的发展演变历程，目前主要有三期说和五期说。虽然出土竹简的种类和数量已经相当多了，但是由于出土竹简的地区不同，竹简文字所反映的书体特征也有所不同。因此，我们不能单凭竹简文字的整体书写风格，判断竹简的抄写年代。如北京大学哲学系教授王中江认为，根据汉简《老子》的避讳情况，这批竹简可能抄写于惠帝和文帝之前。[①] 王中江教授的这一看法，更为妥当。

避讳制度

避讳是中国古代社会特有的一种文化现象，指的是说话或写文章时不可直呼君主、尊长的名字，需通过改字、缺笔、空字等方式加以规避。如西汉时，为了避高祖刘邦的名讳，典籍中的"邦"字都被改作"国"。同理，改惠帝刘盈的"盈"字为"满"，改文帝刘恒的"恒"字为"常"，改吕后吕雉的"雉"字为"野鸡"，改景帝刘启的"启"字为"开"，改武帝刘彻的"彻"字为"通"，改昭帝刘弗陵的"弗"字为"不"，改宣帝刘询的"询"字为"谋"，改元帝刘奭的"奭"字为"盛"，改成帝刘骜的"骜"字为"俊"，改哀帝刘欣的"欣"字为"喜"。如河南的开封，春秋时称"启封"，取"启拓封疆"之意，西汉景帝时因避讳而更名为"开封"。

东汉时期，为了避明帝刘庄的名讳，典籍中的"庄"字都被改作"严"。如《老子指归》的作者严遵，本名庄遵，因避明帝刘庄名讳而改姓严。班固撰《汉书》，称"庄子"为

---

① 王中江：《北大藏汉简〈老子〉的某些特征》，《哲学研究》2013年第5期。

"严子"。颜师古注："严子，庄周也。"在中国古代，避讳是维护皇帝尊严和皇权至高地位的重要手段。日本文化中，也存在避讳的现象。如日本关西的大阪，原来汉字为"大坂"，因忌讳"坂"字被视为"士反"，而在明治维新时期更名为"大阪"。

根据简文的避讳情况，可以大致判断出其抄写年代。据学者统计，帛书甲本中，"邦"字出现了 22 次，"盈"字出现了 9 次，"恒"字出现了 25 次。据此推断，帛书甲本应抄写于刘邦称帝之前。帛书乙本中，无一个"邦"字，"国"字出现了 29 次，"盈"字出现了 9 次，"恒"字出现了 29 次，"启"字出现了 3 次，"彻"字出现了 1 次。由此推断，帛书乙本应是刘邦称帝之后、刘盈和刘恒称帝之前抄写的。

还有一种观点认为，帛书《老子》出土于长沙马王堆三号汉墓，是墓主的私人藏书。墓主是长沙国丞相利苍之子利豨，葬于文帝十二年（公元前 168 年），这是出土文献抄写年代的下限，而实际上抄写于刘盈和刘恒称帝之前是完全可能的。王中江教授认为，由帛书甲本不避刘邦之讳推断，其抄写年代当在刘邦称帝之前；由帛书乙本避刘邦之讳，而不避刘盈和刘恒之讳推断，其抄写年代当在刘邦称帝之后、刘盈和刘恒称帝之前。从字体特征、形制规格、篇名等方面综合判断，帛书乙本应抄写于惠帝和文帝之前。

北大汉简本《老子》中的避讳情况，与帛书乙本相同，无一"邦"字，却有大量的"国"字，"盈""恒""启""彻"等字也不避讳。据此判断，北大汉简本《老子》有可能抄写于惠帝和文帝之前。因此，我们应结合出土文献的整体书写风格与汉代避讳情况，对北大汉简本《老子》的抄写年代作出更充分的论证。

焦竑的《老子翼》

焦竑是明代著名的老庄学者，《老子翼》《庄子翼》既是其代表作，也是明代重要的老庄学著作。两书被收录于富山房所刊行之《汉文大系》中，广受读者欢迎。

关于《老子》称"经"的时间，最早提及的是《法苑珠林》。该书卷第五十五《辨圣真伪》引《吴书》阚泽对孙权曰："至汉景帝以黄子、老子义体尤深，改子为经，始立道学，敕令朝野悉讽颂之。"焦竑亦同意这一观点，《老子翼》卷七云："《老子》之称经，自汉景帝始也。"由北大汉简本《老子》中"老子上经"和"老子下经"的篇题推断，这批竹简应是景帝以后抄写的。

鉴于岩波文库《老子》中，已对楚简《老子》、帛书《老子》作过介绍，下面对北大汉简本《老子》的内容略作探讨。

三、北大汉简本《老子》

北大本与今本之不同

北大汉简本《老子》的分章，基本上与今本相同，与今本的不同之处，无疑具有哲学解释上的价值。以"绝学无忧"在《老子》文中的位置为例。帛书本第十九章曰：

> 绝圣弃智，民利百倍。绝仁弃义，民复孝慈。绝巧弃利，盗贼无有。此三言也，以为文未足，故令之有所属：见素抱朴，少私而寡欲，绝学无忧。

北大本第十九章曰：

> 绝圣弃智，民利百倍；绝仁弃义，民复孝慈；绝巧弃利，盗贼无有。此三言也，以为文未足，故令有所属：见素抱朴，少私寡欲，绝学无忧。

今本第十九章曰：

> 绝圣弃智，民利百倍；绝仁弃义，民复孝慈；绝巧弃利，盗贼无有。此三者，以为文不足，故令有所属，

见素抱朴，少私寡欲。

上述两段引文的大意是：抛弃掉聪慧和智巧，对百姓有百利无一害；杜绝仁慈和道义，百姓就会回归孝慈的本性；抛弃巧诈和利益，就不会有盗贼产生。圣智、仁义、巧利这三种人为的教化并不足以治理天下。因此，唯有正本清源，让人们回归质朴纯真的本性，减少私心杂念，克制过度的欲望，舍弃虚伪浮华的学问，才能真正达到心灵澄明的境界。

"见素抱朴，少私寡欲""绝学无忧"三者是连贯的整体，"见素抱朴"是根基，要求内外皆质朴；"少私寡欲"是实践路径，通过减损欲望回归质朴的本性；"绝学无忧"是结果，舍弃浮华的学问后可达至心灵澄明的境界。因此，帛书本和北大本将"绝学无忧"置于第十九章的末尾，是较为合理的。

楚简本与今本之不同

楚简《老子》在1993年10月出土于湖北省荆门市郭店一号楚墓，共有71枚。整理者根据简的形制、长短，将其分为甲、乙、丙三组。甲本第一编开头曰："绝知弃辩，民利百倍；绝巧弃利，盗贼无有；绝为弃作，民复孝慈。"这段话相当于今本第十九章，马王堆帛书本第六十三章，三者的不同之处在于"绝知弃辩"，今本和帛书本均作"绝圣弃知"；

"绝为弃作"，今本和帛书本均作"绝仁弃义"。庞朴先生认为，圣、仁、义都是儒家所推崇的德行，弃绝此三者，意味着儒道两家在价值观方面的彻底对立。楚简《老子》居然未曾弃绝圣、仁、义，而它所要弃绝的辩、为、作，都是儒家鄙夷视之的。如果这里不是抄写上有误，那就是一个摇撼我们传统知识的大信息！

乙本第一篇开头曰："绝学亡忧。售与可，相去几可？美与亚，相去可若？人之所畏，亦不可以不畏。"今本第二十章前半曰："绝学无忧，唯之与阿，相去几何？美之与恶，相去若何？人之所畏，不可不畏。""售与可"，对应今本的"唯之与阿"；"美与亚"，对应今本的"美与恶"，"亚"为"恶"的古体字形。这些差异印证了《老子》在流传中经历了文本标准化的过程，但核心思想是不变的。

乙本第一篇"绝学亡忧"前面有一段话，曰："学者日缄，为道者日圆。圆之又圆，以至亡为也。"这段话对应今本第四十八章的"为学日益，为道日损，损之又损，以至于无为"。其中，"学者日缄"前面，有分章符号"■"。换言之，楚简中的"绝学无忧"处于相当于今本第四十八章上段的"学者日益"一段和相当于今本第二十章上段的"唯之于阿"一段之间。

楚简乙本包含今本第三十九章、第四十八章上段、第二十章上段、第十三章、第四十一章、第五十二章中段、第四十五章、第五十四章的内容，着重阐述了老子修身养德、少私寡欲、长生久视的思想。楚简《老子》共计1807字（含缺字空格），相当于通行本《老子》的五分之二，且大部分篇章的内容都不完整。因此有学者认为，它只是《老子》五千言的节录本。

帛书《老子》与北大汉简本《老子》

"绝学无忧"四字，在楚简中位于"学者日缄，为道者日圆"这段文字之前；在帛书《老子》中，位于第十九章的末尾，其文曰："见素抱朴，少私而寡欲，绝学无忧。"

帛书《老子》甲本与乙本虽同出土于马王堆汉墓且内容同源，但在书写年代、避讳规则、文本特征及思想表达上存在显著差异。如乙本第十九章曰："绝圣弃智，民利百倍；绝仁弃义，民复孝慈；绝巧弃利，盗贼无有。此三者以为文不足，故令有所属：见素抱朴，少私寡欲，绝学无忧。"

而甲本从"朴"字到"忧"字，均有缺失。乙本相当于今本第十九章和第二十章之间的部分，没有分章符号。高明在《帛书老子研究》中将"绝学无忧"置于第十九章末，以彰显"见素抱朴，少私寡欲，绝学无忧"三者之间的内在关联。①

有学者以帛书《老子》乙本为依据，提出"绝学无忧"应位于第十九章的末尾，通行本《老子》将其置于第二十章的开头是错误的。学界认为，楚简《老子》的抄写时间约当战国中期，是目前已知最早的《老子》传抄本，帛书《老子》保留了汉初《老子》的原貌，北大汉简本《老子》的文本形态介于帛书本与传世本之间。北大汉简本《老子》中，相当于今本第十七章和第十八章的内容被合为一章，相当于今本第十九章的内容，与第十八章合为一个章节。第十七章、第十八章、第十九章是如何关联起来的呢？

第十七章

今本第十七章曰："太上，不知有之；其次，亲而誉之；其次，畏之；其次，侮之。信不足焉，有不信焉。悠兮，其贵言。功成事遂，百姓皆谓我自然。"意谓最高明的统治者，百姓往往不知道他的存在；其次的统治者，百姓亲近他赞誉他；再次的统治者，百姓畏惧他；最次的统治者，百姓轻侮他。这里的"太上"，指代最高明的统治者，他与道融为一体，处无为之事，行不言之教。次理想的统治者是儒家式的

---

① 高明：《帛书老子校注》，中华书局，1996，第315—316页。

仁君，再次是法家式的君主。也有学者认为，"太上"指代民风淳朴的上古时代，"其次"指代用仁义教化来治理天下的时代。但结合下文的"信不足焉，有不信焉"来看，"太上"应指代最高明的统治者。

"信不足焉，有不信焉。悠兮，其贵言。功成事遂，百姓皆谓我自然。"意谓统治者若是昏庸无道，就会遭到百姓的蔑视与反抗。而最高明的统治者从不轻易发号施令，而是清静无为，以至于百姓几乎察觉不到他的存在。等到大功告成时，百姓认为一切都是自然而然的。

在第十七章中，老子描述了不同层次的统治者及其对人民的影响，并由此构建出最理想的统治者形象。

第十八章

今本第十八章曰："大道废，有仁义；智慧出，有大伪；六亲不和，有孝慈；国家昏乱，有忠臣。"与北大汉简本的表述基本一致。而在楚简丙本中，这段话写作："古大道废，安有仁义；六亲不和，安有孝慈；邦家昏乱，安有正臣。"与今本相比，少了"智慧出，有大伪"句，多了"古"和"安"这两个连接词。这里的"古"，是"故"的假借字，帛书甲本和乙本均作"故"，由此将第十八章与第十七章合为一章。

楚简《老子》的抄写时间约当战国中期，由此推测，战国中期的《老子》文本中，第十七章和第十八章是合为一章的，而王弼本将其分为两章，割裂了文本原有的文脉。

儒家注重仁义礼智信，提倡通过修身来达成崇高的德性和人格。老子通过大道与仁义、智慧与大伪、六亲不和与孝慈、国家昏乱与忠臣的对比，揭示了顺应自然、不妄为的重要性。

儒家主张："为人父止于慈，为人子止于孝。"（《礼记·大学》）"慈"与"孝"分别代表了父母对子女的慈爱之情和子女对父母的孝顺之心。除了"慈"和"孝"外，儒家还十分注重"悌"。"悌"的本义是敬爱兄长，后扩展为尊重长者。在儒家看来，孝顺父母、尊敬兄长是实践仁德的根本。如此一来，孝悌被嵌进仁义的范畴内，人伦亲情被抽象为德行。

从家庭的角度看，假如父子、兄弟、夫妇之间和睦相处，无须刻意提倡孝、悌、慈等德行。之所以提倡孝、悌、慈等德行，就是因为六亲不和。这句话告诉我们，当社会过度强调某种美德（孝、悌、慈）时，常暗示其背后秩序的瓦解。

"忠"的思想

"忠"字由"中"和"心"构成，《说文解字》对"忠"的解释是："忠，敬也，尽心曰忠。"据《论语·颜渊》记载，孔子弟子子张向孔子请教为政之道时，孔子回答道："居之无倦，行之以忠。"即为政者要忠于职守，永不懈怠，推行政令时则要出以忠心。《论语·八佾》篇曰："君使臣以礼，臣事君以忠。"意谓君主任用臣子时要以礼相待，臣子侍奉君主时应忠诚勤勉。这句话也成为儒家处理君臣政治关系的基本准则。

荀子对君臣关系的论述，主要见于《荀子·臣道》篇，其文曰："从命而利君谓之顺，从命而不利君谓之谄；逆命而利君谓之忠，逆命而不利君谓之篡。"在这里，荀子将忠诚与顺从置于"利君"的框架下，充分体现了儒家"从道不从君"的原则。

荀子是战国末期人，他对"忠"的理解代表了早期儒家对"忠"的理解。在早期儒家看来，"忠"并非对君主的绝对盲从，而是要以道义为准则的。所谓"国家昏乱，有忠臣"，说的是只有当国家政治昏聩、社会混乱时，忠臣的价值和行为才会彰显出来。因此可以说，就对"忠"的理解而言，老子与早期儒家可谓"同归而殊途，一致而百虑"。

增加第十九章的用意

楚简丙本第十八章末尾曰："邦家昏乱，安有正臣。"这句话之后有一个稍大的分章符号"■"，标示此章的结束。

楚简丙本包括三编，今本的第十七章、第十八章为第一编；今本的第三十五章、第三十一中段和下段为第二编；今本的第六十四章下段为第三编。今本第十九章被移至甲本第一编的开头。

楚简的整理者将今本第十七章、第十八章合为一章，着重强调当统治者抛弃"无为而治"的原则时，刻意标榜的伦理规范反而成为社会虚伪的象征了，从而使得文本形态更为连贯。老子理想的时代是"小国寡民"的远古时代，统治者无为而治，不过度干预民众的生活，让社会在自然的轨道上自行运转，而自己所处的时代，是大道废弛、六亲不和、国家混乱的时代，唯有大力提倡仁义、孝慈、忠信等，才能挽救礼崩乐坏的局面。

帛书《老子》中，第十七章和第十八章并无合并的痕迹。北大汉简本《老子》的整理者将今本第十七章、第十八章、第十九章合为一章，以"太上，下知有之"开篇（今本第十七章），接续"大道废，有仁义"的批判（今本第十八章），再以"绝圣弃智，民利百倍"的解决方案收束（今本第十九章），形成"理想统治→社会堕落→救治措施"的逻辑链条。

第十九章

今本第十九章曰："绝圣弃智，民利百倍；绝仁弃义，民复孝慈；绝巧弃利，盗贼无有。"这里的"绝圣弃智"者、"绝仁弃义"者、"绝巧弃利"者，指的都是君主。而"圣智""仁义""巧利"，都是人为的巧饰，无法成为治理社会病态的法则。老子认为，君主只有抛弃虚妄的"圣"与"智"，超越形式化的"仁"与"义"，百姓才能安居乐业，社会才能长治久安。

"绝圣弃智"的"智"，与"智慧出，有大伪"的"智"同义，特指机智巧诈，具体表现为人为创设的礼乐、法令等制度。在老子看来，之所以"绝圣弃智，民利百倍"，就是因为"智慧出，有大伪"。君主只有顺应自然，清静无为，百姓才能安居乐业。

同理，之所以"绝仁弃义，民复孝慈"，就是因为"大道废，有仁义"。老子认为，当社会过度标榜仁义时，反而会扭曲孝慈的天性。只要抛弃虚伪的仁义，百姓自然就恢复慈孝的本性了。事实上，如果君主不仁不义，人民的生活可能会更加艰难。

"绝巧弃利，盗贼无有"，与第十八章的"国家昏乱，有忠臣"并没有直接的联系。第十九章以"见素抱朴，少私寡欲"结尾，意在告诫人们：唯有保持纯洁朴实的本性，减少私欲杂念，抛弃圣智礼法的浮文，才能真正达到无忧无虑的境界。

将第十七章、第十八章、第十九章结合起来看，第十七章描述了老子理想中的社会，第十八章描绘了大道被废弃之后，社会上出现的一些现象（如仁爱、智慧、孝慈、忠义等），第十九章指明了回归理想社会的道路。

上面探讨了北大汉简本《老子》将今本多章合为一章的情况，下面将探讨其将今本一章分为多章的情况。

第六十四章

北大汉简本《老子》将今本《老子》第六十四章的内容分为两部分，分别加以分析。上半章的原文是：

> 其安易持，其未兆易谋；其脆易泮，其微易散。为之于未有，治之于未乱。合抱之木，生于毫末；九层之台，起于累土；千里之行，始于足下。

这段话的意思是：在安定时期容易掌控局面，在征兆未显时容易谋划；脆弱的东西容易碎裂，细微的东西容易消散；在问题未发生前行动，在混乱未形成时治理。合抱的大树，是由细小的幼苗长成的；九层的高台，是用一筐筐的泥土堆积而成的；千里远的路程，是用双脚一步步走完的。

下半章的原文是：

为者败之，执者失之。是以圣人无为故无败，无执故无失。民之从事，常于几成而败之。慎终如始，则无败事。是以圣人欲不欲，不贵难得之货，学不学，复众人之所过，以辅万物之自然而不敢为。

这段话的意思是：妄为强求的人反而会失败，固执把持的人反而会失去。因此圣人顺其自然而不妄为，所以不会失败；不强执，所以不会失去。人们做事情，总是在快要成功时遭遇失败。如果始终如一地谨慎，就不会有失败的事情发生。因此，圣人追求众人所不追求的，不看重难以得到的东西，学习别人所不学习的，补救众人所经常犯的过错。需要注意的是，这里的"学不学"，楚简甲本作"教不教"。这是因为在古代文献中，"学"与"教"最初为同一概念。

上半章旨在告诉人们见微知著、防微杜渐的重要性，下半章着重阐述了圣人无为而治的思想；两者的着眼点不同，北大汉简本《老子》的分章是有一定道理的。

今本《老子》为何没有采用北大汉简本的分章方式呢？笔者推测，是因为"慎终如始，则无败事"与"其安易持，其未兆易谋……千里之行，始于足下"具有因果联系。任何伟大的事业都是从微不足道的小事开始的，做任何事情必须坚持不懈，慎始慎终。严遵的《老子指归》也将两章合为一章。

九仞一篑

"九仞一篑"出自《尚书·周书·旅獒》："不矜细行，终累大德；为山九仞，功亏一篑。"意谓堆砌九仞高的山，却因缺少最后一筐土而未能完成。比喻做某事只差最后一步而没能完成。"九仞一篑"虽非直接出自老子之口，却与《老子》第六十四章的思想高度契合。笔者年轻时，有时会听人说起"为山九仞，功亏一篑"这个典故，如今却无人提起了。这大概与《尚书》很难理解有关吧。

"仞"是中国古代的长度单位，以七尺或八尺为一仞，约合 1.8 米，九仞约合 16 米。在古代建筑中，"九仞"象征着至高无上的等级与权威。"为山九仞"如果解作堆砌一座高 16 米的山，那这座山是不是太低了呢？今存《尚书》既有汉初伏生所传 29 篇本《今文尚书》，也有东晋梅赜所献、托名孔安国所传的 58 篇本《伪古文尚书》。"为山九仞，功亏一篑"出自伪古文尚书。

《论语·子罕》记载孔子之言曰："譬如为山，未成一篑，止，吾止也；譬如平地，虽覆一篑，进，吾往也。"这段话的大意是：好比用土堆座山，只差一筐土就堆成了，这个时候停下了，是我自己要停的。又好比平整土地，虽然只倒了一筐土，但继续做下去，也是我自己要坚持的。何晏《论语集解》在注解这段话时，引用了东汉包咸、马融的说法，认为孔子以堆山和平地为喻，强调做事成败的关键在于自我选择。

"九层之台，起于累土"与"合抱之木，生于毫末""千里之行，始于足下"共同构成排比结构，比喻要想成就伟大的事业，就必须从小事做起，从点滴积累。《唐玄宗御注道德真经》卷之四"其安易持章第六十四"曰："此三者喻其不早良图，使后成患。"

如果说孔子有一颗弘道救世之心，那么老子则有一双冷静透视世间万事万物的慧眼。孔子主张积极入世，老子主张清静无为。两人的人生经历不同，思想观念也就不同，并无优劣之分。

第六十四章与第六十三章的关系

"其安易持，其未兆易谋；其脆易泮，其微易散。为之于未有，治之于未乱。合抱之木，生于毫末；九层之台，起于累土；千里之行，始于足下"这段话，与今本第六十三章之间存在着紧密的联系。第六十三章曰：

　　图难于其易，为大于其细；天下难事，必作于易；

　天下大事，必作于细。是以圣人终不为大，故能成其大。

　　这段话的大意是：处理困难的事情要从简单的地方入手，做大事要从细微处开始。天下的难事，一定是从容易的地方做起；天下的大事，一定是从细微处开始积累。因此，圣人始终不贪图做大事，反而能够成就大事。只要将这段话与第六十四章的上半章放在一起，就不难发现二者之间的关联。日本学者武内义雄的《老子研究》，对此进行了详细的研究。[①] 只是目前尚未发现将两部分内容放在一起的实物史料。

　　今本《老子》第六十四章的内容在楚简《老子》中被分割为两部分，分别见于甲组和丙组，甲组简文对应今本第六十四章上半章，丙组简文对应今本第六十四章下半章。今本《老子》第六十三章在楚简甲本第一编中仅零星残存首句雏形"未无未"，对应今本第六十三章首句"为无为，事无事，味无味"。今本第六十三章中段"大小多少，报怨以德……夫轻诺必寡信"等核心论述，在楚简甲、乙、丙三组中均未出现。这部分内容，约占两枚竹简，应是抄写时候遗漏了。

---

　　① 武内义雄：《老子研究》，改造社，1927。后收入《武内义雄全集》第五卷，第一部分第四章。

楚简甲本第一编的章节顺序为：第六十四章下段→第三十七章→第六十三章残句，形成"慎终如始→道恒无为→未无未"的独特序列。由此可见，战国时期的《老子》文本尚未形成固定的章节体系。北大汉简本《老子》将今本第六十三章与第六十四章合并为独立章节，应是受到楚简甲本的影响。

表述差异

今本第六十四章的内容，在楚简、汉简、王弼本中的具体表述，存在一定的差异。以"千里之行始于足下"这一典故为例，北大汉简本《老子》作"百仞之高，自足下起"，与严遵本相同。楚简只剩下"足下"，所以没有参考价值。帛书甲本作"百仁（仞）之高，台（始）于足下"。"仁"通"仞"，"台"通"始"。帛书乙本作"百千之高，始于足下"。帛书整理者认为，"千"是"仞"的借字（百仞约合70—80米），甲本作"百仁（仞）"即是佐证。

"合抱之木，生于毫末；九层之台，起于垒土；千里之行，始于足下"三句之中，"合抱之树"和"九层之台"都可以看得见摸得着，而"千里之行"既看不见也摸不着。"百仞之高"的山崖不仅看得见摸得着，还可以攀爬。从这个意义上来说，将"合抱之木""九层之台""百仞之高"三者并列，明显更为合理。北大汉简本的"百仞之高，始于足下"，应是保存了《老子》文本的原貌。

再如"民之从事，常于几成而败之，慎终如始，则无败事"这段话，楚简甲本作："临事之纪，誓（慎）冬（终）女（如）始，此亡（无）败事矣。"楚简丙本作："慎终若始，则无败事矣。人之败也，恒于其且成也败之。"帛书甲本作："民之从事也，恒于几成而败之，慎终若始，则无败事矣。"帛书乙本作："民之从事也，恒于几成而败之，故慎终若始，则无败事矣。"北大汉简本《老子》作："民之从事也，恒于其成而败之，故慎终如始，则无败事矣。"王弼本作："民之从事，常于几成而败之，慎终如始，则无败事。"

帛书甲本、帛书乙本、北大汉简本、王弼本的个别文字虽然略有差异，但是基本结构相同。帛书甲本与北大汉简本的文字表述有两处不同：一是帛书甲本"恒于几成"的"几"字，北大汉简本作"其"；二是北大汉简本用"故"字连接前后句，帛书甲本中没有使用"故"字。王弼本的表述，与帛书甲本的表述基本相同。

楚简甲本曰："临事之纪，誓（慎）冬（终）女（如）始，此亡（无）败事矣。"其中，"誓"通"慎"，"冬"通"终"，"女"通"如"，"亡"通"无"。由此可见，与帛书本、王弼本相比，楚简甲本完整保留了战国文字的原貌，是考证

《老子》文本演变的重要资料。

需要注意的是，"人之败也，恒于其且成也败之"句，仅见于楚简丙组，甲组无此内容。帛书本、北大汉简本的表述基本相同，均是通过"恒于……故……"形成因果逻辑链条。"故慎终若始"的"故"字为因果连词，强调做事情自始至终都应小心谨慎。

前文所述，只是考证《老子》文本演变的几个片段罢了。笔者相信，实物史料的整理与出版，必将开辟《老子》研究的新境界。

第二章　从汉到魏

一、西汉与选举制

何晏和王弼均给《老子》作过注释，何晏的《老子注》并未完成，仅在少量古籍（如唐代《道德真经注疏》）中存有零星佚文，王弼的《老子注》则奠定了《老子》文本的诠释范式。二人均以玄学视角诠释《老子》，这一诠释方式与魏晋特殊的时代背景密切相关。因此，在考察二人的《老子注》之前，有必要对老学在汉魏之际的发展状况作一梳理。

汉朝与儒家

通常认为，汉武帝采纳董仲舒的建议，推行"罢黜百家，独尊儒术"的政策，自此以后，儒家思想便被确立为官方正统思想。近年来有学者提出，儒家思想作为系统化的政治制度与道德规范，实际成熟并全面推行于汉元帝时期。笔者也认同这一观点。

儒家思想的主导地位，主要体现在三个方面：一是将《诗》《书》《礼》《易》《春秋》这五部儒家经典指定为官办学校的教科书；二是按照儒家的道德标准选拔人才、考核官吏。三是以"三纲五常"为主要内容对百姓进行道德教化。

元朔五年（公元前124年），汉武帝在长安建立太学，设五经博士专门讲授《诗》《书》《礼》《易》《春秋》，并为五经博士置弟子员五十人。每年考试，凡能通一经以上者，可补文学掌故的官缺，成绩得甲等者可为郎官。郎官是君主侍从官的通称，因常侍立在廊檐之下而得名。秦名郎中令，汉武帝改名光禄勋。

官吏任用制度

察举制是汉代最重要的选官制度，确立于汉武帝元光元年（公元前134年），其核心是通过推荐与考核相结合的方式选拔人才。东汉中期，察举制逐渐被世家大族垄断，从而失去了选拔人才的功能。汉代的察举，和今天的投票选举截然不同，而是由地方长官（如州郡守）考察并推荐人才，经考核合格后再任命官职。察举的主要科目有孝廉、贤良文学、茂才等。

郡守与县令到任后的当务之急，就是根据"乡里清议"来征聘僚属。"乡里清议"又称"风谣""乡论"，指士人阶层及有声望的乡绅以儒家的伦理道德为依据，评价士人的德行、才能。"乡里清议"萌芽于西周的"乡饮酒礼"仪制，汉代成为朝廷察举人才的主要依据。

县以下设乡、亭、里，二十五户为一里，十里为一亭，十亭为一乡。乡和里的规模，在不同历史时期和地区有所不同。察举制下，地方长官在征聘僚属、向中央举荐人才时，均以乡里清议的结果作为主要依据。这就意味着，获得乡论的支持是入仕的首要条件。其次，察举权完全掌握在地方长官手中，被举者只有通过他们的推荐，方能获得入仕资格。被举者常称举荐者为"举主"或"恩府"，自认"故吏"，两者之间形成了一种基于恩义感的主从关系。

取得郎官职位的途径，除了察举外，还有任子（二千石以上高级官员任职满三年后，可保举一名子弟为郎官）、赀选（缴纳一定的钱财或具备一定的资产）、军功特拜（立下显赫军功的军人，被皇帝特授郎官职衔）、太学考试（太学弟子通过"射策课试"，成绩优异者可补为郎官）、上书拜官（士人通过上书皇帝议论国政，若建议被采纳或表现优异，可直接被录用为郎官）。据说，东汉灵帝时，郎官的数量已膨胀至两千人。

汉代的选官制度，除了察举制外，还有辟召制。"辟召"特指朝廷或官府直接征召声名卓著、才学出众之士入仕为官，由皇帝聘请为官的被称为征，由地方官府聘请为官的被称为辟。辟召以名望、才学为关键标准，被辟召者多为精通经学、德行高尚的隐士或地方贤才。中央高官（如三公、太傅）或地方长官（州牧、郡守）可自行征聘僚属，被辟者多任掾属等职。

为了避免地方势力坐大，汉武帝实行了籍贯回避制，规定刺史不得在本州任职，郡守、相国不得在本郡任职，县令、长不得用本县籍人。

察举制、辟召制、籍贯回避制在东汉时逐渐成熟，三者有机结合，形成了一套系统的官僚选拔与任职防腐机制，进一步强化了中央集权统治。

察举的科目

汉代，察举的科目分为岁科和特科两大类，岁科有孝廉、茂才、察廉、光禄四行；特科分为常见特科和一般特科，特科中以贤良方正最为重要。"贤良方正"是对品德高尚、行为端正且具备治国理政能力的人才的称谓，以品德和才能为核心标准。汉文帝二年（公元前178年）十一月癸卯发生日食，文帝下诏要求诸侯王、公卿、郡守举荐贤良方正且能直言极谏者，中选者授予官职。

秀才作为选拔官吏的科目，最早见于《汉书·贾谊传》。元封四年（公元前107年），汉武帝命公卿、诸州每年各举荐秀才一名。东汉因避光武帝刘秀讳，改称"茂才"。察举茂才最初只是特举，建武十二年（36年）方成岁举。

"高第"源于汉代的太学考试制度。博士弟子每年考试，能通一经以上，补文学掌故；其高第则可为郎中。此外，官吏考课成绩列为第一，亦称"高第"。

"孝廉"也是汉代选拔官吏的重要科目之一。所谓"孝廉"，就是孝顺亲长、廉能正直。元光元年（公元前134年），汉武帝诏令各郡国向中央"察举孝廉"各一人，被举荐者多为郡县属吏或通晓经书的儒生。

除上述科目外，汉代选拔官吏的科目还有孝悌力田、明经、明法、贤良文学等。西汉初期，各郡国举孝廉的人数相同，汉和帝时改为按照人口数量，为各郡分配选举名额：郡县人口二十万以上者，每年举孝廉一人；不足二十万者，每两年举孝廉一人；不足十万者，每三年举孝廉一人。汉顺帝时规定："诸生试家法、文吏课笺奏。"被举荐的儒生需考核经学知识，文吏出身的被举荐者需考核公文写作能力。这种分科考试形式，被视为科举考试的萌芽。

察举的优点与缺点

汉代选拔官吏时，十分注重德行和乡论，而德行并没有客观的标准，乡论也缺乏确凿凭证。以举孝廉为例，举孝是地方长官向上级或中央举荐有孝行的乡民，察廉则是地方长官考察能廉洁奉公的属吏。为了获得清廉之名，有些人将自己的财产散发给族人或乡里。

汉代有不少隐逸之士，因屡辞朝廷的征召而声名鹊起。如东汉著名的隐士严子陵，本是光武帝刘秀的好友。面对刘秀的多次征召，他却坚辞不就，而是隐居在富春山独钓清风。由于察举权完全掌握在地方长官手中，而一些地方长官出于私心，往往举荐门生故吏、好友亲朋。如此一来，被举者与举荐者之间就形成了紧密的依附关系，从而埋下了地方势力膨胀的隐患。

察举制强调德才兼备，使一批名节之士和耿介之士得以入朝为官。《后汉书·杨震传》记载的"震畏四知"的故事，至今仍令人津津乐道。杨震由荆州刺史调任东莱太守，赴任途中路经昌邑时，昌邑县令王密为答谢杨震的举荐之恩，趁深夜给杨震送了十斤黄金。杨震拒绝道："我是了解你有真才实学，才推荐你为昌邑令的。你做出这样的事，实在是太不了解我的为人了。"王密说："这么晚了，没有人能知道这件事。"杨震反驳道:"天知道,神知道,我知道,你知道,怎么能说谁也不知道呢?"王密惭愧地退出门去。

察举制的一个基本特征,便是乡举里选,地方长官推荐。有些郡太守举荐人才时,并不看被举荐者的真才实学,而是仅凭自己的喜怒爱憎,举荐那些阿谀奉承、能报私恩的平庸之辈。据《后汉书·陈蕃传》记载,赵宣葬亲后不久,就关闭墓道,在墓道中守丧二十多年,被当地民众奉为孝子的楷模。于是,地方官把赵宣推荐给安乐太守陈蕃。陈蕃见到赵宣后,问起他家里的情况。赵宣老实交代说,五个孩子都是在守孝期间出生的。陈蕃大怒,将赵宣下狱治罪。

据《后汉书·徐荆传》记载,许武被乡里推举为孝廉后,为了让两个弟弟成名,便将祖产一分为三,故意把肥田、大宅都留在自己名下。乡人都称赞两位弟弟礼让兄长,却鄙视许武贪婪。不久后,两个弟弟均被推举为孝廉,许武不仅归还给他们三倍的田产,还向他们解释了其中的缘由。许家一门三孝廉的美名,由此传遍天下。

二、东汉时期

东汉的趋势

8年,王莽通过精心策划的"禅让"方式取代汉朝,建立了新朝。为了解决土地兼并的问题，王莽颁布"王田制"，将全国土地收归国有，禁止买卖。豪强地主的土地被强征后，直接倒戈支持绿林军。23 年，绿林军攻入长安，王莽被杀，新朝政权被推翻。25 年，刘秀在豪强地主的支持下，在鄗南（今河北柏乡县）即位，仍沿用汉的国号。不久，刘秀迁都洛阳，史称"东汉"。东汉政权是在豪强地主的支持下建立起来的，皇权被严重削弱。

东汉统治者奉行尊孔崇儒的政策。建武五年（29 年），光武帝刘秀在洛阳兴建太学，访雅儒，采求经典阙文，四方学士汇聚洛阳，于是立五经博士。中元元年（56 年），光武帝刘秀创建明堂、灵台、辟雍[①]，随后又宣布"图谶于天下"，将谶纬之学官方化。

光武帝刘秀在位期间大兴儒学，东汉一朝也被后世史家推崇为中国历史上"风化最美、儒学最盛"的时代。需要指出的是，作为国家主导思想的儒家思想和作为先秦诸子百家之一的儒家思想，其本质是不同的。作为先秦诸子百家之一的儒家思想以孝悌作为基础，以祖先崇拜及祭祀仪式为中心，重视宗族团结。从重视宗族团结的角度看，儒家思想更倾向

---

① 辟雍，又称"璧雍"，是周天子所设的大学，校址呈圆形，围以水池，前门外有便桥。东汉以后，历代皆有辟雍，作为尊儒学、行典礼的场所。

于地方分权，而非中央集权。

皇帝作为天下共主，具有至高无上的权力，而祭天就是皇帝证明自己"受命于天"的重要仪式。东汉时期，皇帝即位、祭祀天地等重要仪式的程序，都是参照《周礼》的相关记载制定的。此外，官员的选拔与考核，也是完全采用儒家的道德标准。

通常来说，一个以皇帝为最高统治者的官僚组织，其成员本应全力效忠于皇帝一人的，但东汉政权本质上是豪强地主的联合政权，豪强地主们通过各种途径入仕成为官僚。因此东汉末年，出现了官僚群体与世家豪族合流的迹象。光武帝奉行"经术"与"吏化"相结合的政治路线，儒学由此成为世家豪族进入仕途的重要途径之一。

儒家思想在东汉时期，真的是一家独大吗？答案当然是否定的。光武帝刘秀曾以符瑞图谶起兵，即位不久就宣布"图谶于天下"，使谶纬成为与五经同等地位的法定经典。建初四年（79年），汉章帝在洛阳召开了白虎观会议，让群臣和儒生讲议五经与谶纬，讨论成果由班固等人整理成《白虎通义》一书。

纬书的盛行

"纬书"是相对于"经书"而言的，是汉代的方士和儒生依托今文经义宣扬符箓、瑞应、占验之书，形成于西汉末年，盛行于东汉。以预言、祥瑞、纬书等作为政治决策的重要依据，是东汉政治的一大特色。

据《后汉书·光武帝纪》记载，刘秀起兵，就是受到李通"刘氏复起，李氏为辅"这一图谶的鼓动。刘秀即位之后，根据"赤伏符"上的谶文，任命野王县令王梁为大司空。据《后汉书·桓谭传》记载，光武帝想用谶纬来决定建造灵台的地址，就此征询桓谭的看法。桓谭沉默良久后才说，谶言怪诞不实，自己从不读纬书。光武帝大怒，指责桓谭"非圣无法"，不久后将其贬为六安郡丞。

谶纬之学在东汉极为盛行，被誉为"内学""秘经"等。据《后汉书·张衡传》记载："初，光武善谶，及显宗、肃宗因祖述焉。自中兴之后，儒者争学图谶，兼附以妖言。"张衡鉴于"图纬虚妄，非圣人之法"，公开要求"收藏图谶，一禁绝之，则朱紫无所眩，典籍无瑕玷矣"。

尽管遭到桓谭、张衡等人的坚决抵制，谶纬之学却仍在统治者的大力推崇下而大行于世。谶纬之学在东汉盛行的原因有二：首先，谶纬之学以阴阳五行学说和董仲舒的"天人感应论"为依据，满足了东汉统治者神化刘姓皇权的需要。其次，谶纬之学通过将儒家经典与神秘预言相结合，赋予了儒家学说以神秘主义色彩。儒家强调以人为本，谶纬之学则假托神旨，预言政治事变，二者互为表里，共同为维护封建皇权服务。换言之，经学和谶纬两大思想潮流交织并进，对东汉政权产生了深远的影响。

外戚与宦官

东汉政权在本质上是豪强地主的联合政权，豪强地主通过察举制等选拔制度世代为官，由此把持了中央和地方大权。光武帝、明帝和章帝三代帝王都想力促察举制、征辟制回归确立初期的本意，但都以失败告终。地方长官对察举、征辟的操纵导致了举主与举子结成紧密的利益共同体，这种利益共同体逐渐演变成了州郡割据势力。

章和二年（88 年），章帝刘炟去世，年仅十岁的和帝即位。因和帝年幼，窦太后临朝听政，窦氏家族逐渐把持了朝政大权。和帝以后的九位皇帝，继位时的年纪都较小。其中，十岁以下即位者有和帝十岁、殇帝不满一岁、冲帝两岁、质帝八岁；十五岁以下即位者有安帝十三岁、顺帝十一岁、桓帝十五岁、灵帝十二岁。幼帝即位不仅意味着皇权的削弱，还使得外戚和宦官势力得以迅速崛起。

顺帝死后，年仅两岁的太子刘炳即位，是为汉冲帝。梁太后临朝掌权后，任命兄长梁冀为大将军兼参录尚书事。一年后刘炳离世，梁太后和梁冀拥立八岁的刘缵即位，是为汉

质帝。一次朝会上,汉质帝当着文武百官的面,指着梁冀说:
"此跋扈将军也!"梁冀恼羞成怒,派人毒杀了汉质帝,迎
立刘志为帝,是为汉桓帝。

梁冀将自己的另一个妹妹梁女莹立为桓帝皇后,东汉皇
室彻底落入梁家的掌控之中。后宫之中,梁女莹手握大权;
朝堂之上,太后梁妠摄政;朝堂之下,梁冀统领百官。桓帝
在隐忍了十三年之后,联合单超、左悺等五名宦官突然发动
政变,一举诛灭了梁氏一族。在桓帝的纵容下,宦官集团的
势力日益膨胀。他们一方面大肆搜刮民脂民膏,另一方面勾
结地方豪族,把持着官吏的选拔大权。据《后汉书·宦者传》
"侯览传"条载,侯览非法侵占了三百八十一所民宅和一百
一十八顷田地,建造了十六处豪华宅邸;肆无忌惮地贪污受
贿,累积的贿赂金额高达数万;掠夺良家女子为妻;可谓罪
行累累。

东汉中期以来,统治阶级内部逐渐形成了外戚、宦官和
清流派士大夫官僚三个营垒分明的政治集团,三者相互制约,
共同维系着皇权。桓帝延熹九年(166 年),司隶校尉李膺处
决宦官张成之子张泛,宦官集团以"结党为乱"的罪名,对
清流派进行镇压,导致大量官员和文士被罢黜、禁锢甚至杀
害。此即第一次党锢之祸。

167 年,桓帝驾崩,窦太后临朝听政,清流派领袖窦

武与陈蕃受到重用。建宁元年（168 年）五月发生日食，大将军窦武、太傅陈蕃以此为借口，请求窦太后诛除宦官。因计划泄露，宦官曹节、王甫等劫持灵帝和窦太后，矫诏逮捕窦武。窦武兵败自杀，陈蕃也一同遇难。宦官集团趁机发难，再次对清流派进行残酷镇压，史称"第二次党锢之祸"。

第二次党锢之祸的规模远超第一次，使整个士大夫阶层遭到近乎毁灭性的打击。184 年，黄巾之乱兴起，汉灵帝惧怕清流派与黄巾军一同作乱，于是大赦天下，免除了对大部分党人的禁锢。

太平道与黄巾之乱

东汉末年，朝廷中枢的权力斗争愈演愈烈，豪强地主疯狂兼并土地，导致大量农民失去生计，沦为流民和奴婢。再加上自然灾害频发、瘟疫肆虐，百姓生活在水深火热之中。顺帝时期，农民叛乱多发。

太平道和五斗米道是东汉时期两个著名的道教派别。太平道由张角创立，以于吉的《太平清领书》（又名《太平经》）为主要经典，通过符水治病、叩首悔过等仪式发展信徒，最终发动了黄巾起义。五斗米道（又称"天师道"）由张道陵创立，因入道者需缴纳五斗米而得名，重视内在的修炼和精神超越，为贫苦大众提供了心灵的慰藉和精神的指引。

于吉表示，他是在曲阳泉水上得到《太平清领书》这本神书的。因有人举报其中多有"妖妄不经"之语，于是就被藏了起来。张角因缘际会得到此书，深受启发，便以书中的教义为基础，创立了太平道。《四库全书》收录的道家作品，只有《御定道德经注》，并无《太平清领书》。

《神仙传》记载，于吉晚年在江东"立精舍，烧香读道书，制作符水以治病"。孙策以"煽惑人心"的名义，将于吉下狱。吕范提议让于吉祈雨赎罪，谁知于吉成功求得雨水后，仍被孙策斩杀。民间传说，孙策是被于吉诅咒而死的。

张角宣称，人生病是违天犯过所致，而自己受太平道的启示，用符水治病救人。张角不仅免费给民众发放治病符水，还向人们许诺：只要加入太平道，就一起有饭吃，一起追求天下太平。十余年间，太平道的信徒就多达数十万，遍布青、徐、幽、冀、荆、扬、兖、豫八州。张角将这些信徒编成三十六方，大方万余人，小方六七千人。每方设一渠帅，由他统一指挥，从而为发动大规模的起义做好了准备。

184年，张角以"苍天已死，黄天当立，岁在甲子，天下大吉"为口号，发动了黄巾起义。"苍天"代指东汉王朝，"黄天"代指太平道。根据五德始终说，汉为火德，火生土，而土为黄色，因此太平道以黄天为至上神。在中国古代的干支纪年法中，每六十年为一甲子，周而复始，循环不已。因此，甲子年常被称作"革命之年"。灵帝中平元年（184年），正好是甲子年。

张角暗中派信徒在洛阳以及各州郡官府的墙壁上书写"甲子"二字作为攻打目标。就在起义前的一个月，张角的一名门徒告密，导致数千名太平道信徒被杀，张角被迫提前一个月起义。因为起义者头戴黄巾，所以被称为"黄巾军"。张角自称"天公将军"，张宝自称"地公将军"，张梁自称"人公将军"。

据《后汉书·皇甫嵩传》记载，黄巾军"燔烧官府，劫掠聚邑，州郡失据，长吏多逃亡。旬日之间，天下响应，京师震动"。十一月，皇甫嵩与巨鹿太守郭典攻取曲阳，斩杀张宝以及十多万黄巾军，黄巾之乱得以平息。

黄巾起义爆发后，各地豪强打着朝廷的名义，扩充了大量私兵，曹操、刘备等人就是借着清剿黄巾军而走上历史舞台的。

黄巾之乱与三国鼎立

学界普遍认为，两次党锢之祸不仅对士人阶层造成了毁灭性的打击，还严重动摇了东汉的统治根基，从而为黄巾之乱埋下了伏笔。

党锢之祸中，许多士人被逮捕、杀害或禁锢，朝廷由此失去了大批治国能臣。为了选拔人才，朝廷制定了一系列完善的人才选拔制度。其中，汝南郡功曹许劭和其从兄许靖创立的"月旦评"，开启了品评人物之先河，为朝廷选人用人提供了借鉴。据说，许劭和许靖常在每月的初一，发表对当时人物的品评，故称"月旦品""月旦评"。无论是谁，一经品题，便身价百倍。如许劭对曹操的评价是"治世之能臣，乱世之奸雄"，语极精当。日本的某些杂志上，也经常刊登"人物月旦"。三国曹魏官员刘劭编撰有《人物志》，该书以阴阳五行理论为根基，系统论述了人才分类标准与鉴别方法。东汉末年，士人群体过度追求声誉和声望，导致人才选拔中名不副实的现象十分普遍。王弼对这种现象进行了严厉批判，强调名与实的统一。

在镇压黄巾起义的过程中，各地州郡大吏独揽军政大权，地主豪强也纷纷组织私人武装，占据地盘，形成大大小小的割据势力。经过三十多年的混战，曹操、刘备、孙权三人淘汰了其他地方割据势力，魏蜀吴三国鼎立的局面初步形成。

清议的盛行

东汉中期以来，逐渐形成了外戚、宦官和清流派士人阶层三个营垒分明的政治集团。清流派不愿意与外戚和宦官同流合污，通过品评人物、议论朝政、批判宦官政治，最终形成了"清议"这一社会舆论力量。宦官集团对士大夫阶层的镇压，导致大批治国能臣被罢黜、禁锢甚至杀害。蜀汉丞相诸葛亮（字孔明，号卧龙）在《出师表》中，用一句话总结了两汉兴亡的原因："亲贤臣，远小人，此先汉所以兴隆也；亲小人，远贤臣，此后汉所以倾颓也。"

桓帝、灵帝时期，宦官集团的势力达到了登峰造极的地步。据《后汉书·党锢传》记载：

> 逮桓、灵之间，主荒政谬，国命委于阉寺，士子羞与为伍，故匹夫抗愤，处士横议，遂乃激扬名声，互相题拂，品核公卿，裁量执政，婞直之风，于斯行矣。

清流派为了与宦官集团争短长，遂互相标榜，号称"三君""八俊""八顾""八及""八厨"。其中"三君"分别指窦武、刘淑、陈蕃，为"一世之所宗"；"八俊"分别指李膺、荀昱、杜密、王畅、刘祐、魏朗、赵典、朱宇，为"人之英"；"八顾"分别指郭林宗、宗慈、巴肃、夏馥、范滂、尹勋、蔡衍、羊陟，为"能以德行引人者"；"八及"分别指张俭、岑晊、刘表、陈翔、孔昱、苑康、檀敷、翟超，为"能导人追宗者"；"八厨"分别指度尚、张邈、王考、刘儒、胡母班、秦周、蕃向、王章，为"能以财救人者"。刘劭的《人物志》，就是从品评人物的风气中应运而生的。

关于清议的意义，《艺文类聚》卷二二《人部》引三国魏曹羲《至公论》曰：

> 兴化致治，不崇公抑割、情以顺理、厉清议以督俗、明是非以宣教者，吾未见其功也。清议非臧否不显，是非非赏罚不明。故臧否不可以远实，赏罚不可以失中。若乃背清议，违是非，虽尧不能一日以治；审臧否，详赏罚，故中王可以万世安。

曹羲的这段点评，强调了清议在社会监督和道德维护方面的重要意义。

从清议到清谈

清议的主要内容是对被评品者的德行、品行、才能进行评价，品评的结果往往决定着被评品者的名誉和地位。为了获得名誉和地位，有些人不惜作伪，导致名实脱节。而名实脱节的现象，促使人们对名实关系展开哲学思辨，名理之学开始走向成熟。名理之学的思想渊源，可追溯至先秦名家的代表人物公孙龙。公孙龙以作"白马非马"之辩而闻名于世，"白马非马"是一个强调种名异于属名的逻辑命题，而非"以名乱实"的诡辩。

汉魏之际的名理之学主要围绕"名"（名声）、"理"（本质规律或逻辑法则）、"才"（才能）、"性"（内在品质）的关系展开探究，其核心在于通过辨名析理来考察人物品评的标准。关于"才"与"性"的关系，傅嘏（209—290年）主张"才性同"，李丰主张"才性异"，钟会主张"才性合"，王广主张"才性离"，此即著名的"才性四本论"。

随着朝政的日益腐败，士人阶层对时政避而不谈，原本以评论时政人物为内容的清议逐渐转变为谈玄，即清谈。清谈既不议论时政，更不品评人物，而是以"三玄"（《周易》《老子》《庄子》）为基本内容，用老庄思想解释儒家经义，专谈本末、体用、有无、性命等抽象玄理。

清谈之风始于魏齐王曹芳正始年间，其标志性人物是何晏、王弼、夏侯玄等贵族名士。在清谈活动中，"君子"手握的麈尾既能拂去污秽、扇凉清暑，又是助其思考辩论的重要道具。西晋名士王衍与人清谈之际，常手握玉柄麈尾，肤色与玉色竟然不差分毫。

永嘉五年（311 年），正当清谈之风在士大夫阶层中愈演愈烈之际，匈奴的军队攻破了洛阳，俘虏了晋怀帝和王衍。王衍临死前感叹道：假使自己不崇尚浮华清谈的风气，而是努力匡正天下的弊病，不至于落得身死国灭的下场。顾炎武在《日知录》中深刻剖析了清谈之风的危害，发出了"清谈误国"的感慨。

三、曹操上台

曹操

黄巾起义爆发后，各地州郡长官和豪族地主纷纷以镇压起义的名义，自行招募军队，抢占地盘，形成了众多割据势力。曹操在军阀混战中脱颖而出，势力日渐壮大，并成功控制了东汉朝廷，为曹魏政权的建立奠定了坚实基础。

在小说、戏曲、影视作品中，曹操通常被描绘成反面形象。罗贯中在有关三国故事的宋元话本、戏曲和轶事传闻的基础上，依据晋代陈寿所著的《三国志》以及南朝宋人裴松之为《三国志》所作的注，创作了中国第一部长篇章回体小说《三国演义》。

关于蜀汉与曹魏谁才是正统，学界一直争论不休。西晋的陈寿在《三国志》中以曹魏为正统，以蜀、吴为割据政权。西晋政权是司马家族从曹魏手中夺取的，承认曹魏的正统地位，也就意味着确认了他们自己的合法性。东晋史学家习凿齿在《汉晋春秋》中以蜀汉为正统，以曹魏为篡逆。东晋时期，北方发生了五胡乱华，汉人与胡人之间的矛盾激化，东晋政权为了强调自身的汉人正统性，便将蜀汉视为正统。南朝宋裴松之的《三国志注》不仅引用了汉晋间的百余种典籍，还加入了不少民间传说和逸闻趣事。

南宋时期，民族危机愈演愈烈，南宋政权将蜀汉视为正统。如朱熹《朱子语类》曰："曹操自是贼，既不可从，孙权又是两间底人，只有先主名分正，故（诸葛亮）只得从之。"

1927 年，鲁迅先生在《魏晋风度及文章与药及酒之关系》的演讲中，从历史事实和人性的角度出发，称曹操"是一个很有本事的人，至少是一个英雄"。这个评价还是相当客观、中肯的。

曹操的用人政策

东汉时期，谶纬思想与儒家思想深度融合，形成官方意识形态的核心。谶纬之学将儒家经典与天命神权结合，宣称刘秀称帝符合"赤伏符"预言，确立了东汉政权的神圣性。谶纬之学不仅神化刘姓皇权，还奉孔子为宗教主，将儒学发展为儒教，形成了完整的宗教神学体系，并成为官方意识形态。东汉末年，道教组织迅速发展，以太平道和五斗米道最为著名。184年，由太平道首领张角领导的黄巾起义爆发，这次起义虽最终以失败而告终，却造就了军阀割据的局面。

曹操是依靠镇压黄巾起义起家的。曹操同时服膺于儒法两家的思想，在内部治理上采用儒家思想，在对外政策和军事行动中则采用法家思想。在用人方面，曹操坚持"唯才是举"的原则，要求各地举荐人才，不论品德出身如何，一切唯才是举。建安二十二年（217年），曹操颁布了《举贤勿拘品行令》，明确提出"唯才是举"的主张。其文曰：

> 昔伊挚、傅说出于贱人；管仲，桓公贼也，皆用之以兴。萧何、曹参，县吏也，韩信、陈平负污辱之名，有见笑之耻，卒能成就王业，声著千载。吴起贪将，杀妻自信，散金求官，母死不归，然在魏，秦人不敢东向，在楚则三晋不敢南谋。今天下得无有至德之人放在民间，及果勇不顾，临敌力战，若文俗之吏，高才异质，或堪

为将守；负污辱之名，见笑之行，或不仁不孝而有治国用兵之术：其各举所知，勿有所遗。

在这份令文中，曹操公然提出：一个人只要才能卓越，即便德有不足甚至"不仁不孝"，也应被举荐和任用。这一用人原则，彻底颠覆了以德行为首要标准的选官传统。

曹操不仅是杰出的政治家，还是著名的军事家。他结合自己统兵打仗的经历，对《孙子兵法》十三篇进行了系统整理和注释，即《孙子略解》。该书全面阐述了古代战争形态、军队组织和作战方式，兼具理论性和实践性。

曹操不仅有非凡的军事能力，文学造诣也非常高，他以乐府旧题写时事，开创了慷慨悲凉的诗风，是建安文坛的领袖之一。曹操、曹丕、曹植父子，被后世称之为"三曹"。

在治国理政方面，曹操并没有全面否定儒家思想，而是对其进行了合理的取舍和修正。《三国志·武帝纪》载，建安八年（203年），曹操颁布《建学令》，其中明确规定："其令郡国各修文学，县满五百户置校官，选其乡之俊造而教学之，庶几先王之道不废，而有以益于天下。"史书记载："曹操统军三十余年，征伐五十多战，手不舍书，昼则讲武策，夜则思经传。"

曹操出身于官宦世家，其父曹嵩是大宦官曹腾的养子。这样的出身背景一方面使曹操遭到名士大族的鄙视和排斥，另一方面也为他掌权之后提倡"唯才是举"埋下了伏笔。

曹操的宗教政策

黄巾起义爆发后，朝廷宣布废除"党锢"政策，曹操被任命为骑都尉，率领五千羽林骑讨伐颍川的黄巾军。曹操大破黄巾军，斩首数万级，被任命为济南相[①]。曹操担任济南国相期间，致力于整顿吏治，上表弹劾了八名官员，撤免了八个县官，并捣毁了六百多所祠庙，严禁祭祀鬼神。

据《风俗通义》记载，景王刘章去世后，"自琅琊、青州六郡及渤海都邑、乡亭、聚落皆为立祠"。仅济南国境内，就建有六百余座景王祠，当地百姓深受祭祀之苦。曹操上任后，下令将济南国境内的所有景王祠堂全部拆掉，禁止官民进行不合规定的祭祀。自此以后，在济南盛行了三百余年的淫祀活动彻底消失。

---

① 汉景帝时，因济南王刘辟光参与七国之乱，济南国被废为郡。东汉建武十五年（39 年），复国。严耕望《中国地方行政制度史：秦汉地方行政制度》第二章"郡府组织"中说："郡府行政组织可分三个层次，长官一级为郡守、王国相。"

曹操在《让县自明本志令》中宣称自己"性不信天命之事"。其《龟虽寿》更是直言:"盈缩之期,不但在天;养怡之福,可得永年。"强调人力可以突破天命的限制。

在识人用人方面,曹操可谓知人善任。据《三国志》记载,曹操通过武力威慑和政治招抚相结合的策略,成功收编了青州的三十万黄巾军。这些士兵原本是乌合之众,经过曹操的整编和训练,成为骁勇善战、忠诚可靠的青州兵,为曹操统一北方立下了很大的功劳。

除了收编青州兵外,曹操还招揽了许多拥有奇才异能的方士。据张华的《博物志》记载,曹操招募的著名方士有甘始、华佗、郄俭、郝孟节、左慈等十六人。其中,甘始"能行气导引,老而有少容"。左慈"明五经,兼通星纬,学道术,明六甲,能役使鬼神"。华佗精通针灸和外科手术,创制了麻醉药剂"麻沸散"。郝孟节"能含枣核,不食可至五年十年"。

在农业方面,曹操在交通便利的地区实行屯田制度。屯田制的起源可以追溯到西汉时期,汉文帝以罪人、奴婢和招募的农民戍边屯田,汉武帝在轮台、渠犁等地驻兵屯田。此后各代都有推行。曹操收编青州的黄巾军后,获得了大量的劳动力和农具,开始在许昌附近屯田。这一举措不仅有效解决了粮食问题,还让流离失所的百姓有了安身立命之所。

曹魏政权的建立

建安十八年（213 年），汉献帝册封曹操为魏公。建安二十一年（216 年），曹操被册封为魏王。曹操在活着的时候，一直没有称帝。延康元年（220 年）正月，曹操去世，曹丕继任魏王和丞相。十月，汉献帝被迫将皇位"禅让"给曹丕。曹丕称帝后，定国号为魏，改元黄初。"黄初"这一年号的命名与五行德运说有关，汉属火德，尚红色；代汉的魏属土德，尚黄色，故取"黄"字；"初"则象征新朝的开端。

曹丕称帝的第二年，刘备于成都称帝，定国号为汉，改元章武。229 年，孙权被魏文帝曹丕册封为吴王，不久后孙权在武昌（今湖北省鄂州市）称帝，定国号为吴，建都建业（今江苏南京），改元黄龙。这一事件标志着三国鼎立格局的最终形成。

曹丕即位之初，出台了两项新政：第一项是严禁宦人干政、宦人为官；第二项是采纳吏部尚书陈群的建议，颁行九品中正制（又称"九品官人法"）①。前文已述，曹操因"阉宦之后"的身份，饱受世家大族的鄙视与排斥。为此，他当权

---

① 关于九品中正制的详细内容，可参见宫崎市定：《九品官人法研究：科举前史》，同朋舍，1956。

后在用人方面坚持唯才是举的方针，广纳天下贤才，其麾下由此汇聚了众多英才。

在曹操时代，汉朝官僚系统和魏国官僚系统并存，汉朝官僚系统试图维持旧有的秩序，而魏国官僚系统则通过霸府等机构逐步架空汉室朝廷，实现权力的转移。曹丕称帝后，为了争取士族阶层的支持，颁行九品中正制。即由中央委派"中正官"到各地品评人才，按照家世、才能、德行等标准将人才分为九个等级，朝廷据此授予相应的官职。

曹丕凭借嫡长子的身份称帝后，为了巩固自己的权力，实施了苛刻的宗室政策。他将曹氏宗室成员逐出洛阳，让他们前往封地，并派遣监国谒者来监视他们的一举一动。在曹丕的长期打压下，曹氏宗亲既缺乏政治影响力，也没有军事上的指挥权，根本无力与豪族对抗。在日本，源赖朝与源义经的故事，与曹丕与曹植的故事十分相似，"本是同根生，相煎何太急"，让人唏嘘不已。

司马炎建立西晋后，深刻吸取了曹魏政权因孤立而亡的教训，大封同姓诸王，并让他们据守重镇。这一政策虽然在一定程度上加强了西晋的统治，但也为后来的"八王之乱"埋下了伏笔。真是讽刺至极！

黄初七年（226 年）五月，魏文帝曹丕驾崩，太子曹叡在洛阳即位，是为魏明帝。曹叡延续了曹丕严格限制曹魏宗室的政策，频繁调动宗室诸侯的封地，以防止他们在地方上积累过大的势力。

228 年至 234 年间，蜀汉丞相诸葛亮对曹魏发起了五次北伐行动，第一次北伐是魏明帝曹叡亲自率军迎击，第二次是大将军曹真出战，第三次是雍州刺史郭淮出战。第四次北伐和第五次北伐期间，明帝指定司马懿（字仲达）为大都督，总摄陇西诸路兵马前去迎敌。第五次北伐期间，诸葛亮因操劳过度而病逝于军中，蜀军按遗命秘不发丧，有序撤退。司马懿率军追击时，蜀军突然回旗返鼓，推出诸葛亮生前乘坐的四轮车，车上置其木像。司马懿误以为诸葛亮尚在人间，便仓皇撤退。此事后来被百姓传为"死诸葛吓走生仲达"。

魏景初二年（238 年）末，明帝病重不起，任命曹宇、夏侯献、曹爽、曹肇、秦朗共同辅政，派司马懿率领数万精锐讨伐辽东的公孙渊。此举的意图很明显，将司马懿调离权力中心。

魏景初三年（239 年），明帝去世，年仅八岁的皇太子曹芳继位，改年号为正始，由曹爽和司马懿共同辅政。曹爽凭借宗室的身份，成为第一辅政大臣。正始年间，何晏、王弼创立了贵无论玄学，史称"正始之音"。

第三章　老学的展开——何晏和王弼

一、何晏的活跃

正始之音

何晏（193—249年）、王弼（226—249年）既是正始时期清谈的领袖人物，又是魏晋以下玄学风气的开创者，后世将二人并称为"何、王"。清谈者不谈时政，专门谈论老庄、周易等玄学内容，故又称"玄谈"。曹魏正始年间兴起的玄学思潮及相关的文化现象，被后代士人称作"正始之音"。清谈在汉末的兴起，是多种因素共同作用的结果，其中最重要的一个原因，就是儒教、谶纬等旧有的知识体系已经无法满足新时代的发展了。

220年，曹丕代汉称帝，建立魏国。221年，刘备建立蜀国。229年，孙权称帝。魏蜀吴三国之间互相征伐，互相牵制。240 年，明帝曹叡病逝，皇太子曹芳继位，由司马懿和曹爽共同辅政，改元正始。曹氏家族和司马氏家族为了争权夺利，都在极力寻求一种新的思想工具。东汉风行一时的"谶纬之学"经过王充等人的批判，已经失去原来的迷惑作用；而朝廷大力提倡的经学，已经沦为僵化的章句之学，无法适应动荡的形势。于是，坐谈玄理的"玄学"便应运而生了。

前文已述，清谈是由汉末的"清议"演变而来的，对现实政治避而不谈，专谈玄理。其实，广义上的清谈涉及官员评价和举荐人才，具有一定的政治功能。据《晋书·王衍传》记载：

> 魏正始中，何晏、王弼等祖述老庄，立论以为天地万物皆以无为本。无也者，开物成务，无往不存者也。阴阳恃以化生，万物恃以成形，贤者恃以成德，不肖恃以免身。故无之为用，无爵而贵矣。立论以为天地万物皆以无为本。

这段表述，是王衍对何晏、王弼"贵无（以无为本）"思想的精要概括。王衍精通玄理，专以谈论《老子》《庄子》为事。

"无"是老子哲学中的一个重要范畴。据统计，"无"字在《老子》中出现了上百次之多。由"无"又衍生出"无名""无为""无心""空"等概念。《老子》第四十章曰："天下万物生于有，有生于无。"在老子看来，"无"是万物的根源和宇宙的本体，与"道"具有相同的本质。需要指出的是，"道"作为宇宙的根本原则，是无形、无声、无为而治的，而"无"仅是其生成层面的一个环节。

在《老子》中，"无"是万物的根源和宇宙的本体。而王阳明所说的"心外无物"的"无"，特指未被主体意识激活的客体的寂然状态。"无"在禅宗中则代表一种破除妄念、直指本心的精神境界，常作为装饰元素出现在寺庙建筑的墙壁、匾额等处。

何晏

何晏是大将军何进的孙子，曹操任司空时，迎娶了何进的母亲尹氏，一并收养了何晏。何晏自幼在宫中长大，博览群书，尤其精通周易与道家学说。

何晏不仅长相俊美，而且皮肤特别白皙。据刘义庆的《世说新语·容止》记载，何晏不仅姿态仪表美好，脸还非常白皙。魏明帝怀疑他搽了粉，于是在大热天赏赐他一碗热汤面。何晏吃完汤面后大汗淋漓，只好用自己穿的红衣服擦汗。

可他擦完汗后，脸色反而更加白净了。魏明帝这才相信他没有搽粉，而是"天姿"白美。这就是"傅粉何郎"的典故。笔者年轻时，曾在杂志上看到过"何郎粉"的广告，这里的"何郎"，指的就是何晏。

何晏生性自恋。据《魏略》记载："晏性自喜，动静粉帛不去手，行步顾影。"外出期间粉不离手，随时补妆，行走时频频回顾自己的影子，何晏的自恋程度，由此可见一斑。除"动静粉帛不去手"外，晋代傅玄的《杂说》还说他"好服妇人之服"。何晏由此被后世称作"三国第一伪娘"。东汉时期，高官子弟在自己身上涂脂抹粉已经成为一种时尚。汉魏时期，贵公子们的化妆习惯更是达到了极致。

《魏略》在介绍完何晏的姿态仪表后，接着说："（何晏）尤好老、庄之书，与夏侯玄、荀粲及山阳王弼之徒竞为清谈，祖尚虚无。"何晏除著有《道论》《德论》《无名论》外，还创造性地用老庄哲学解释《论语》。由何晏主持编纂，孙邕、郑冲、曹羲等官员共同编纂的《论语集解》，被后世视为《论语》注释的经典之作。

何晏《论语集解·先进》篇

何晏在注解《论语》的过程中，创造性地引入了"尚虚贵无"的道家思想。用道家语言阐释儒家经典，是中国思想史上的一次重要转折。下面，以《先进》篇中的"回也其庶乎，屡空。赐不受命，而货殖焉，亿则屡中"为例，对何晏用道家语言阐释儒家经典的诠释路径进行分析。

何晏对"回也其庶乎，屡空。赐不受命，而货殖焉，亿则屡中"作出两种解释，其一曰：

> 言回庶几圣道，虽数空匮，而乐在其中。赐不受教命，唯财货是殖，亿度是非，盖美回，所以励赐也。

这段话的大意是，颜回的德行已经接近圣人之道，虽然生活贫困，却能安贫乐道。子贡却不完全遵从老师的教导，专心经商致富，能准确把握市场行情。孔子之所以赞美颜回，是为了激励子贡。这一解释得到了学界的普遍认可。

何晏用"一曰"，引出了第二种解释：

> 屡，犹"每"也。空，犹"虚中"也。以圣人之善道，教数子之庶几，犹不至于知道者，各内有此害，其于庶几，每能虚中者唯回。怀道深远，不虚心，不能知道。子贡虽无数子之病，然亦不知道者。虽不穷理而幸中，虽非天命而偶富，亦所以不虚心也。

《先进》篇中，在"回也屡空"云云之前，孔子还对其他弟子进行了评价："柴也愚，参也鲁，师也辟，由也喭。"即高柴愚笨，曾参迟钝，子张浮夸，子路鲁莽。

在第一种解释中，"屡空"被解作"空匮"，指物质匮乏。在第二种解释中，"屡"被解作"经常"，"空"被解作"虚中"。其精辟和深刻之处，就在于把物质的死的"空"，一下子转化为精神的活的"虚中"，也就是把"箪食""瓢饮""陋巷"这些"人不堪其忧"的处境，活化为"回也不改其乐"的高远境界。如此一来，就把"空"的涵义从现实的物质层次引申到了理想的精神层次。"虚中"二字，可谓点铁成金。

《论语》中，"虚"字仅在个别章节出现，《泰伯》篇记曾子之言曰："有若无，实若虚，犯而不校。"《述而》篇曰："亡而为有，虚而为盈，约而为泰，难乎有恒矣。"其中，"实若虚"意谓用谦逊开放的态度持续精进学问；"虚而为盈"指内在精神空虚却装作充实的样子；两者均没有"虚心"之义。

《老子》中的"虚""中"

"虚""中"是《老子》中的两个重要概念。如《老子》

第三章说："圣人之治，虚其心，实其腹，弱其志，强其骨，常使民无知无欲。"这里的"虚其心"，就是减少百姓的私欲和杂念。

《老子》第四十五章曰："大成若缺，其用不弊。大盈若冲，其用不穷。"寇谦之对"冲"的解释是："冲"，傅奕本作"盅"，"盅"即"冲"之古文。《说文》皿部："盅，器虚也。"所谓的"器虚"，强调的是容器内部的虚空属性。何晏将"空"解作"虚中"，强调的是内心的虚静状态。从这个意义上来说，"虚中"就是"虚心"。

《老子》第十六章曰："致虚极，守静笃。万物并作，吾以观其复。"其中，"致虚极"就是使心灵达到极致的空明状态，"守静笃"就是坚守内心的清静安宁，不受私欲和外界的干扰，两者共同构成了体悟"道"的根本方法，那就是当心灵虚静到极点时，方能洞察万物循环往复的本质规律。简言之，只有通过虚静，才能体悟"大道"。这里的"大道"，应指宇宙运行的根本法则，而非圣贤之道。

何晏用《老子》中的"虚""中"，对"回也屡空"中的"空"进行了全新的解读。"屡空"的"空"，很多注家解作"贫穷"，而何晏解作"虚中"。"虚"和"中"都是《老子》中的重要范畴，用老庄思想来解释儒家经典的诠释方式，又被称为"援道入儒"。"援道入儒"不仅促进了儒道的融合，还形成了独特的玄学体系。

志于道，因于德

用《老子》中的重要概念来解释《论语》，除了《先进》中的例子外，还有《述而》篇中的"志于道，据于德，依于仁，游于艺"。何晏对这句话的解释是：

> 志，慕也；道不可体，故志之而已。据，杖也，德有成形，故可据。依，倚也，仁者功施于人，故可倚。艺，六艺也，不足据依，故曰游。

其中，何晏对"志于道"的解释是："志，慕也；道不可体，故志之而已。"这里的"体"，为直接体悟之义；"志道"就是向往"道"。这句话是说"道"无法被直接体悟，只能在心里向往之。

何晏对"据于德"的解释是："据，杖也，德有成形，故可据。"朱熹《四书集注》："德者，得也，得其道于心而不失之谓也。""德"作为"道"的具体表现形态，能为人提供精神依托和行为准则。《周礼·地官·大司徒》将"知、仁、圣、义、忠、和"称作"六德"。郑玄注曰："知，明于事；仁，爱人以及物；圣，通而先识；义，能断时宜；忠，言以中心；和，不刚不柔。"

关于"依于仁"，何晏的解释是："依，倚也，仁者功施于人，故可倚。"邢昺疏曰："博施于民而能济众，乃谓之仁。恩被于物，物亦应之，故可倚赖。"有仁德的人会为他人谋福利，因此值得信赖和依靠。

关于"游于艺"，何晏的解释是："艺，六艺也，不足据依，故曰游。""艺"并非如今的艺能或艺术，而是指儒家要求学生掌握的六种基本技能：礼、乐、射、御、书、数。中国古代的礼仪可分为五类：吉、凶、军、宾、嘉，统称为"五礼"。冠礼、婚礼属嘉礼，丧礼属凶礼，祭礼属吉礼。在日语中，"冠婚葬祭"指的是日本传统的四大仪式，包括"元服""婚礼""葬礼""祭祖"。"乐"即音乐，具体指的是"六乐"：黄帝时期的《云门大卷》、唐尧时期的《大咸》（也称《大章》）、虞舜时期的《韶》、夏禹时期的《大夏》、商汤时期的《大濩》以及周武王时期的《大武》。"射"指的是射箭技术，"御"指的是驾驶马车的技术，"书"指的是书法（书写、识字、作文），"数"指的是阴阳五行生克制化的运动规律。"游"是熟练掌握的意思，"游于艺"就是熟练掌握礼、乐、射、御、书、数这六种基本技能。

何晏认为，道不可体，只能向往，明显是受到《老子》

"道可道，非常道"思想的影响。儒家的"道"，是人伦之道，其核心是"仁""礼"等伦理体系。《老子》中的"道"，是超越言语和概念的存在，是无法通过言语来准确描述的。何晏所谓的"道不可体"，表达了相同的意思。

《论语·卫灵公》载孔子之言曰："人能弘道，非道弘人。"《论语·为政》载孔子之言曰："吾十有五而志于学，三十而立，四十而不惑，五十而知天命，六十而耳顺，七十而从心所欲，不逾矩。"由此可见，孔子所谓的"道"，是一种积极入世的态度，绝非何晏所理解的"道不可体，故志之"。何晏之所以作出这样的解释，与他对"无"的理解息息相关。

二、何晏的"贵无论"

何晏的《道论》

东晋张湛在注解《列子·天瑞》篇时，引用了何晏的《道论》。其文曰：

> 有之为有，恃无以生。事而为事，由无以成。夫道之而无语，名之而无名，视之而无形，听之而无声，则道之全焉。故能昭音响而出气物，包形神而章光影。玄

之以黑，素之以白，矩之以方，规之以员。员方得形，
而此无形，黑白得名，而此无名也。

何晏主要阐述了"有"和"无"的关系："有"之所以
能为"有"，是因为依赖于"无"而生存；"事"之所以能成
"事"，也是靠着"无"来完成。这个"无"没有言语可以描
述，没有名称可以称呼，视之而无形象，听之而无音声。也
正因如此，所以它才能显出音响而引出器物，包含形神而彰
明光彩。它还能使方圆成形而己无形，使白黑得名而己无名。
何晏的论述，源自《老子》第一章的"无，名天地之始；有，
名万物之母"以及第四十章的"天下万物生于有，有生于
无"。

何晏由此得出结论："无"是宇宙万物的终极本体和生成
之源，是超越一切具体形质、名相的最高存在。

音响与气物

"昭音响而出气物"作为何晏《道论》的核心命题，体
现了魏晋玄学"以无为本"的本体论思想。中国古人很早就
认识到，乐器与季节之间存在着一定的对应关系。如《礼
记·月令》曰："孟春之月……其音角，律中太蔟。""角"是
中国古代五音（宫、商、角、徵、羽）之一，代表木属性，

象征春季的生发之气。

如用西方音乐中的七个基本音级对照，宫、商、角、徵、羽相当于"do‐re‐mi–fa‐so"。七声音阶的音阶关系是：全音、全音、半音、全音、全音、半音。若半音为一个单位，则为十二音阶。

中国古人用十二个长度不同的律管，吹出十二个高度不同的标准音，以确定乐音的高低。这十二个标准音，就被称为"十二律"。十二律的音高由低到高依次是：黄钟、大吕、太簇、夹钟、姑洗、中吕、蕤宾、林钟、夷则、南吕、无射、应钟。

《礼记·月令》曰："孟春之月……其音角，律中太簇。"东汉郑玄注曰："律，候气之管，以铜为之。中，犹应也。孟春气至，则大簇之律应。应，谓吹灰也。大簇者，林钟之所生，三分益一，律长八寸，凡律空围九分。"十二律不仅与音乐有关，还与一年十二个月相对应。《后汉书·律历志》就完整记录了用十二律管来观测一年十二个月变化的"候气之法"。所谓"候气之法"，按照司马彪《续后汉书》的描述，就是在密封的室内，将装有"葭灰"的十二根律管按照音律的顺序和对应的方位斜放于木案。每当时令推移、节气变化，对应的律管内的葭灰就会飞散。这样一套以律管为核心的候气法，作为验证律历正确性的实验在古代中国代代相传。

形神与光影

"包形神而章光影"中的"形"，指有形实体（物质形态），"神"指内在精神（无形本质）。桓谭博学多通，爱好音律，却因坚决反对谶纬，几遭处斩。他在《新论·形神》中提出了震古烁今的"烛火之喻"："精神居形体，犹火之然（燃）烛矣。烛无，火亦不能独行于虚空。"强调精神依附于形体存在，形体消亡则精神消散，如同烛尽火灭。

桓谭以烛火喻形神，断言精神不能离开人的形体而独立存在，与何晏的"贵无论"并无直接关联。何晏所谓的"包形神而章光影"，意指"道"虽无形无名，却能包容万物的形态与精神本质，并彰显出光明与幽微的变化。这句话充分体现了"贵无论"的精髓。

何晏的《无名论》

张湛在注解《列子·仲尼》篇时，引用了何晏《无名论》中的部分内容。与《道论》相比，《无名论》的内容更复杂。其文曰：

> 为民所誉，则有名者也；无誉，无名者也。若夫圣人，名无名，誉无誉；谓无名为道，无誉为大。则夫无

名者，可以言有名矣；无誉者，可以言有誉矣。然与夫可名可誉者，岂同用哉？

《无名论》一开篇，就对《老子》第一章的"道可道，非常道；名可名，非常名"进行了探讨。关于老子这句话的内涵，可谓仁者见仁，智者见智。

"道可道"的第一个"道"字为名词，是大道的意思；第二个"道"字为动词，是讲述、表达的意思。"道可道，非常道"说的是大道可以被认知，但是被认知的道绝不是大道本身。"道"是老子思想的核心概念，它既是宇宙的根本法则，又是一切事物的起源和归宿。换言之，"道"既是存在的原理，又表现为存在的方式。

"名可名，非常名"说的是凡是能够用概念来命名的名称，都不是永恒不变的名称。何晏所说的"名无名"，就是老子所说的"非常名"。所谓"常名"，就是永恒不变的真理。

"无名乃天地之始，有名乃万物之母"，意谓天地产生之前，混沌虚无，无形无象，无法命名，故而无名；道体聚合不已，化生万物，形象渐有，可以命名，故而有名。何晏在此基础上进一步提出，圣人作为超越二元对立（如名／实、誉／毁）的存在，既无名也无誉。

何晏接着说："无名为道，无誉为大。"这句话源自《老子》第二十五章的"吾不知其名，强之曰大，强为之名曰道"。《老子》第二十五章主要阐述了"道"的特性以及与天地人之间的关系。"道"先于天地而存在，是宇宙万物的本源，天、地、人、自然都是遵循"道"的发展规律而发展变化的。关于"道"与天地人之间的关系，老子的阐述是："道大、天大、地大、人亦大。域中有四大，而人居其一焉。人法地，地法天，天法道，道法自然。"其中，"道法自然"是老子思想的精华所在。何晏继承了这一思想，主张"以无为本"，提出"圣人体无"而效法自然。何晏所谓的"圣人"，指的是仁德之君。

笔者早年主要从事西方思想的研究，受其影响，认为思想应以认识"真理"为目标。因此在开始接触中国古代思想时，对其热衷于探讨现实政治问题感到诧异和不解。随着对中国古代思想研究的不断深入，笔者越发认识到政治性才是中国古代思想的本质属性。

同类相应

何晏的《无名论》在阐述了圣人无名无誉之后，接着阐述了同类和异类的问题。其文曰：

同类无远而相应，异类无近而不相违。譬如阴中之阳，阳中之阴，各以物类，自相求从。夏日为阳，而夕夜远与冬日共为阴；冬日为阴，而朝昼远与夏日同为阳；皆异于近而同于远也。详此异同，而后无名之论可知矣。

何晏提出，同类的事物，无论距离多远都会相互呼应；不同类的事物，即使距离很近也会相互排斥。《周易·乾·文言》中有段论述，表达了同样的意思。其文曰：

同声相应，同气相求。水流湿，火就燥。云从龙，风从虎，圣人作而万物睹。本乎天者亲上，本乎地者亲下，则各从其类也。

这段话的大意是：水总是流向低洼潮湿的地方，火先从干燥的地方燃烧；龙的身边向来云雾缭绕，虎的周围不会风平浪静。圣人兴起，有所作为时，天下万物都能各得其所、各显其性。天地万物都遵循着"同类相从"的自然法则，各归其类，各得其所。

按照何晏的"贵无论"，天地万物皆以"无"为根本，圣人体无，故处无为之事，行不言之教。

"道"的本质是"无"

何晏将"道"的本质界定为"无所有",其《无名论》曰:

> 夫道者,惟无所有者也。自天地已来,皆有所有矣。然犹谓之道者,以其能复用无所有也。故虽处有名之域而没其无名之象,由以在阳之远体,而忘其自有阴之远类也。

这段话的大意是:"道"自身虽然"无所有",却是天地万物得以生成的逻辑前提("复用无所有")。"道"虽显现于可名状的世界,但其本质仍保持不可名状。就像寓居于阳气领域而远离主体的弱小阴气,容易忘记它们在远方还有强大的同类。

尧和泰山

《无名论》载夏侯玄之言曰:

> 天地以自然运,圣人以自然用。自然者,道也。道本无名,故老氏曰:"强为之名。"仲尼称尧荡荡无能名焉,下云巍巍成功,则强为之名,取世所知而称耳,岂

有名而更当云无能名焉者邪？夫唯无名，故可得遍以天下之名而名之。然岂其名也哉？惟是喻而终莫悟，是观泰山崇崛而谓元气不浩芒者也。

"天地以自然运，圣人以自然用"中的"自然"，都是指"道"。"道"本无"名"，老子只能"强之为名"（第二十五章）。《论语·泰伯》载孔子之言曰："大哉，尧之为君！惟天为大，惟尧则之。荡荡乎，民无能名焉！君哉也！巍巍乎，有天下而不与焉！"这是孔子对尧的德行与功绩的至高评价。在孔子看来，尧的伟大是无法用语言表达的，他顺应天道，推行仁政，使百姓生活自然安适却不归功于己。

由《列子》张湛注中保存的《道论》《无名论》的佚文可知，两书充满了浓厚的思辨色彩，是研究何晏的"贵无论"的重要著作。

虚浮不实的何晏

何晏作为曹操的养子兼女婿，尽管身份显赫，却一直游离在权力中心之外。魏文帝曹丕经常称何晏为"假子"，魏明帝曹叡对何晏的评价是"浮华不实，不堪重用"。直到曹芳继位后，由曹爽、司马懿共同辅政，何晏才在曹爽的支持下升任吏部尚书、侍中，成为曹魏集团的重要成员。

何晏成为吏部尚书后，帮助曹爽到处安插心腹，提拔那些迎合他的人，贬谪流放那些不服从他的人，严重扰乱了朝政。此外，何晏还抢占了洛阳近郊的数百顷良田，并向地方官员索取财物。据《三国志·曹爽传》记载："晏等专政，共分割洛阳、野王典农部桑田数百顷，及坏汤沐地以为产业，承势窃取官物，因缘求欲州郡。有司望风，莫敢忤旨。"何晏的所作所为，与其清谈领袖的身份极不相称。

另据《三国志·曹爽传》记载，曹爽全面掌权之后，就开始了"帝王"般的生活，饮食、服饰皆比拟天子的规格，家中到处摆放着皇宫才有的稀世珍宝，私自将明帝的才人当作歌舞伎乐。此外，他还擅取太乐乐器和调武库禁兵，制作布置华丽的窟室，与何晏等亲信在其中饮酒作乐。

正始十年（249 年），司马懿趁曹爽陪同魏帝曹芳前往高平陵祭拜之际发动政变，以太后名义下诏，要求曹爽交权。曹爽交出兵权后不久，就被司马懿以"谋反罪"诛杀，何晏也被夷三族。王弼受牵连被罢官，并于当年病逝，年仅二十四岁。

266 年，司马昭长子司马炎逼迫魏元帝曹奂禅让皇位，改元泰始，定国号为晋，史称"西晋"。

三、王弼的形象

王弼的才能与为人

王弼虽然二十四岁便病逝了，却在学术上展现出非凡的才华。其《周易注》《老子注》《周易略例》《老子微指略例》《论语释疑》等著作，均具有极高的价值。其中，《老子注》在唐代之前一直被奉为解读《老子》的最高经典，《周易注》在宋代之前被官方奉为解读《周易》的标准版本。王弼的思想深刻影响了魏晋风度乃至宋明理学，被傅佩荣誉为"天才哲学家"。

陈寿在《三国志》中并没有为王弼单独列传，仅在《钟会传》末将王弼的生平一笔带过，其文曰："弼好论儒道，辞才逸辩，注《易》及《老子》，为尚书郎，年二十余卒。"裴松之注引何劭《王弼传》曰："弼注《老子》，为之《指略》，致有理统，著《道略论》。"

《世说新语·文学第四（上）》记载有"王弼弱冠访裴徽"的故事。其文曰：

王辅嗣弱冠诣裴徽，徽问曰："夫无者，诚万物之所资，圣人莫肯致言，而老子申之无已，何邪？"弼曰：

"圣人体无，无又不可以训，故言必及有；老、庄未免于有，恒训其所不足。"

裴徽是玄学名士，史书称他"高才远度，善言玄妙"。王弼久慕其名，特向他请教"有"和"无"的问题。裴徽问道："'无'是万物依存的本源，孔子避而不谈，老子却反复阐述，为何？"王弼回答："孔子已超越'有'而直达'无'的境界，故无需赘言；老庄困于'有'，故需不断解释'无'。"由王弼的回答不难看出，魏晋名士为了调和名教和自然的时代性矛盾，而将孔子置于老庄之上，将儒家置于道家之上。

据《王弼传》记载，正始年间，何晏与曹爽共同辅佐魏齐王曹芳。在何晏的大力推荐下，王弼补任台郎。王弼初次拜见曹爽时，曹爽屏退左右，而"弼与论道，移时无所他及，爽以此嗤之"。何晏得知此事后，叹息不已。

王弼不仅玄学造诣颇深，还多才多艺。据《王弼传》记载："（王弼）性好弘理，乐游宴，解音律，善投壶。其论道傅会文辞，不如何晏，自然有所拔得，多晏也，颇以所长笑人，故时为士君子所疾。"由何劭的描述可知，王弼的文采虽不及何晏，但其玄学造诣远在何晏之上。王弼常以己之所长笑人，与人交往也不能始终如一，因而遭到士人的嫉恨。

何劭由此认为，王弼"为人浅而不识物情"。这里的"不识物情"，用今天的话来说，就是情商低。

王弼与何晏的关系

何晏与王弼的关系尤为特殊。据《世说新语·文学》篇记载：

> 何晏为吏部尚书，有位望，时谈客盈坐。王弼未弱冠，往见之。晏闻弼名，因条向者胜理语弼曰："此理仆以为极，可得复难不？"弼便作难，一坐人便以为屈。于是弼自为客主数番，皆一坐所不及。

由刘义庆的描述可知，正始年间，玄风大畅，名士清谈蔚然成风。正始五年（244 年），不满二十岁的王弼第一次参加何晏主持的清谈。何晏举出以前谁也驳不倒的一个论题问王弼："这个论题，我认为已经辩论到头了，你能否驳它？"王弼便予以驳斥。于是满座人都认为这个论题站不住脚了。接着，王弼又就这个论题，一人担当正反两方面的角色，来回辩论了几个回合，所谈内容都非常精彩。

《世说新语·文学》篇还记载，何晏刚注释完《老子》，就去拜访王弼。但在看到王弼为《老子》做的注释后大为惊叹，觉得其见解精微独到，感佩地说："终于找到可以探讨天人关系问题的人了！"于是把自己的注释改成了《道论》和《德论》。

"天人之际"出自司马迁的《报任少卿书》，原文是："欲以究天人之际，通古今之变，成一家之言。"后来，董仲舒提出"天人之际，合而为一"的天人感应学说，为君主统治提供了合法性依据。

何晏、王弼的"贵无论"既融合了道家的本体论，又调和了儒家名教与道家自然的关系。

圣人没有喜怒哀乐吗？

圣人是否有喜怒哀乐，是玄谈的重要议题之一。据何劭《王弼传》记载，王弼、钟会就这一议题进行过精彩的辩论。其文曰：

> 何晏以为圣人无喜怒哀乐，其论甚精，钟会等述之。弼与不同，以为圣人茂于人者神明也，同于人者五情也。神明茂故能体冲和以通无，五情同故不能无哀乐以应物。然则圣人之情，应物而无累于物者也。今以其无累，便谓不复应物，失之多矣。

何晏和钟会均持"圣人无喜怒哀乐"的观点。王弼持相反的观点,认为圣人之所以超越众人,是因为具备了"神明"(智慧超然),其五情(喜怒哀乐怨)与众人是相同的。圣人遇到重大事件时,也会产生喜怒哀乐怨的情绪。与众人不同的是,圣人能体验"自然"而贯通"无",不会因丧失理智而有过分之举。如果仅仅因为圣人不会被感情牵累,便谓圣人没有五情,那就大错特错了。

"体冲和以通无"之"冲",与"空""中""虚"相通;"和"则与"和光同尘"的"和"同义。"冲"与"和"是《老子》中的两个重要概念,《老子》第四十二章曰:"万物负阴而抱阳,冲气以为和。"意谓万物皆背阴而向阳,并且在阴阳二气的互相激荡中形成新的和谐体。这句话充分反映了道家对宇宙生成规律、生命本质及事物运动法则的深刻认知。在王弼看来,圣人因为智慧超然,所以能够通过"体冲和"而达至"无"的境界。

何晏的"圣人无喜怒哀乐"说

何晏认为,圣人是"道"的化身,而"道"的本质是"无",而圣人能够通过"体冲和"来达至"无"的境界,故无喜怒哀乐。

《老子》第五章曰:"天地不仁,以万物为刍狗;圣人不仁，以百姓为刍狗。"这里的"不仁"，并非指没有仁爱之心，而是指圣人和天地一样，对万物一视同仁。《老子》第四十九章曰："圣人无常心，以百姓心为心。"这里的"常心"，指固定不变的意志；"圣人无常心"说的是圣人没有固定不变的私心和偏见。

在中国古代思想史上，喜怒哀乐的有无是一个纠缠不清的问题。《庄子·德充符》里，记载了惠子与庄子关于"无情"的探讨。其文曰：

> 惠子谓庄子曰："人故无情乎？"庄子曰："然。"惠子曰："人而无情，何以谓之人？"庄子曰："道与之貌，天与之形，恶得不谓之人？"惠子曰："既谓之人，恶得无情？"庄子曰："是非，吾所谓情也。吾所谓无情者，言人之不以好恶内伤其身，常因自然而不益生也。"

庄子所谓的"无情"，强调的是人应该超越世俗的情感纠葛，顺应自然赋予的本性，不去刻意追求外在的增益。由此可见，庄子与王弼都崇尚自然无为。

四、王弼的《周易注》与《老子注》

王弼的《周易注》

王弼的玄学思想，主要体现在《老子注》与《周易注》中。王弼通过注解《老子》《周易》，提出了"无"为本，"有"为末；自然为本，名教为末的主张。

《易经》的出现可以追溯到上古时期，但其成为儒家经典则是在战国末期。在孔子以后，易学发展出"象数派""义理派"两大派别。象数派以卦象、卦变为核心，结合"象"和"数"来推导人事吉凶。义理派注重阐发卦爻象、卦爻辞所蕴含的哲理。

《周易·系辞上》曰："易有太极，是生两仪，两仪生四象，四象生八卦，八卦定吉凶，吉凶生大业。"这段话描绘了从一爻到八卦再到六十四卦的演变历程。"两仪"分别指阴（ーー）阳（ー）；"四象"分别指太阳（老阳 ⚌）、少阴（⚎）、少阳（⚍）、太阴（老阴 ⚏）；"八卦"分别指乾（☰）、兑（☱）、离（☲）、震（☳）、巽（☴）、坎（☵）、艮（☶）、坤（☷）。八卦与自然现象的对应关系是：乾为天，坤为地，兑为泽，离为火，震为雷，巽为风，坎为水，艮为山。八卦与家庭成员的对应关系是：乾为父，坤为母，震为长子，巽为长女，坎为中子，离为中女，艮为少子，兑为少女。

东汉时期，谶纬之学盛行，六经皆有纬，而《易纬》就是对《周易》所作的神秘解释。其核心在于将《周易》神秘化、神学化，并通过象数体系构建了融合阴阳五行与谶纬思想的易学体系。

王弼针对象数易多牵强支离之弊，明确提出了"得意忘象"的主张。其中，"意"指代圣人的思想，"象"指卦象，"言"指卦辞和爻辞，"得意忘象"强调超越卦爻辞和卦象的表层形式，直接体悟圣人的义旨。

王弼的《周易注》以《老子》解《易》，以玄理统易理，使《周易》的面貌为之一新，开辟了后世以义理解易的先河。

王弼对《复卦》的解释

《复卦》的卦象是震下坤上，一阳在下，五阴在上，为一阳来复于初之象。其《象传》曰："复，其见天地之心乎？"王弼注曰：

> 复者，返本之谓也。天地以本为心者也。凡动息则静，静非对动者也；语息则默，默非对语者也。然则天地虽大，富有万物，雷动风行，运化万变，寂然至无，

是其本矣。故动息地中，乃天地之心见也。若其以有为心，则异类未获具存矣。

王弼认为，天地万物的本质是"寂然至无"，"天地以本为心"的"本"，应是"静""无"，而非"动""有"。假若是"有"，则有此不能有彼，异类就无法存在了。"动""语""化变"都属于"有"，"静""默""寂然"都属于"无"。从这个意义上来说，"无"是天地万物的根本本体，而"有"是"无"的具体表现或存在形式。

王弼以"无"为本的思想，一般称之为"贵无论"。王弼在注释《老子》时提出："天下之物皆以有为生，有之所始，以无为本。"明确将"无"作为万物生成的根源，继承并发展了老子"有生于无"的主张。

关于"无"与《周易》的关系，王弼指出《周易》六十四卦，三百八十四爻，看似繁复，实则都是为了阐释万物变化的道理。而万物变化的根源，就在于"无"。《周易·系辞传上》曰："易无思也，无为也，寂然不动，感而遂通天下之故。"王弼对这句话的解释是，圣人通过"忘象得意"（超越表象把握本质）的方式实现"感通"。"感通"不是逻辑推演，而是主体与本体直接契合的直觉领悟。

王弼的贵无论，集中体现在《周易注》《老子注》。

王弼的《老子注》

王弼"以无为本"的思想，集中体现在《周易注》《老子注》这两部著作中。《老子》第十六章曰："致虚极，守静笃；万物并作，吾以观复。"王弼注曰：

> 致虚，物之极笃；守静，物之真正也。动作生长，以虚静观其反复。凡有起于虚，动起于静，故万物虽并动作，卒复归于虚静，是物之极笃也。各返其所始，归根则静，故曰静，静则复命。

陈鼓应将这段话译作："致虚和守静的工夫，做到极笃的境地。万物蓬勃生长，我看出往复循环的道理。"所谓"观复"，就是观察事物循环往复的规律。王弼对"致虚极，守静笃；万物并作，吾以观复"的解释，与其对《复卦·象辞》"复，其见天地之心乎"的解释，均表达了天地万物皆以"无"为本的思想。

王弼对《老子》第三十八章"上德不为德，是以有德……处其实，不居其华。故去彼取此"这段话，作出了精彩的解释：

德者，得也，常得而无丧，利而无害，故以德为名焉。何以得德？由乎道也。何以尽德？以无为用。以无为用，则莫不载也，故物无焉，则无物不经；有焉，则不足以免其生。是以天地虽广，以无为心；圣王虽大，以虚为主。故曰以复而视，则天地之心见；至日而思之，则先王之至睹也。故灭其私而无其身，则四海莫不瞻，远近莫不至；殊其己而有其心，则一体不能自全，肌骨不能相容。是以上德之人，唯道是用，不德其德，无执无用，故能有德而无不为。不求而得，不为而成，故虽有德而无德名也。下德求而得之，为而成之，则立善以治物，故德名有焉。求而得之，必有失焉；为而成之，必有败焉。善名生，则有不善应焉。故下德为之而有以为也。无以为者，无所偏为也。凡不能无为而为之者，皆下德也，仁义礼节是也。将明德之上下，辄举下德以对上德。至于无以为，极下德之量，上仁是也。足及于无以为而犹为之焉。为之而无以为，故有为为之患矣。本在无为，母在无名。弃本舍母，而适其子，功虽大焉，必有不济；名虽美焉，伪亦必生。

由"失道而后德，失德而后仁，失仁而后义，失义而后礼"的表述可知，在老子看来，仁义礼智等都是道德沦丧后的产物。王弼继承并发展了老子的这一主张，明确提出"天地虽广，以无为心；圣王虽大，以虚为主。故曰以复而视，则天地之心见"。这里的"以复而视，则天地之心见"，化用自《复卦·象辞》"复，其见天地之心"。

由此可见，《周易注》《老子注》在内容上是相互印证、互为补充的，两者共同构建起以"无"为本的玄学体系。

王弼《老子注》的特点

王弼不仅著有《周易注》《老子注》，还著有《周易略例》《老子指略》。《老子指略》又名《老子微旨例略》，系统阐释了《老子》的核心思想，与《老子注》互为补充。

王弼注《复卦》曰："复者，反本之谓也。天地以本为心者也。凡动息则静，静非对动者也；语息则默，默非对语者也。然则天地虽大，富有万物，雷动风行，运化万变，寂然至无，是其本矣。"由此可见，"以无为本"是贯穿《老子注》和《周易注》的重要思想。

老子的"道"，除了指天地万物的秩序（规律）外，还有根底性的实在之意。换言之，"道"既是理法，也是实在的两面性。王弼的"无"也是同样的道理。"无"是万物产生的根据（原理），也是本体。

王弼通过注释和发挥老子的思想，提出了以"无"为本的本体论哲学。在王弼看来，"无"是万物之始、万物之宗；各种各样的"有"都是依赖于"无"而存在的。换言之，"无"是本和根，"有"恃"无"以生。"以无为本"在动、静关系上，就是以"静"为本，以动为末。《老子》第十六章注曰："凡有起于虚，动起于静。故万物虽并动作，卒归于虚静，是物之极笃也。"天地万物"以无为本"，是自然无为的，治理社会也应顺应自然，无为而治。

关于"一"和"多"的关系，《老子》第四十二章注曰："百姓有心，异国殊风，而得一者，王侯主焉。"《周易略例·明象》篇曰："夫众不能治众，治众者，至寡者也。"这两段话可谓道出了中国统治思想的本质，那就是通过以静制动的方式来治理天下。

"以无为本"的原则与"自然无为"论有关。"自然无为"是老子的重要思想之一，主张君主应以无为的方式去顺应百姓的自然。王弼注《老子》第五章曰："天地任自然，无为无造，万物自相治理，故不仁也。"所以，任自然、法自然是"无"必然的结果和最终的归宿。

第四章 何、王以后的老学

一、尊重"无"

六朝时代与"无"

何晏、王弼认为，从"无"统括各种"有"来说，对"无"的尊重具有维护皇权的作用。暂且不论何晏这种思维活跃，海阔天空的人物。我们知道王弼在多大程度上意识到了这种"政治性"，考虑到王弼的为人，基本上可以认为没有。但从结果来看，王弼的"无"起到了维护皇权的作用。

"无"统括各种"有"，只是名义上的。"有"虽然表面上被"无"统领，但实际上是任性的"有"。因此，如果把"有"指向魏王朝的新兴贵族，实质上没有什么限制他们的力量，他们可以在假皇帝的领导下为所欲为。这意味着大臣和贵族们可以任意行使权力。当然，"无"的论点在现实世界中确实统领了反曹氏阵营的豪族，从而保护了皇帝的权力，但在幕后，大臣和贵族们却可以随意运用权力。

这种风气大致持续到六朝时期（3世纪—6世纪）。贵族制社会开始形成于曹魏和西晋。西晋时期，比平安时代的藤原氏更大规模的贵族出现了，升为最高品位官或八品或九品官职的等级是由家世决定的。中下流贵族不管怎样努力都无法成为大官，上流贵族对政治实务不屑一顾，实务由下层官僚负责。在这样的社会中，不了解底层情况、不处理实务成为大官的象征。命运论在这种社会中占据了一定地位，"无"的论点保证了大官们的自由行动，符合时代的趋势。

据《世说新语·雅量》记载：顾和担任扬州从事期间，初一那天去拜谒上司，没有入门，暂时停车在州府门外。周侯恰好要去拜访丞相王导，从顾和的车边路过时，看到顾和在抓虱子，坦然自若，没有理会自己。周侯走过去之后，忽然又返回，指着顾和的胸口问道："你这里面装的都是什么呀？"顾和依旧抓着虱子，慢条斯理地回答："这里面是很难猜测的地方。"周侯进门之后，对丞相王导说："你的属下官吏中，有一个可以做尚书令或仆射的能人。"

服用五石散

虱子如今已经很少见到了，但在笔者的童年时代，虱子仍然很猖獗。我曾在新闻电影中看到过在公共浴池更衣室里，光头小孩们用喷雾器从头顶喷洒 DDT 的场景。虱子这一令人厌恶的寄生虫，在魏晋时期却承载着别样的文化意义，"扪虱而谈"更是成为魏晋风度的象征。"扪虱而谈"源于魏晋名士服用五石散后的特殊生活习惯。"五石散"是由紫石英、白石英、赤石脂、钟乳石、石硫黄这五种矿物药配制而成的，服用后会产生剧烈内热，需通过"行散"（散步）、冷水浴等方式散热。且因皮肤易破，不能穿新衣而宜于穿旧的，衣服便不能常洗。因不洗，便多虱。因此，在魏晋文士的文章里，虱子的地位很高，"扪虱而谈"竟传为美事。服食"五石散"的风气，始于何晏。据《世说新语·言语》记载："何平叔云：服五石散，非唯治病，亦觉神明开朗。"刘孝标注引秦丞相《寒食散论》说："寒食散之方，虽出汉代，而用之者寡，靡有传焉。魏尚书何晏首获神效，由是大行于世，服者相寻。"

五石散的毒副作用很大，洛阳名医皇甫谧患风痹症，服食五石散以减缓病痛，谁知越吃身子骨越虚弱，竟至耳聋。于是，他提醒人们：五石散有毒，服药须谨慎。"药王"孙思邈在《备急千金要方》中明确指出，"五石散大猛毒"，若不懂医理胡乱服食，轻则癫狂，重则丧命。

鲁迅在《魏晋风度及文章与药及酒之关系》的演讲中指出："何晏值得骂的，就是因为他是吃药的发起人。这种服散的风气，魏晋直到隋唐还存在着，因为唐时还有解散方，即解五石散的药方，可以证明还有人吃，不过少点罢了。"

在这篇著名的演讲中，鲁迅还为"受了很大的冤枉"的嵇阮鸣不平。他说："魏晋时代，崇尚礼教的看来似乎很不错，而实在是毁坏礼教。不信礼教的，表面上毁坏礼教者，实则倒是承认礼教，太相信礼教。因为魏晋时代所谓崇尚礼教，是用以自利，那崇奉也不过是偶然崇奉。"

总之，魏晋时期，政权更迭频繁，社会矛盾激化，经学日渐式微，士人阶层在政治上屡遭打击，深感无力与绝望，不得不转向与政治无关的清谈。正始年间，何晏、王弼等融合儒道思想，提出了"贵无论"。到了竹林七贤所处的时代，司马氏集团与曹魏集团的斗争愈发激烈。嵇康、阮籍等人虽然对司马氏的统治极为不满，却又无力改变现状，于是嵇康通过清谈、饮酒等方式逃避现实，阮籍"口不臧否人物"，向秀则通过注释《庄子》以避祸。阮籍之后，清谈的风气蔓延到所有名士群体以及门阀贵族之中。清谈既是士人阶层暂时的避风港，也孕育了"魏晋风度"的超越性特质。

嵇康

嵇康 (223—262 年) 崇奉老庄思想，著有《难自然好学论》《声无哀乐论》《养生论》《释私论》《难自然好学论》《与山巨源绝交书》等。其中，《难自然好学论》主张抛弃儒家六经，一任人之自然淳朴无为之真性。

《与山巨源绝交书》是嵇康听到山涛在由选曹郎调任大将军从事中郎时，想荐举他代其原职的消息后写的。嵇康在信中提出做官有"七不堪"和"二不可"。其中，"七不堪"分别是：

①卧喜晚起，而当关呼之不置。

②抱琴行吟，弋钓草野，而吏卒守之，不得妄动。

③危坐一时，痹不得摇，性复多虱，把搔无已，而当裹以章服，揖拜上官。

④是素不便书，又不喜作书，而人间多事，堆案盈机，不相酬答，则犯教伤义，欲自勉强，则不能久。

⑤不喜吊丧，而人道以此为重，已为未见恕者所怨，至欲见中伤者化。

⑥不喜俗人，而当与之共事，或宾客盈坐，鸣声聒耳，嚣尘臭处，千变百伎，在人目前。

⑦心不耐烦，而官事鞅掌，机务缠其心，世故烦其虑。

"二不可"分别是：

①非汤武而薄周孔，在人间不止，此事会显，世教所不容。

②刚肠疾恶，轻肆直言，遇事便发。

关于"非汤武而薄周孔"，嵇康自己很清楚，是为世教所不容的。汤王和武王都是通过武力推翻前朝政权的，否认他们的功绩，就相当于否定西晋政权的合法性。因此，司马炎宣称，是魏元帝曹奂主动将皇位"禅让"给自己的。

周武王死后，周公帮助成王代管朝政，七年之后，还政于成王。孔子一方面推崇尧舜的禅让，一方面将周公奉为儒教之祖。从这个意义上来说，"薄周孔"就相当于反对儒教和禅让。在司马氏看来，否定儒教、革命①、禅让，就是否定自身政权的合法性。

景元四年（263年），司马昭以"言论放荡、非毁典谟"

---

① "革命"就是革故鼎新，朝代更迭。

之罪名，下令将嵇康处死。《世说新语·雅量》"嵇中散临刑东市"，刘孝标注引晋张隐《文士传》对于嵇康罪名的描述是："上不臣天子，下不事王侯，轻时傲世，无益于今，有败于俗。"嵇康之死，代表了反司马氏力量的最终灭绝。三年后，司马昭之子司马炎取代曹魏政权，建立晋朝。

老学的展开

280 年，晋武帝（司马炎，265—290 年在位）消灭孙吴政权，统一中国，改元太康。此后的 10 年被称作"太康之治"。太康之治是自东汉末年到南北朝终结这几百年天下大乱中难得的治世。

太康年间，朝廷内部存在严重的权力斗争，诸王凭借武力争夺霸权。许多贵族被卷入其中而丧命。西晋怀帝永嘉五年（311 年），匈奴军队在刘渊之子刘聪率领下击败西晋京师洛阳的守军，攻陷洛阳，西晋灭亡。这就是所谓的"永嘉之乱"。

因此，在这个时代，提倡个人解脱的《庄子》非常流行。其中最有影响的作品，要数郭象 (252—312 年) 的《庄子注》。如今的《庄子》，就是郭象整理的。

不过，现在我们来看看《老子》。《汉书·艺文志》就像中国最早的国家图书馆总目录，但《晋书》没有《艺文志》。

于是，清末文廷式著有《补晋书艺文志》。另有几位学者也著有《补晋书艺文志》，以文廷式之书最为充实。按照文廷式的统计，两晋时期（265—420 年），与《老子》有关的书籍有 27 种，与《庄子》有关的书籍有 18 种。据说，后秦高僧鸠摩罗什（344—413 年）著有《老子注》。

唐代魏徵等编写的《隋书·经籍志》中列有当时存世的 18 种与《老子》有关的书籍，加上两晋时期的 27 种，与《老子》相关的书籍有 45 种。如果加上清末文廷式列出的书目，一共有 60 余种。

《隋书·经籍志》中收录的为《老子》作注的人，除了学者、官僚外，还有梁武帝、简文帝等皇族[1]，惠琳、惠严、惠观等高僧[2]，顾欢等道士[3]。六朝时期，《老子》受到各阶层推崇的程度，由此可见一斑。

《经典释文》

魏晋时期，《老子》被视为治国理政和为人处世的必读书，初唐陆德明的《经典释文》就是明证。《经典释文》是

---

[1] 梁武帝萧衍存《老子讲疏》六卷，梁简文帝萧纲存《老子散记》十卷。

[2] 释惠琳存《老子道德经注》二卷，释惠严《老子道德经注》二卷，释惠观存《老子义疏》一卷。

[3] 顾欢存《老子义疏》一卷。

一部专门解析儒家经典文字音义的书，共 30 卷。所释经典有《周易》《尚书》《毛诗》《周礼》《仪礼》《礼记》《春秋左传》《公羊传》《穀梁传》《孝经》《论语》《老子》《庄子》《尔雅》十四种。在这里，《老子》和《庄子》被视为与儒家经典同等重要的著作。

《经典释文》的《序录》中列举了《老子》的 28 种注疏本，大致与《隋书·经籍志》的数量相符。正文部分的《老子道德经音义》以王弼注本为底本，将全文分为《道经》和《德经》，对《老子》文本进行音义疏解。

《老子》第六章有三条释文，第一条释"谷神不死"的"谷"字，其文曰："谷，古木反。中央无者也。河上本作'浴'，云：'浴，养也。'"其中，"古木反"标注的是"谷"字的读音。这里用"古"表示声母"g"，"木"表示韵母"u"，两者合在一起表示"谷"的读音"gǔ"。使用两个汉字来给一个汉字注音的方法，就是反切法，它是在东汉末年，翻译梵文佛经的过程中发明的。在没有拼音字母的古代，反切法使用了 1700 多年。河上公本将"谷"写成"浴"，释作"养"。

第二条释"是谓玄牝"的"玄牝"，其文曰："频忍反。旧曰：扶比反。简文：扶紧反。"其中，"频忍""扶比""扶紧"均表示"牝"的读音"pìn"，"简文"指的是梁简文帝。

第三条释"谷，中央无者也"的"中央无"。"谷，中央无者也"，是王弼给"谷神"作的注文，陆德明释"无"曰："一本作'空'。"

由这三条注释可知，《经典释文·老子道德经音义》对于研究《老子》的文字、音韵和训诂，均具有重要的意义。

二、佛教与老学

佛教传入中国后与道教密切相关，《老子》成为理解佛教思想的重要书籍。

佛图澄

前文在探讨老子神化的历程时，曾举过一个例子，东汉时期，楚王刘英晚年喜欢黄老学，同时供奉浮屠，进行斋戒祭祀。由此可见，东汉时，人们把佛教这种外来宗教看作神仙方术，把佛陀依附于黄老进行祭祀，以祈求福祥。

汉晋时期，随着来到中国的西域僧侣逐渐增多，翻译的佛教经典也越来越多。这一时期，佛教主要在贵族阶层中传播，在普通民众中影响有限。

西晋末年，匈奴等少数民族内迁，趁西晋内乱，起兵反晋。317年，匈奴贵族刘曜攻破长安，俘虏了西晋愍帝，西晋灭亡。318年，刘曜登基称帝，改国号为赵，迁都长安，史称前赵。319 年，羯族首领石勒 (274—333 年) 在襄国自称赵王，史称后赵。329 年，石勒攻破长安，前赵皇帝刘曜兵败被杀，后赵统一了北方地区。

西晋永嘉四年（310 年）以后，佛图澄到洛阳传播佛教思想，以方术等手段赢得后赵统治者石勒、石虎的信任，并借助统治者的力量大力向民间传播佛教。

《晋书·艺术传》和释慧皎的《高僧传·神异》中都有佛图澄的记载。佛图澄是西域龟兹 (今新疆库车) 人，俗姓帛，妙通玄术。西晋永嘉四年（310 年），经敦煌至洛阳，时年79 岁，在当时已算高龄了。

石勒是一个非常暴虐的君王，喜好通过杀人来展示自己的威严。据《高僧传》卷第九《神异上·晋邺中竺佛图澄》记载，佛图澄见石勒"专以杀戮为威，沙门遇害者甚众"，意欲感化石勒，他通过明察暗访后，得知石勒的大将郭黑略是佛教信徒，于是投住到郭黑略家。

郭黑略拜佛图澄为师，有了精通玄术的佛图澄的出谋划策，郭黑略每次跟从石勒征战，都能事先知道战斗的胜负。石勒疑惑地问："每次作战，你都能预知吉凶，到底是怎么回事？"郭黑略便将佛图澄推荐给了石勒。

石勒便召见佛图澄，请他展示道术。佛图澄将钵中装满清水，烧香念咒，不一会儿，钵里竟然冒出一朵闪闪发亮的青莲。石勒瞬间就被佛图澄高深莫测的本领镇住了，连呼："真乃神僧也！"佛图澄趁机劝说石勒少行杀戮，当时即将被处死的，十有八九经佛图澄的劝解而获免。

青莲是睡莲的一种，又称青莲华或青莲华眼。佛教经典中常以青莲华比喻佛的眼睛，形容其清明和微妙。佛图澄不仅用钵中生莲的玄术折服了石勒，还令杀人恶魔石虎佩服得五体投地。

石虎的教化

334年，石勒逝世七日之后，石虎废黜并杀害了太子石弘，自立为帝，庙号太祖，谥号武帝。据《晋书·石季龙载记》记载，石虎"性残忍，好驰猎，游荡无度，尤善弹，数弹人，军中以为毒患"。"至于降城陷垒，不复断别善恶，坑斩士女，鲜有遗类"。可见，石虎比石勒更加残暴。对于石虎的种种暴行，石勒曾多次斥责，但始终无济于事。相反，石虎因为治军甚严，战功赫赫，受到石勒的重用和信任。

石虎对佛图澄极为尊崇，尊其为国师，并在皇家园林中为他专门建了一座中寺。与用水中生莲的神迹折服石勒不同，佛图澄经常用佛法劝诫石虎少行杀戮。348年，佛图澄卒于邺宫寺，年117岁。后来，有僧人从雍州来，说见到佛图澄向西入关了。石虎遂掘开佛图澄的墓，但见墓中只有一块石头，没有尸体。石虎黯然道："石头，不就是我吗！"第二年，石虎就去世了。

据说，佛图澄建造佛寺多达893座，直收弟子数千人。佛图澄最有名的弟子，便是道安（312—385）。道安组织翻译了大量佛经，统一了沙门的姓氏，自此以后，天下僧众都姓"释"。

两晋时期，除了佛图澄之外，还有很多具有神通的高僧。在他们的积极宣传下，佛教义理逐渐为一般民众所理解和接受。

释道安

道安出生于常山扶柳县（今河北省衡水市冀州区）的一个读书人家里，七岁开始读儒家经典，十二岁时，对于五经文义已稍微通达，出家为僧。二十四岁时，至邺都（今河北省邯郸市临漳县）中寺，师事佛图澄。佛图澄极为欣赏他的才华，众人见道安相貌不扬，颇有轻视之意。佛图澄每次讲经，都要道安为众人再复述一遍。道安词锋锐利，屡释群疑，逐渐赢得了众人的信服。

354年，道安为躲避战乱，在恒山建寺，宣扬佛法。慧远得知后，即与兄弟慧持上山听法，后拜入道安门下。365年，道安应襄阳名士习凿齿之邀南下湖北襄阳，在谢灵运等的相助下，建檀溪寺传法。

据梁元帝萧绎《金楼子》卷五《捷对篇》记载，习凿齿初次与道安见面时，众僧正在吃午饭，见到习凿齿来了，皆起立迎候，唯独道安只顾埋头吃饭，不起来施礼。习凿齿厉声说："四海习凿齿，故故来看尔。"释道安立即放下饭碗回答："弥天释道安，无暇得相看。"一个自称"四海"人，一个自称"弥天"僧，堪称绝妙对句。直到379年，被前秦军队掳到长安，道安在檀溪寺讲授《放光般若经》十五年之久。

西晋灭亡后，北方各族统治者先后建立了许多政权，略阳氐族贵族苻氏建立了前秦政权。前秦世祖宣昭皇帝苻坚(357—385年在位)先是于376年统一了华北地区，接着于379年攻取襄阳，将道安和习凿齿掳到长安。道安离开襄阳前，遣散跟随自己的弟子，让他们到各地传教。慧远带着慧持等十余名僧众南下荆州，住在上明寺。后欲往广东罗浮山，走到浔阳时，见庐山风景秀丽，先后创建了龙泉寺、东林寺，并在东林寺创立了净土宗。

在长安，道安被安置在五重寺。他既是苻坚的政治顾问，又是僧团的实际领袖，地位十分尊贵。道安在苻坚的支持下，设立国家译场，主持译经共十部一百八十七卷。他注经作序的著作，据史书记载共六十余种。385年，道安圆寂于长安。

顺便一提，道安还开创了中国汉传佛教的僧人姓"释"

的先河。在道安所处的时代，僧人普遍以师为姓，如果僧人的老师来自天竺，就改姓竺；如果其老师来自安息，就改姓安；如果其老师来自月支，就改姓"支"；如果其老师来自康居（撒马尔罕），就改姓康等。道安认为，佛门至尊莫过于释迦牟尼，故主张僧侣以"释"为姓。

释道安的《安般经注序》

在注解佛经时，道安巧妙地融入了中国传统文化思想，尤其是老庄玄学的概念、语言。《安般经注序》是道安早期的著作之一，虽然道安的注解原文早已失传，但是序文因被收于僧祐的《出三藏记集》卷六中而得以保存至今。《安般经序》全文虽然只有330字，但是充分体现了道安的般若思想。

《大安般守意经》是东汉安世高翻译的佛经，曹魏初年，康会对此经的义理进行了注解。道安鉴于康会的注义有"义或隐而未显者"，于是"窃不自量，敢因前人为解其下"。

《大正新修大藏经》第十五卷收录的《大安般守意经》并没有标注是由谁注解的（一说注解者是陈慧），经文和注文是混在一起的。"安般守意"中的"安般"，为"数息观"的异译，意为呼吸；"守意"则是保持心意的专注与觉察。此经系统地阐述了如何通过观察呼吸来训练心智，达到解脱烦恼、证悟真理的目的。

下面，我们来具体分析道安的《安般经序》。在序言开始，道安指出："安般者，出入也。道之所寄，无往不因；德之所寓，无往不托。"道安在指出"安般"就是呼吸后，将话题转入老子所谓的"道"和"德"："道之所寄，无往不因；德之所寓，无往不托。""寄"和"寓"说的是呼吸法中蕴含有道和德。"无往不因""无往不托"说的是呼吸和道德都是无处不在的。在道安看来，"道德"与"安般"是相通的，佛老思想是相近的。

接着，道安说："是故安般寄息以成守，四禅寓骸以成定也。寄息，故有六阶之差；寓骸，故有四级之别。"阿那般那观又称"出入息观"，主要包含数、随、止、观、转（还）、净六个步骤，这六个步骤合称为"六妙门"或"小止观"。禅定分为四个境界，依次是初禅天、二禅天、三禅天、四禅天。在《大安般守意经》中，对"六妙门""四禅定"进行了非常详细的描述，在这里，我们只分析与《老子》有关的内容。

　　阶差者，损之又损之，以至于无为。级别者，忘之又忘之，以至于无欲也。无为，故无形而不因；无欲，故无事而不适。无形而不因，故能开物；无事而不适，

故能成务。成务者，即万有而自彼。开物者，使天下兼
忘我也。彼我双废者，守于唯守也，故《修行经》以斯
二法而成寂。得斯寂者，举足而大千震，挥手而日月扪，
疾吹而铁围飞，微嘘而须弥舞。斯皆乘四禅之妙止，御
六息之大辩者也。夫执寂以御有，崇本以动末，有何
难也？

这段话的意思是：所谓"阶差"，指的是对邪念断除又
断除，最后达到无为；所谓"级别"指的是对欲望忘却再忘
却，最后实现无欲。因为无为，所以能成为一切有形之物的
根本；因为无欲，所以能适应一切事物。由于无为是一切有
形之物的根本，所以能化育万物；由于无欲能适应一切事物，
所以能够成务。所谓"成务者"，即能在万有世界中实现自
由来去；所谓"开务者"，能使天下人都达到忘我境界。能
够实现外物和自我全都忘却的方法，在于遵守唯有守意的原
则。所以《修行道地经》所说的就是通过彼我双忘而成就寂
定的。而得到这种寂定者，一抬足就能震动大千世界；一挥
手就能扪住日月星辰；猛吹一口气就使铁围山飞散；轻嘘一
口气就使须弥山摇动。所有这些，都是乘坐"四禅"的微妙
足道、驾驭六息的巨大辩治啊！持守虚无以驾驭现象世界，
尊崇本原以统摄枝末事物，这又有什么困难呢？

这段序文化用了《老子》的许多内容。如"损之又损，以至于无为"，是《老子》第四十八章的句子。在《老子》中，这句话要和"为学者日益，闻道者日损"放在一起理解，说的是求学者和求道者的重要区别，但在这里强调的是，通过专注的数息、自然的随息、止观与返照，最终达到涅槃的境界。因为无为，所以能成为一切有形之物（包括人）的根本的依托，可以与人的心灵相通。

"开物成务"出自《周易·系辞上》，意思是通晓万物的道理，并按照这些道理去办事，从而取得成功。东京开成中学就是以这句话命名的。"使天下兼忘我"说的是真正的仁和孝，可与天地自然本身同化。"开物成务""使天下兼忘我"，与《老子》第五章"天地不仁……圣人不仁"的思想如出一辙。

"忘之又忘之，以至于无欲也"，是与"损之又损之，以至于无为"相对应的。这里的"无欲"，应来自《老子》第一章"常无欲以观其妙"，说的是因为通晓万物的道理，所以什么事情都能做成。

"即万有而自彼"是与"使天下兼忘我也"相对应的。"即万有而自彼"出自《庄子·齐物论》，强调万物本源的统一性；"使天下兼忘我也"，主张统治者应无为而治。这两句话合起来看，唯有在认知层面上消除对立，才能在实践中做到无为无欲。

阶差和级别

《安般经序》的内容可以分为两个部分：一是"阶差"，二是"级别"，二者作为禅修过程中的不同阶段和层次，是紧密相连的。

①阶差→损之→至于无为→所有形 (人) 所因→开物 (通万人之志) →"使天下兼忘我"

②级别→忘却之→至于无欲→事事皆宜→事事皆成→"万有而彼自利"

在"阶差"阶段，随着呼吸的节奏，杂念逐渐止息，直至无为。按照老庄的说法，"无为"并不是指主观意识的完全消失，而是强调主观意识与天地自然的和谐统一。这种境界在《庄子》中常常被提及，具体指当人同化于天地自然的活动时，就成为天地自然的活动本身，因此所有的人也会与天地万物融为一体，如此一来，就达到"使天下兼忘我"的状态了。

在"级别"阶段，随着禅定的深入，对欲望忘却再忘却，直至无欲。正如《老子》第一章所说的"常无欲以观其妙"一样，因为通晓万物的道理，所以什么事情都能做成。如此一来，就达到"即万有而自彼"的状态了。

使天下兼忘我

"使天下兼忘我"出自《庄子·天运》篇。宋国的太宰荡向庄子请教"仁"的最高境界是什么？庄子回答道："以敬孝易，以爱孝难；以爱孝易，而忘亲难；忘亲易，使亲忘我难；使亲忘我易，兼忘天下难；兼忘天下易，使天下兼忘我难。"庄子认为，用恭敬的态度行孝容易，以爱的本心行孝困难；用爱的本心行孝容易，用虚静淡泊的态度对待父母困难；用虚静淡泊的态度对待父母容易，使父母也能虚静淡泊地对待自己困难；使父母虚静淡泊地对待自己容易，能一并虚静淡泊地对待天下人困难；一并虚静淡泊地对待天下人容易，使天下人能一并忘却自我困难。"使天下兼忘我"就是至仁。

在至仁阶段，自己、父母、天下人都顺应自然规律自由生活，就像鱼儿在水中自由地游来游去一样。这才是最高境界的孝，最高境界的仁。如此一来，庄子通过仁孝构建了一个与天地自然同化的境界。

在庄子看来，与天地自然同化的境界，就是个人解脱的境界。道安在《安般经注序》中将"开物"释作"使天下兼忘我也"。在道安看来，修禅不仅可使个人获得解脱，与天地自然同化，亦可使万人获得解脱，与天地自然同化。所有人都与天地自然同化，人与人之间的藩篱也就荡然无存了。道安借助老庄思想解释佛教思想的良苦用心，由此可见一斑。

即万有而自彼

"成务者，即万有而自彼"这句话，比"开物者，使天下兼忘我也"更晦涩难懂。日本近代唯识宗大学者宇井伯寿将"万有而自彼"解作"万有而己彼"。[①] 日本著名汉学家中岛隆藏教授在《出三藏记集·序卷译注》[②] 中，将"万有而自彼"解作"万有各自随他"。笔者认为，这两种解释均没有阐明"成务者，即万有而自彼；开物者，使天下兼忘我也"之间的联系。

"使天下兼忘我"出自《庄子·天运》篇，"即万有而自彼"化用自《庄子·齐物论》篇的"物无非彼，物无非是。自彼则不见，自知则知之。故曰：彼出于是，是亦因彼"。庄子认为，世上的一切事物，无不存在对立的另一面，无不存在对立的这一面。从另一面看不明白的，从这一面就可以看得明白些。所以说彼出于此，此也离不开彼。这里的"自彼则不见"，说的是自身存在着自己认知层面之外的"彼"，

---

① 宇井伯寿：《释道安研究》，岩波书店，1956。
② 中岛隆藏编著：《出三藏记集·序卷译注》，平乐寺书店，1997。

是不被自己意识到的；"自知则知之"说的是以自己所认知的知为知；"万有而彼不自也"强调的是万物看似差异，实则在道的层面浑然一体。

所谓"级别"，说的是唯有在无欲的状态下，才能洞察到"道"的玄妙。把握了"道"的真谛，什么事情都能做成，自然可以达到"即万有而自彼"的状态。由此可见，"即万有而自彼"的主体是自己，而不是外物。

因此可以说，"使天下兼忘我"彻底废除了主观（我），"即万有而自彼"彻底废除了客观（他）；将两者结合起来，主观和客观都被彻底废除了。因此，《安般经注序》在"成务者，即万有而自彼；开物者，使天下兼忘我也"之后，接着说道："彼我双废者，守于唯守也。"道安所谓的"彼我双废"，就是老庄所说的与天地万物完全融为一体；"守于唯守"就是一心修禅的意思。

"万有而自彼"的"而"，应解作"岂"。如《论语·颜渊》曰："为仁由己，而由人乎哉？"东晋范宁《论语注》就将"而"解作"岂"。《孟子·万章上》曰："（百里奚）相秦而显其君于天下，可传于后世，不贤而能之乎？"东汉赵岐将"不贤而能之乎"解作"不贤之人，岂能如此乎"？

道安所描绘的至高境界

前文已述，"使天下兼忘我"说的是主体（我）冲破自我局限，与天地万物融为一体；"万有而自彼"说的是客体（他）泯灭自己的个性，在道的层面浑然一体。两者描绘的正是禅定修行的至高境界。

《安般经注序》在"彼我双废者，守于唯守也"之后，接着说道："《修行经》以斯二法而成寂。"这里的《修行经》，指的是西晋竺法护译的《修行道地经》。该经指出，佛陀当年在菩提树下证道，最初就是从修习安般念进入禅定的，安般和禅定是成寂的重要法门。在日本，《修行道地经》被收录在《大正新修大藏经》第十五卷之中。

道安总结道："斯皆乘四禅之妙止，御六息之大辩者也。夫执寂以御有，崇本以动末，有何难也！"这里的"四禅"和"六息"，分别对应前文的"级别"和"阶差"。"妙止"中的"止"，与"寂"同义，代表着超越生死，达到无为的境界。"四禅"是佛教禅定中的四种不同层次与境界，"六息"是佛道修行中的重要呼吸法门。

"御六息之大辩"出自《庄子·逍遥游》中的"若夫乘天地之正，而御六气之辩，以游无穷者，彼且恶乎待哉"？宇井伯寿的《释道安研究》称，"大辩"是老子之语。但是《老子》第四十五章中的"大辩若讷",说的是真正善于辩论的人表面看似不善言辞。"御六息之大辩"的"大辩",乃大的变化之义。中岛隆藏编著的《出三藏记集·序卷译注》亦认为,"辩"通"变",是变化的意思。

在《逍遥游》中,"六气"指阴、阳、风、雨、晦、明之六气。"御六气之辩,以游无穷"意谓驾驭着六气的变化,遨游于无垠的宇宙。在《安般经注序》中,"六息"是佛道修行中的重要呼吸法门。中国古人认为,天地之呼吸是风,人的一呼一吸谓之"一息"。因此,道安在"六气"的基础上,提出了"六息"概念。在道安看来,正如至人顺应天地万物的本性,驾驭六气的变化,可以遨游于无穷的境地,修行之人通过安般,也可以达到"乘四禅之妙止,御六息之大辩"的境地。由此可见,道安对老庄思想可谓深得其髓。

"执寂以御有,崇本以动末"的意思是以寂静来驾驭存在,以根本来驱动末节。以"寂"御"有"和崇"本"动"末",与王弼的"寂然至无"思想如出一辙。王弼在《周易·复卦》象辞"复,其见天地之心乎"下注曰:"天地虽大,富有万物,雷动风行,运化万变,寂然至无是其本矣。"王弼在《老子注》中,将道的本质归结于无,认为万物皆以无为本。由此出发,王弼提出了"崇本息末"的治国原则。"崇本息末"和"崇本动末"的表述虽然不同,但其实质性内涵是相同的。

因此可以说，道安是用老庄思想诠释佛教教义的。笔者要补充的是，东晋时期，儒家思想和老庄玄学盛行，佛教作为外来宗教，只有与中国本土文化紧密结合，才能生存和发展。与儒家思想相比，老庄思想与佛教教义更为契合。道安以老庄解佛，是顺应时代潮流之举。

道安不仅学识丰富，还设立了中国历史上第一个国家译场，对于翻译文体提出了"五失本、三不易"的主张，要求"勿失厥义"以深达佛旨，以直译方式开启了佛经翻译的新纪元。此外，道安十分清楚，要想广泛传播佛法，就必须借助老庄思想，《安般经注序》中就引用了老庄的很多名言。

格义与三家异说

许多传入汉地的佛经最初都是用梵文写成的，需要将其翻译成汉语。佛教学者用儒道思想等中国本土思想解释佛教教义的方法，就是"格义"。如用玄学的"本无"比附佛教的"真如"，用儒家的"五常"（仁、义、礼、智、信）来解释"五戒"，等等。据说，格义是由佛图澄的弟子竺法雅与康法朗一起创立的。作用在于用中国传统典籍中的义理来比附解释佛教的义理。青年时期的道安在《安般经注序》中，就用老庄的术语比附佛教的义理。后来，道安逐渐意识到以格义理解佛义，不免有其局限，且容易误解。

316 年，长安失守，西晋覆灭，西晋宗室司马睿在江南重建晋王朝，史称东晋。西晋的覆灭震惊了当时的中国人，使他们开始对国家和个人的命运进行深刻的思考。在此背景下，形成了遁世而逃入佛法的风气，"三世轮回""因果报应""灵魂不灭"等佛教思想得到了广泛的传播。

在鸠摩罗什门下，僧肇被誉为"解空第一"。僧肇是一位英年早逝的天才，其在佛教中的地位不亚于王弼在道教中的地位。僧肇对当时讲述般若的三个主要流派——心无宗、即色宗、本无宗进行了总结性评价。僧肇认为，心无宗只是从主观上排除外事外物对心的影响，虽然能心神安定，不受外界干扰，但此派并未否认客观外物的存在，故这种"无"是不彻底的。即色宗只是注意到事物不是自己形成的，是假有，但没有认识到物质现象本身是非物质性的，即没有认识到自性空。本无宗侧重于以"无"为"本"，过于执着于"无"，而没有懂得佛教所说的非无非有的道理。三宗通过借用老庄和玄学的概念来解释佛教的教义，实现了佛教思想的本土化。

综上所述，早期的中国佛教与老庄思想是深度融合的。以老庄解易不仅深刻影响了中国佛教的基本面貌，对日本佛教的形态亦产生了深远的影响。

第三部分

《老子》注释——以河上公注为中心

第一章 《老子》河上公注与河上公章句

一、河上公注

注疏

本书的前两部分曾述及《老子》的注疏，如唐玄宗的《御注道德真经》、王弼的《老子注》。"注疏"是对经典文献的字句进行解释和疏通的文字，包括注和疏两部分。其中，"注"是对经书字句的解释，"疏"则是对注的解释。学习《老子》时如果不看注疏，而是直接读原文，就像徒手攀登万丈悬崖一样，必将举步维艰。

以《老子》第六章的"谷神不死"为例，要想理解这句话的含义，除了查阅《老子》以前或同时期的文献外，还要理解"谷神不死"上下文的意思，还要把握其与《老子》主旨思想的关系。由于年代久远，文献残缺，仅仅查阅《老子》

以前或同时期的文献，也是困难重重的。

好在有许多古圣先贤的《老子》注疏流传了下来。"谷神不死"的"谷"，帛书本写作"浴"。"谷神"是指神仙还是指心？"不死"是本义还是比喻义？不同时代的注疏者有不同的理解。因此，学习《老子》，一定要从古圣先贤的注疏开始。

本书前两部分详细考察了老子这个人和《老子》这本书，本部分将《老子》注疏作为考察对象。

王弼注与河上公注

据统计，历代可考的《老子》注疏，大概有 500 种以上，现存 300 种左右。其中影响较大的《老子》注本，是王弼的《老子注》和河上公的《老子章句》。需要指出的是，早期的河上公本和王弼本，其正文与注文都很简洁清晰，没有字词考证，但在传抄过程中存在大量散佚、增补等现象。其原因有二：一是传抄者采用的底本不同；二是传抄者在抄写的过程中，加入了自己的思想，导致原书内容遭受篡改。

笔者读《老子》时，最倚重王弼注。王弼注中，除了包含有对天地自然和人的哲学探讨外，还包含对统治者应如何治国理政的讨论。从这个意义上说，王弼的《老子注》既是一部哲学著作，又是一部政治著作，具有超越时空的重大价值。

河上公的《老子章句》不仅解释了老子的哲学思想，还将其应用于治国、养生等方面。其最大的特点，就是将养生工夫论与治国思想紧密结合在一起，为后来道教的发展奠定了理论基础。随着老子逐渐被神化，《老子》一书也被改造成道教的宗教经典。

与天师道、上清派相比，由王重阳（1112—1170年）及其弟子创立的全真道，在教义及修持方面极力标榜"三教圆融"，自称以"太上为祖，释迦为宗，夫子为科牌"；劝导徒众诵读《道德经》《清静经》及佛教的《心经》、儒家的《孝经》。

全真道第二代掌教马钰（1123—1183年）主张"罢了高谈阔论，疏笔砚、不讲经书"，却将河上公注《道德经》列为后学理解《道德经》的"必读书"，认为"学道者不须广看经书，乱人心思，妨人道业。若河上公注《道德经》、金陵子注《阴符经》二者，时看亦不妨"。全真教对河上公注《道德经》的重视程度，由此可见一斑。

河上公注释的《道德经》，又称《老子道德经河上公章句》，简称《河上公章句》。"章句"即"离章辨句"，是汉代常见的一种注释形式，其在解释词义之外，再以分章析句的方式串讲经文大意。

道家与道教

《河上公章句》的最大特色，是将《老子》的"道论"分解为治国与养身两个实践维度。这种双重诠释框架反映出汉代黄老之学从治国之术向个人修持的演变。黄老之学将道家思想与法家思想、儒家思想等结合，强调治国实践，主张刑德并用。

道家是先秦诸子百家之一，以老子、庄子为代表，主张"道法自然""无为而治"。老子和庄子的思想虽然都属于道家一派，但侧重点有所不同：老子侧重政治治理，强调"无为而治"。庄子侧重个体精神自由，主张齐物逍遥、超脱世俗。

西汉初年，汉文帝、汉景帝以道家思想治国，推行"无为而治"的治国方略。河上公又名"河上丈人"，相传是战国末期的一位隐士，"居河之湄，著《老子章句》"。《老子章句》又称《河上公章句》，主要以汉代流行的黄老学派无为治国、清静善生的观点解释《老子》。河上公将人君作为养生之道的施教对象，将养生之道和人君的南面术联系起来，提出"治身者爱气则身全，治国者爱民则国安。治身者呼吸精气，无令耳闻也；治国者布施德惠，无令下知也。"

道教正式创立于东汉末年，其标志是太平道和五斗米道这两大教派的出现。道教是在中国古代鬼神崇拜观念的基础上，以黄老道家思想作为理论依据，承袭战国以来的神仙方术，并吸收佛教内容等发展起来的中国本土宗教。佛教作为外来宗教，在进入中国的初期，主要通过吸收道教术语和理论框架来不断扩大自己的影响力。而道教由于教义玄奥、传播保守、组织松散等原因，在与佛教的竞争中长期处于劣势。

道家的核心思想围绕"道"展开，强调自然、无为、质朴和清静，主张"道法自然""无为而治"。道教的核心思想不仅包括道家哲学中的"道"，还包含对神仙的崇拜、对灵魂不灭的信仰以及追求永生和超越死亡的修炼方法。因此可以说，道家和道教是两个不同的概念：道家是以老庄为代表的一个哲学派别，而道教是东汉形成的一种宗教实体。

在英语中，道家和道教均用"Taoism"表示，道家哲学（Philosophical Taoism）侧重于老子、庄子的思想，强调"道"（Tao）作为宇宙本源的自然规律，主张无为而治和天人合一。道教（Religious Taoism）涉及宗教实践、仪式、神祇信仰及相关文化习俗，常与佛教等其他宗教并列。"Taoism"的具体含义，需要根据上下文来确定。

佛教与道教的修行目标截然不同，佛教倡导通过修行脱离轮回之苦，最终达到"涅槃"的境界，而道教将长生久视、得道成仙作为终极目标。民众之所以信仰道教神祇，多是出于对人生不确定性的忧虑和对世俗利益的追求。由道观中悬挂的祈福牌可知，香客们的诉求主要有求财、求子、求平安、求姻缘等。文昌帝君是中国传统文化中掌管功名、禄位和文运的神祇，深受学子、文人及求学者的尊崇。

二、河上公传说

和老子的形象一样，"河上公"的形象也是融合了神秘色彩与道家思想精髓的。葛洪的《神仙传》对"河上公"的介绍是："河上公者，莫知其姓名也。"这一描述直接奠定了河上公作为隐逸仙真的形象基调。

神人河上公

据葛洪《神仙传》卷八《河上公》记载：

河上公者，莫知其姓名也。汉孝文帝时，结草为庵于河之滨，常读老子道德经。时文帝好老子之道，诏命诸王公大臣州牧在朝卿士，皆令诵之，不通老子经者，不得陞朝。帝于经中有疑义，人莫能通，侍郎裴楷奏云："陕州河上有人诵《老子》。"即遣诏使赍所疑义问之，公曰："道尊德贵，非可遥问也。"帝即嘉幸诣之，公在庵中不出，帝使人谓之曰："溥天之下，莫非王土，率土之滨，莫非王民，域中四大，而王居其一，子虽有道，犹朕民也，不能自屈，何乃高乎？朕能使民富贵贫贱。"须臾，公即抃掌坐跃，冉冉在空虚之中，去地百余尺，而止于虚空，良久，俯而答曰："余上不至天，中不累人，下不居地，何民之有焉？君宜能令余富贵贫贱乎？"帝大惊，悟知是神人，方下辇稽首礼谢曰："朕以不能，忝承先业，才小任大，忧于不堪，而志奉道德，直以暗昧，多所不了，惟愿道君垂愍，有以教之。"河上公即授素书老子道德章句二卷，谓帝曰："熟研究之，所疑自解。余著此经以来，千七百余年，凡传三人，连子四矣，勿视非人！"帝即拜跪受经，言毕，失公所在。遂于西山筑台望之，不复见矣。论者以为文帝虽耽尚大道，而心未纯信，故示神变以悟帝，意欲成其道，时人因号河上公。①

由《神仙传》的描述可知，汉文帝喜欢研读《老子》，抵触不学《老子》的人，不能列班上朝。汉文帝研读《道德经》遇疑时，侍郎裴楷建议文帝向河上公请教。文帝派使者前往黄河边的草庵询问河上公，河上公对使者说："道德是最

---

① 滕修展等注译：《列仙传神仙传注译》，百花文艺出版社，1996。

尊贵的东西，怎么能隔着老远来询问呢？"

文帝乘车来到草庵前，但河上公闭门不出。文帝派随从威胁道："普天之下，莫非王土，率土之滨，莫非王臣，你虽然有道，却仍是朕的子民，即便不能臣服于朕，为何还要自视甚高？"

河上公闻言，双掌着地，慢慢腾空而起，最后悬在离地面几丈高的半空中，俯身对文帝一行人说道："我上不着天，下不着地，中间又不牵累人世的事，怎么能算你的臣民呢？"文帝立刻下车，向河上公跪拜谢罪，称自己继承先祖的基业后，深忧难堪重任。自己虽然一心向道，但由于才疏学浅，难以明了《老子》的义旨，希望河上公指点迷津。河上公看文帝如此虔诚，便把黄石公的《素书》和自己注解的《老子道德章句》赠给了他。河上公叮嘱文帝："回去后，好好研读这两卷经书，定会茅塞顿开。一千七百多年来，这两卷经书只传过三个人，你万不可示与他人。"文帝跪受经书后，河上公旋即消失了。文帝回宫后，下令在西山修筑望仙台，自己时常到台上仰望天空，却再也没有见过仙人河上公。

在佛教典籍和道教典籍中，"悬浮示现"的故事并不少见。如《妙法莲华经·见宝塔品》记载，释迦牟尼佛将要说《妙法莲华经》时，多宝如来乘他的愿力，出现于虚空中。再如《妙法莲华经·提婆达多品》记载："文殊师利坐千叶莲华，大如车轮，俱来菩萨亦坐宝莲华，从于大海娑竭罗龙宫、自然涌出，住虚空中，诣灵鹫山，从莲华下，至于佛所，头面敬礼二世尊足。"[1] 河上公"悬浮示现"的故事，与《妙法莲华经》中的记载存在相似之处。

"溥天之下，莫非王土，率土之滨，莫非王民"，出自《诗经·小雅·谷风之什·北山》。"溥"是普遍的意思；"率"是依循、沿着的意思。这句话的意思是：普天之下，皆是王土，四海之内，皆是王臣，强调的是周天子对天下土地和臣民的绝对统治权。

文帝所谓的"域中四大，而王居其一"，出自《老子》第二十五章。"域中"指的是宇宙间。"四大"指的是道大、天大、地大、人大。这句话旨在强调君王应顺应自然规律，推行无为而治。

相传，秦汉隐士黄石公著有《素书》，全书分为六章，围绕道、德、仁、义、礼五个核心范畴展开论述，融合了道、儒、法、兵家的思想。

现存的葛洪《神仙传》版本，大多刊刻于明代。北宋李昉《太平广记》卷第十《神仙十·河上公传》的描述，与《神仙传·河上公》的描述基本一致，主要区别有二：一是李

---

[1] 藤井教公：《法华经》下，《佛典讲座 7》，大藏出版社，1992。

昉并未提及侍郎裴楷。二是李昉以"所谓圣人无常心，以百姓心为心耶"结尾。

值得注意的是，《老子道德经序诀》原题"太极左仙公葛玄造"，葛玄是葛洪的从祖父，其炼丹术和符箓法术为道教灵宝派奠定了理论基础。葛洪在继承和发展灵宝派思想的基础上，构建了更为系统的道教理论体系。

侍郎裴楷

据《晋书·裴楷传》记载，裴楷（237—291），字叔则，河东闻喜（今山西闻喜县）人，出身于著名世族"河东裴氏"。裴楷尤其精通《老子》《易经》，年少时便和王戎齐名，钟会对他和王戎的评价是："裴楷清通，王戎简要。"刘义庆《世说新语·德行》篇记载，裴楷每年都请求从梁王和赵王封国的赋税中拿出几百万钱，周济那些贫困的皇亲国戚。有人讥讽道："何必跟人乞讨钱财来施行恩惠呢？"裴楷回答道："损有余以补不足，天之道也。"裴楷的回答，化用自《老子》第七十七章的"天之道，损有余而补不足"。

《世说新语·语言》篇中记载了晋武帝即位时，"探策得一"的典故。晋武帝司马炎即位时（266年），用蓍草占卜预测晋朝国运能传承多少代，结果抽到数字"一"，预示国祚仅传一世。武帝不悦，群臣恐慌失色。侍中裴楷进曰："臣闻天得一以清，地得一以宁，王侯得一以为天下贞。"武帝听后大悦。裴楷这句话，化用自《老子》第三十九章的"昔之得一者，天得一以清，地得一以宁，神得一以灵，谷得一以盈，万物得一以生，侯王得一以为天正"。①

由此推断，葛洪《神仙传·河上公》与《世说新语》中提及的"裴楷"并非同一人，二者时代相隔四百余年。"侍郎"一职始设于东汉，且河东裴氏崛起于东汉后期。葛洪或借西晋名士裴楷的声望，将"侍郎"职务嫁接至汉代人物身上，增强故事可信度。因此，汉文帝时的"侍郎裴楷"应为虚构人物或名字巧合。

河上丈人

《史记·乐毅列传》记载了从河上丈人到汉代盖公的黄老学派传承脉络，其文曰：

> 乐臣公学黄帝、老子，其本师号曰河上丈人，不知其所出。河上丈人教安期生，安期生教毛翕公，毛翕公教乐瑕公，乐瑕公教乐臣公，乐臣公教盖公。盖公教于齐高密、胶西，为曹相国师。

---

① 正，河上公本、王弼本皆作"贞"。

由司马迁的描述可知，战国末期至汉初，黄老学派的传承脉络是：河上丈人—安期生—毛翕公—乐瑕公—乐臣公—盖公—曹参。盖公是齐胶西人，精通黄老之学。曹参是齐国丞相，采用盖公的"清静无为"思想治理齐国，其"萧规曹随"的执政理念成为汉初"黄老之治"的典范。任继愈先生曾说过："汉初黄老之学源于齐境。"

需要注意的是，司马迁既未指明河上丈人即河上公，亦未指明河上丈人传有《老子注》。《汉书·艺文志》以及其他汉代典籍中亦未发现河上丈人著《老子注》的直接记载。

竹林七贤之一的嵇康在《圣贤高士传》中指出："河上公，不知何许人也。谓之丈人，隐德无言，无德而称焉。安丘先生等从之，修其黄老业。"皇甫谧的《高士传》对"河上丈人"的描述是："河上丈人者，不知何国人也。明老子之术，自匿姓名，居河之湄，著《老子章句》，故世号曰河上丈人。当战国之末，诸侯交争，驰说之士咸以权势相倾。唯丈人隐身修道，老而不亏。传业于安期生，为道家之宗焉。"由嵇康和皇甫谧的描述可知，河上丈人是河上公的别称。

嵇康对河上公的评价是"隐德无言，无德而称"。要想理解这句话的内涵，需结合《老子》的文本。《老子》第九章曰："持而盈之，不如其已。"王弼注曰："持，谓不失德也。既不失其德又盈之，势必倾危。故不如其已者，谓乃更不如无德无功者也。"王弼意在强调，过度作为（如刻意追求或标榜道德）反而比无为更加危险。《老子》第三十八章曰："上德不德，是以有德；下德不失德，是以无德。上德无为，而无以为也；下德为之，而有以为。"意谓上德之人顺应自然，不刻意标榜德行；而下德之人刻意追求不失德，反而失去德的本质。因此可以说，"无德"是一种超越外在形式、自然流露的道德状态。

三、君主治国与治身——《老子》第一章河上公注

道家的还是道教的

河上公在注解《老子》第一章时，将圣人治国与养神（修心）紧密结合，将个人修养与政治哲学熔铸于道家"道法自然"的框架内。

《老子》第一章曰：

> 道可道也，非常道也。
>
> 名可名也，非常名也。

无名，万物之始也；

有名，万物之母也。

故恒无欲也，以观其妙；

恒有欲也，以观其所徼。

两者同出，异名同谓。

玄之又玄，众妙之门。

第一章是整部《老子》的纲领，集中阐述了老子哲学思想的核心概念"道"。老子认为，"道"是宇宙万物的本源和运行规律，具有生成万物的能力。"名"代表事物本身的称谓或形态，是人们对事物本质的认知延伸。换言之，"道"是抽象规律，"名"是具体事物。如四季更替是"道"，而"春""夏""秋""冬"是"名"。

"玄之又玄，众妙之门"这句话，是老子对"道"的本质特征的经典描述。"道"是深奥难测的，需通过"常无欲观其妙，常有欲观其徼"的双重观照，在"有""无"的辩证中体认其玄妙之处。

《老子》第一章河上公注

河上公对《老子》第一章的注解是：[①]

　　道可道——谓经术政教之道也。

　　非常道——非自然生长之道也。常道当以无为养神，无事安民，含光藏晖，灭迹匿端，不可称道。

　　名可名——谓富贵尊荣，高世之名也。

　　非常名——非自然常在之名也。常名当如婴儿之未言，鸡子之未分，明珠在蚌中，美玉处石间，内虽昭昭，外如愚顽。

　　无名，天地之始——无名者谓道，道无形，故不可名也。始者道本也，吐气布化，出于虚无，为天地本始也。

　　有名，万物之母——有名谓天地。天地有形位，有阴阳，有柔刚，是其有名也。万物母者，天地含气生万物，长大成熟，如母之养子也。

　　故常无欲，以观其妙——妙，要也。人常能无欲，则可以观道之要，要谓一也。一出布名道，赞叙明是非。

---

　　① 本部分内容，转引自王卡点校:《老子道德经河上公章句》，中华书局，1993。

常有欲，以观其徼——徼，归也。常有欲之人，可以观世俗之所归趣也。

此两者，同出而异名——两者，谓有欲无欲也。同出者，同出人心也。而异名者，所名各异也。名无欲者长存，名有欲者亡身也。

同谓之玄——玄，天也。言有欲之人与无欲之人，同受气于天也。

玄之又玄——天中复有天也。禀气有厚薄，得中和滋液，则生贤圣，得错乱污辱，则生贪淫也。

众妙之门——能知天中复有天，禀气有厚薄，除情去欲守中和，是谓知道要之门户也。

道

河上公指出，"道可道"即"经术政教之道"，但非常住的自然生长之道。所谓"经术政教"，就是以儒家经典为蓝本，融合制度与教化的治理范式。在河上公看来，儒家经术并非常道，道家的"自然生长之道"才是常道。道家的主要特征是"以无为养神，无事安民，含光藏晖，灭迹匿端"。

所谓"自然生长之道"，就是宇宙万物皆按照其自身的规律和本性去发展、变化。通过不合理的方法来追求长生，并非自然生长之道。道教为了追求长生不老、肉身成仙，发明了一整套修炼方法。由此可见，道家和道教的核心主张是不同的，道家主张顺应自然、清静无为，而道教追求长生不老、肉身成仙。

在道家体系中，圣人的地位次于"真人"（先天得道者）和"至人"（忘我逍遥者），故"当以无为养神"，达到与道融为一体的境界。所谓"以无为养神"，具体指的是"除情、去欲、守中和"。

道家圣人除了"以无为养神"外，还当"以无事安民"。这里的"无事"，就是消除繁杂政令对百姓的过度束缚，废除百姓的苛捐杂税与沉重徭役，使百姓获得自然发展的空间。

道家圣人通过"无为养神"实现内在精神升华，再以"无事安民"达成外在治世和谐，二者构成"内圣外王"的完整实践体系。其中，"无为养神"是道家圣人自我修为的根基，确保其能践行"无事安民"；"灭迹匿端"则是二者协同的理想结果，彰显"道法自然"的终极境界。

道家圣人的养神之道

道家圣人是如何"以无为养神"的呢？《老子》第十三章曰："故贵以身为天下，若可以托天下矣；爱以身为天下，若可以寄天下矣。"意谓只有把天下看得和自身生命同等宝贵的人，才配掌管天下；只有爱天下如同爱自己生命的人，才值得托付天下。在老子看来，"贵身"（重视自身）与"爱身"（关爱自身）是治理天下的基础。

前文已述，《老子》中的"自然"，并非指现代语境中的自然界或自然现象，而是强调事物应遵循自身特性自发运行，无需外在强制或人为干预。与"自然"相对立的，是人为干预、人为造作。换言之，"自然"是一种不同于"人为"而又高于"人为"的状态，是事物按照自身特性而自生、自长、自成、自衰、自灭的过程。

道家圣人一方面"以无为养神，无事安民"，另一方面"处无为之事，行不言之教"，使天下清明，风俗淳厚，百姓安居乐业。

名

道家和儒家对"名"的态度截然不同。河上公以"经术政教之道"为可道之道，以"富贵尊荣高世之名"为可名之名。经术政教和闻名于世都是儒家的重要主张。与之相对，河上公以"自然生长之道"为非常之道，以"自然常在之名"为非常之名。常名"如婴儿之未言，鸡子之未分，明珠在蚌中，美玉处石间，内虽昭昭，外如愚顽"。其中，"婴儿未言"象征未经人为造作的本真状态；"鸡子未分"比喻阴阳未判的混沌状态；外在的"愚顽"对应"灭迹匿端"的修道要求；内在的"昭昭"体现"含光藏晖"的修行境界。因此，真正的"常名"应超越语言概念，回归无名之朴的原始状态。

《老子》第七十章曰："知我者希，则我者贵。是以圣人被褐而怀玉。"这是老子对圣人的经典描述，意谓圣人往往因思想超前或境界高远，而不被时人理解，如美玉藏于粗衣，不为人识。

河上公对《老子》的注解，主要反映了战国至秦汉时期黄老思想的演变与核心主张，强调治国与治身之道相通，二者都应效法自然，通过无为养神的方式，达到长生久视与天下太平。

《老子》第一章王弼注

王弼对《老子》"道可道，非常道。名可名，非常名"的注解是：

> 可道之道，可名之名，指事造形，非其常也。故不可道，不可名也。

"指事造形"源于汉字六书理论，指通过象征性符号或象形字添加抽象标记来表达概念。王弼意在强调，"可道""可名"者皆属具体形态的有限表达。《周易·系辞传上》云："在天成象，在地成形，变化见矣。"韩康伯注云："象，况日月星辰；形，况山川草木也。"即"形"象征着山川、草木等地上可见的自然实体，以此阐释天地变化的对应关系。

在王弼看来，可通过言语描述的道和名称（"可道之道"与"可名之名"），仅适用于具体事物，而真正的本体（"常道"）是无法用言语描述或命名的。与河上公注相比，王弼注更加简洁易懂。

天地万物

关于无名、有名与天地万物的关系，河上公对"无名，天地之始；有名，万物之母"的注解是：

> 无名者谓道，道无形，故不可名也。始者道本也，吐气布化，出于虚无，为天地本始也。有名谓天地，天地有形位、有阴阳、有柔刚，是其有名也。万物母者，天地含气生万物，长大成熟，如母之养子也。

河上公认为，"有名"这个称谓就是指天地本身；天地之所以能被称作"有名"，是因为它们具备形位、阴阳、柔刚这些具体可感知、可名状的特质。"阴阳"是对自然界相互关联的事物或现象，或同一事物内部相互对立的两个方面的属性的概括。"刚柔"原指阴阳、昼夜、强弱等对立统一概念，后延伸为宽严相济的处世原则。中国古人以天干地支相配计日，以天干奇数为刚日，偶数为柔日。

《老子》第二十五章曰：

> 有物混成，先天地生。寂兮寥兮，独立而不改，周行而不殆，可以为天地母。吾不知其名，强字之曰道，强为之名曰大。大曰逝，逝曰远，远曰反。故道大，天大，地大，人亦大。域中有四大，而人居其一焉。人法地，地法天，天法道，道法自然。

这段话的大意是：有一个混然一体的东西，在天地形成以前就已经存在。它无声无形，寂静而空虚，不依靠任何外力而永远存在，不停地循环运行，可以作为天下万物的根本。我不知它的名字，勉强称之为"道"，再勉强形容它为"大"。它广大无边而运行不息，运行不息而伸展辽远，伸展辽远而返归本原。所以说道大、天大、地大、人也大。宇宙间有四大，而人是其中之一。人效法地，地效法天，天效法道，而道纯任自然。

"人→地→天→道→自然"深刻揭示了宇宙间万物运行的规律，以及人与自然、宇宙之间的内在联系。所谓"自然"，非指自然界，而是"自己如此"的本然状态。人、地、天都是由"道"生化而成的，"道"就是"万物之母"。

与王弼注的对比

王弼对"无名，天地之始。有名，万物之母"的注解是：

> 凡有皆始于无。故未形无名之时，则为万物之始；及其有形有名之时，则长之育之，亭之毒之，为其母也。言道以无形无名，始成万物。以始以成，而不知其所以，玄之又玄也。

这段话的大意是：一切具体的存在都起源于"无"。因此，在万物还没有形成具体形态、还没有被赋予名称的时候，"道"就是万物的初始本源；等到万物形成了具体的形态、有了各自的名称之后，"道"就作为母体滋养它们，养育它们，使它们安定成长，使它们趋于成熟。所以说，"道"凭借着无形无名的特性，成为万物生成与发展的起始。"道"既是万物的开端，又是万物形成的根源。人们无法得知"道"运作的具体原因和方式，"道"真是深邃难知啊！

对比上文河上公对"无名,天地之始。有名,万物之母"的注解可知,河上公的注文简明清晰,意境空灵,多引用黄老道家术语解释"道"的生成作用。王弼的注文善用玄学概念,将"道"与"无"等同,由此提出"以无为本"的玄学思想。

无欲和有欲

河上公将"故常无欲,以观其妙"之"妙",解作"要",又将"要"解作"一"。《老子》第十四章曰:

> 视之不见,名曰夷;听之不闻,名曰希;搏之不得,名曰微。此三者不可致诘,故混而为一。其上不曒,其下不昧。绳绳兮不可名,复归于物。是谓无状之状,无物之象,是谓惚恍。

这段话的大意是:看它看不见,称其为"夷"。听它听不到,称其为"希"。摸它摸不着,称其为"微"。这三者的形象难以区分开来,是浑然一体的。它的上面显不出明亮,它的下面也显不出阴暗晦涩。它连绵不断,无法用言语形容,最终又回归于无形无相的本源。这就是没有形状的形状,不见实物的形象,称之为"恍惚"。

《老子》第三十九章曰：

> 昔之得一者：天得一以清；地得一以宁；神得一以
> 灵；谷得一以生；侯得一以为天下正。

老子通过"一"与天地万物的关联，揭示了"道"作为宇宙根本法则的统摄性。这里的"一"，指代"道"，即宇宙万物的根本规律和原则。其中，"侯王得一以为天下贞"意谓统治者若能持守"道"的精神（"得一"），便能成为天下人依赖的基石（"天下贞"）。

《老子》第二十二章曰："是以圣人抱一为天下式。"河上公释曰："抱，守也；式，法也。圣人守一，乃知万事，故能为天下法式。"河上公强调的是圣人以无为之心顺应自然，摒弃自我偏执，从而成为天下的法则与范式。

关于"常有欲，以观其徼"，河上公的注解是："徼，归也。常有欲之人，可以观世俗之所归趣也。"王弼的注解是："徼，归终也。凡有之为利，必以无为用。欲之所本，适道而后济。故常有欲，可以观其终物之徼也。"不难看出，河上公的注文主要立足于修身视角，强调从具体生命体验中领悟大道。王弼的注文主要立足于本体论视角，强调具体事物（"有"）必须依托抽象规律（"无"）才能发挥作用。

除情去欲守中和

河上公对"众妙之门"的注解是:"能知天中复有天,禀气有厚薄,除情去欲守中和,是谓知道要之门户也。"这里的"禀气有厚薄",指人先天禀受天地之气存在差异,禀气中和则生贤圣,错乱则生贪淫。"除情去欲守中和"指去除私欲情感,持守中庸平和的状态,以回归本源之道。"除情去欲守中和"和"以无为养神"共同构成了道家修身的完整体系:先以"除情去欲"扫除障碍,再通过"无为"实现神形相守。

《老子》中的"欲"字,均指对物质、名利等超出基本生存需求的过度追求,并非指"情欲"。"情欲"作为复合词,首见于战国后的文献。如《吕氏春秋》明确提出"天生人而使有贪有欲"。《荀子》中的"性情欲",指的是人性中与生俱来的生理本能、情感反应和欲望需求。《庄子·天下》篇中的"情欲寡浅",是宋钘、尹文学派的核心主张之一,强调减少个体欲望对心性的干扰,以保持内心的平和与专注。

"情欲"作为复合词,首见于《吕氏春秋·仲春纪·情欲》篇。该篇的核心主张是:"天生人而使有贪有欲,欲有情,情有节。圣人修节以制欲,故不过行其情也。"意谓天生人而使他有贪心有欲望。有欲则有情,情则需要节度来制约。由此可见，河上公提出的"除情去欲守中和"养生思想，主要受到了道家思想和黄老学说的影响。

由《河上公章句》第一章的内容可知，河上公对《老子》的注解，充分体现了道家思想中君主养神的核心观念，强调君主应注重内心的清静无为，通过去除欲望以养神。

第二章　君主的养神与情欲

一、学习与情欲——《老子》第四十八章河上公注

《老子》第四十八章

《老子》第四十八章通过对比"为学"与"为道"的差异，阐述了修学者与修道者的不同追求。其文曰：

> 为学日益，为道日损。损之又损，以至于无为。无为而无不为。取天下常以无事，及其有事，不足以取天下。

这段话的大意是：求学的人，学问一天比一天增加。求道的人，私欲一天比一天减少。私欲减少又减少，就达到了

"无为"的境地。"无为"表面上没有作为，实际上却无所不为。治理天下应当靠无为清静，等到政令繁苛时，反而不足以治理好天下了。

在老子生活的春秋时期，贵族子弟需系统学习《诗》《书》《礼》《乐》等周代文献，需掌握礼、乐、射、御、书、数六种基本技能。这些知识和技能，会随着学习过程的增多而增长。

与追求知识与技能的"日益"相反，求道是一个"日损"的过程。它强调通过逐步剥离外在的、干扰本真的束缚，回归内在的纯净与自然。需要注意的是，"损"的对象包括情欲、主观成见及巧智机心。"损"的最终目标是通达"无为"之境。河上公对"无为"的注解是去除私欲后的纯粹自然状态，非消极不为，而是不妄为。

"无为而无不为"是道家的核心世界观，出自《老子》第三十七章的"道常无为而无不为"及第四十八章的"无为而无不为"。其中，"无为"的本质是顺应自然，不妄为。"无不为"是"无为"的终极效果，而是指当行为完全契合自然规律时，万物将在不受干预的状态下自发达成和谐的结果。由此可见，"无为"是方法，"无不为"是结果。"无为而无不为"意谓通过不妄为（无为），反而能成就一切事业（无不为）。道家的圣人就是以"无为而无不为"为核心处世原则的。

如果说"为学日益"是儒家的追求，那么，"为道日损"就是道家的追求了。

《老子》第四十八章河上公注

河上公对"为学者日益"的注解是：

> 学谓政教礼乐之学也。日益者，情欲文饰日以益多。

河上公释"道可道，非常道"的第一个"道"字为"谓经术政教之道也"。"经术政教"与"政教礼乐"均是儒家思想体系中的重要组成部分。儒家肯定人的基本情欲，但更强调以礼义约束过度的情欲。荀子认为，情欲虽然是人的自然天性，但若放任情欲无度，必然会导致社会混乱。因此，他主张通过礼义法度对情欲进行合理的节制与引导，使情欲既得到满足，又不超越社会规范。

河上公将"日益"释作"情欲文饰日以益多"，隐含着对儒家礼乐教化的批判。

儒家经典中的"文"

在儒家经典中，"文"除了有"花纹"之义外，还有"文化"之义。如《论语·八佾》篇记孔子之言曰:"周监于二代,郁郁乎文哉! 吾从周。"《论语·子罕》篇记孔子之言曰:"天之将丧斯文也,后死者不得与于斯文也;天之未丧斯文也,匡人其如予何!"两段引文中的"文"字,均为"文化"之义。

"文"的甲骨文字形是𡙕,《汉字源流字典》明确记载其本义为刻画纹饰①。"断发文身"是远古至秦朝时期南方百越地区居民的生活风尚。儒家认为:"身体发肤,受之父母,不敢毁伤,孝之始也。"(《孝经·开宗明义》)"文身"既是对父母恩情的不孝和不敬,也是对自己身体的不爱惜和不尊重,故对其持反对态度。

儒家提倡"文以载道,文以化人",即用文章来表达、传递真理,用文化来教化、感化民众。从这个意义上来说,"文"是"经术政教"与"政教礼乐"的重要组成部分。

河上公的"道"

河上公对"闻道者日损,损之又损,以至于无为,无为而无不为也"的注解是:

---

① 谷衍奎编:《汉字源流字典》,华夏出版社,2003。

"道"谓之自然之道也。日损者，情欲文饰日以消损。损之者，损情欲也。又损之者，所以渐去之也。当恬淡如婴儿，无所造为也。情欲断绝，德与道合，则无所不施，无所不为也。

在这里，河上公明确指出"损"的对象就是情欲，"损"的最终目标是"当恬淡如婴儿，无所造为也"。在《老子》中，婴儿天真无邪、无知无欲的特质，象征"自然无为"的"道"的境界。如《老子》第二十八章的"复归于婴儿"，就是倡导回归人性未被世俗沾染的淳朴本根。

河上公对"无为而无不为"的注解是："情欲断绝，德与道合，则无所不施，无所不为也。"这一注解充分体现了道家君主的最高境界。意谓道家君主通过虚静工夫来消解情欲，达到"德与道合"的境界后，便能顺应自然规律行事。这一注解将君主修养与治国实践结合起来，主张通过内在超越实现外在行为的和谐统一。

二、人人有情欲——《老子》第三十二章河上公注

始制有名

即便是君主也要通过消解情欲，才能达到"德与道合"的境界，何况是其他人呢？《老子》第三十二章以"道常无名"为核心，批判了过度追求名利与人为造作的危险性，提倡回归清静无为的状态。我们以王弼注等为依托，对该章的内容进行解析。

①王弼注"道常无名，朴虽小，天下莫能臣也"曰：

> 道无形不系，常不可名。以无名为常，故曰"道常无名"也。朴之为物，以无为心，亦无名。智者能臣，勇者武使，朴则愦然不偏，近于无有，故天下莫能臣。

这段话的大意是："道"永远是无名而质朴的，它虽然微小不可见，天下没有谁能使它服从自己。王侯如果能够依照"道"的原则治理天下，百姓们将会自然地服从于他。天地间阴阳之气相合，就会降下甘露，人们不必指使它而会自然均匀。

②王弼注"譬道之在天下，犹川谷之于江海"曰：

> 川谷之与江海，非江海召之，不召不求而自归者也。行道于天下者，不令而自均，不求而自得，故曰"犹川谷之与江海"也。

关于①，王弼注与河上公注基本相同。关于②，河上公的注解是："譬言道之在天下，与人相应和，如川谷与江海相流通也。"河上公以"江海容纳川谷"比喻道涵养万物，侧重道的养育功能。而王弼将"江海"视为"无"的象征，强调"道"具有"无为而万物自化"的超然性。

河上公对"始制有名"的注解是：

> 始，道也。有名，万物也。道无名能制于有名，无形能制于有形也。

河上公将"始"释作"道"，将"有名"释作"万物"，指出万物之名皆源自"道"的创生。"道"在本质上是无名与无形的，却具有统摄万物的能力。

王弼对"始制有名"的注解是：

始制，谓朴散始为官长之时也。始制官长，不可不立名分以定尊卑，故始制有名也。过此以往，将争锥刀之末，故曰"名亦既有，夫亦将知止"也。遂任名以号物，则失治之母也，故"知止所以不殆"也。

王弼将"始制"释作"朴散始为官长之时也"，指原始的纯朴状态离散后，社会进入制度初创期，需设立官长管理事务。如此一来，王弼就通过"朴散→立名→知止"三阶段模型，将"始制有名"转化为对制度本质的深刻洞察：名分是必要工具，但唯有恪守边界（"知止"），方能避免"失治之母"（背离道的根本）。

河上公对"名亦既有"的注解是：

既，尽也。有名之物，尽有情欲，叛道离德，故身毁辱也。

河上公将"既"释作"尽"，并加入了《老子》文本中没有的"情欲"。在河上公看来，被世俗推崇的名利往往会激发人的欲望，如果过度追逐名利、欲望，就会因违背道德准则而走向自我毁灭。

是"天"还是"夫"，是"之"还是"止"

"名亦既有"下句，王弼本作"夫亦将知止"，河上公本作"天亦将知之"。两人的注文有两处不同：王弼本的"夫"字，河上公注本写作"天"；王弼本的"止"字，河上公注本写作"之"。

河上公对"天亦将知之"的注解是："人能法道行德，天亦将自知之。"意谓人的行为与天地规律相合时，会得到自然的庇佑。结合前文的"有名之物，尽有情欲，叛道离德，故身毁辱也"来看，去除情欲是"法道行德"的前提条件。河上公在注解《老子》第四十八章的"无为而无不为"时明确指出，道家君主要想达到"无为而无不为"的境界，就要"情欲断绝，德与道合"。

河上公对"知之所以不殆，知之不殆，可以长久"的注解是："天知之，则神灵佑助，不复危殆。"河上公的意思是：当某人效法天道、躬行德政时，上天便会知晓其事，在神灵的护佑下，其必定会脱离危险。

因此可以说，河上公注本的"天亦将知之""知之所以不殆"，是以"天人感应"说来注解《老子》第三十二章的。与王弼本的"夫亦将知止""知止所以不殆"相比，河上公的注文更加贴合《老子》的意旨。

河上公对《老子》第三十二章的注解要点如下：

名亦既有：既，尽也。有名之物，尽有情欲，叛道离德，故身毁辱也。

天亦将知之：人能法道行德，天亦将自知之。

知之所以不殆：天知之，则神灵佑助，不复危殆。

不难看出，河上公将节制情欲视作修身养神的核心要义。君主若是断绝情欲，则无所不施，无所不为也；若是尽有情欲，则叛道离德，身毁辱也。

王弼的再次解释

王弼对"名亦既有，夫亦将知止，知止可以不殆"的注解是：

> 过此（始制有名）以往，将争锥刀之末，故曰"名亦既有，夫亦将知止"也。遂任名以号物，则失治之母也，故"知止所以不殆"也。

王弼注文中的"锥刀之末"，出自《左传·昭公六年》中的"锥刀之末，将尽争之"，本义指锥尖刀刃般细微的末端，这里比喻细枝末节的名利。所谓"任名以号物"，指随意使用名称来标记和定义事物。王弼认为，在原始状态下，人们无知无欲，归于"朴"或"真"，后来"真"散了，于是"百行出，殊类生，圣人因其分散，故为之立官长"。而"始制官长，不可不立名分以定尊卑"。但若放任名分膨胀，将背离道的质朴本性。因此，唯有"知止"（避免过度追逐名利或扩张权力），才能回归道之根本。

综上所述，王弼在注解《老子》第三十二章时，主要从本体论和政治哲学的角度阐释了"道"的无名本质及"无为而治"的治国思想。而河上公注则着重阐述了节制情欲对道家君主修身养神的重要影响：断绝情欲，便可无所不施，无所不为；尽有情欲，必然导致身毁国亡。

三、断绝情欲的最高境界——以《庄子》为线索

使心中空虚

河上公对《老子》第十六章"至虚极"的注解是：

> 得道之人，捐情去欲，五内清静，至于虚极。

其中，"五内"指五脏六腑。据《三国志·蜀志》记载，杨仪性情急躁，胸襟狭窄，"怨愤形于声色，叹咤之音发于五内"。"捐情去欲"指舍弃世俗的情感和欲望，与《庄子·山

木》中的"洒心去欲"同义。"至于虚极"指得道之人通过摒弃情欲扰动，使身心回归本源清明的状态。

"虚极"的"虚"，描述的是心境空明无碍的本然状态。道家认为，唯有将心灵净化至毫无执念的极致虚空，方能与"道"相通。《老子》中的"虚"字共出现五次，多指向心境空明。如第三章的"虚其心，实其腹，弱其志，强其骨"，第五章的"天地之间，其犹橐龠乎？虚而不屈，动而愈出"，第十六章的"致虚极，守静笃"。

在《庄子》一书中，"虚"既是应对乱世的生存智慧，也是治国理政的政治哲学。如《庄子·人间世》曰："气也者，虚而待物者也。唯道集虚。虚者，心斋也。"所谓"唯道集虚"，意谓"道"只能集于清虚之气中。

虚者，心斋也

据《庄子·人间世》记载，颜回向孔子请教游说卫国国君的方法时，主张以"端而虚，勉而一"的德行感化对方。孔子认为，卫君刚愎自用，且臣民慑于其威严不敢直言，即使颜回做到了"端而虚，勉而一"，卫君也不会真正反思或改变。面对孔子的质疑，颜回又提出了"内直而外曲，成而上比"的策略，但孔子认为，强行劝谏反而会招致祸端。颜回实在想不出更好的方法了，请孔子指点迷津。孔子让颜回

先做到"心斋"。颜回又问如何才能做到"心斋",孔子的回答是:

> 若一志,无听之以耳而听之以心;无听之以心而听之以气。听止于耳,心止于符。气也者,虚而待物者也。唯道集虚。虚者,心斋也。

由孔子对"心斋"的描述可知,所谓"心斋",就是在心志专一的前提下,通过"耳止""心止""气道""集虚"等修炼步骤,最终达到虚静空明的境界。

孔子的"一志"与颜回的"勉一"的具体内涵不同。颜回的"端而虚,勉而一",就是用端正、虚心、勤勉、专一的态度劝说卫君。孔子所说的"一志",是使心境达到虚静纯一的状态。

"听之以耳"指用感官来认知事物。"听之以心"指通过内心来觉知和体察事物的本质。"听之以气"指通过"气"的虚静状态超越感官与思维,达到与万物相融的境界。因此可以说,从"听之以耳"到"听之以心"再到"听之以气",就是从感性认识到理性认识再到悟性认识的跃升。

在中国古代哲学中,"气"是一种充塞于宇宙之间的无形而运动不息的极细微物质,也是宇宙万物生成和变化的根本要素。需要注意的是，"气也者，虚而待物者也"之"气"，并非物质之气，而是指一种虚静空明的心境状态。这种状态能容纳万物本真，使"道"得以显现。

"听止于耳"意谓耳朵的功用只是听见声音；"心止于符"意谓心的功用只是与外物契合。"听止于耳，心止于符"意谓摒弃感官干扰和心智执着，使心境"虚而待物"。

"唯道集虚"的"虚"，指代虚无空明的心境，因此"唯道集虚"意谓唯有当心灵达至虚无空明的状态时，方能与道相合。最后，庄子借孔子之口提出了"心斋"的概念："虚者，心斋也。"即心灵虚静空明的状态，便是"心斋"。

虚室生白

颜回听完孔子对"心斋"的阐述后，接着问道："在未聆听心斋教诲之前，实实在在感觉到'颜回'这个自我的存在；聆听心斋并运用它时，就感觉不到'颜回'这个自我的存在了。这可以称作'虚'吗？"孔子点点头说："你领悟得很透彻了。"然后，孔子告诉颜回通过"心斋"达到"虚室"状态的修养方法，那就是"入游其樊而无感其名。入则鸣，不入则止。无门无毒，一宅而寓于不得已"。用现代的话来说，就是主动融入卫国的政治环境但不为名利动摇；建言需审时度势，对方能接纳才发声；不刻意钻营门路，不强行推销自己的主张。

"一宅而寓于不得已"之"一",形容精神高度凝聚、无杂念的状态;"宅"喻指心灵居所;"一宅"喻指心灵安守本位,保持虚静专一。在道家哲学中,"不得已"是"无为"的具体表现,强调在客观条件约束下的顺势而为。如《人间世》中的"托不得已以养中",意为通过顺应自然规律("不得已")来涵养内心的中和状态。以此类推,"一宅而寓于不得已"意为将心神全然寄托于无法改变的境遇中,顺势而为。如颜回进谏卫君前,需以"心斋"来净化执念("一宅"),再依君主反应决定进止("寓于不得已")。

孔子对"心斋"境界的描述是:

> 瞻彼阒者,虚室生白,吉祥止止。夫且不止,是之谓坐驰。夫徇耳目内通而外于心知,鬼神将来舍,而况人乎!

"虚室生白"中的"虚室",比喻心境澄明的状态。"生白"象征空明心境自然生发的智慧与悟性之光。"吉祥止止"意谓当心灵虚静时,祥和将自然降临。"坐驰"指形坐而神驰,也就是身在此而心在彼。这段话的大意是:当心灵如同空屋般澄明时,智慧之光自然显现;当心灵达到清静无为的状态后，祥瑞自然汇集。如果心念不止，则就是坐驰。通过内收感官与外弃心智的双向工夫，就可进入"虚室生白"的澄明之境。只要进入"心斋"境界，鬼神尚且前来依附，何况凡人呢？

《黄帝内经·灵枢》明确指出，心是主宰全身脏器的器官，并且能够产生出精神与思维。脑是髓聚集之地，而髓是由肾精转化而来的。道家认为，肾主骨，生髓，并通于脑，是生殖、发育的根源。还精补脑是道家保持元气的养生延年之术。

中国古人将心脏比作神明居住的"宫室"。如《黄帝内经》称心为"君主之官，神明出焉"。庄子以"虚室"喻指涤除杂念后心境澄明的状态，是很自然的。

何为白——《淮南子》高诱注

除《庄子》外，《淮南子·俶真训》也以"虚室生白"形容心境澄明的状态。《淮南子》原名《淮南鸿烈》，是由汉高祖刘邦之孙、淮南王刘安召集门客集体撰写而成的，东汉高诱注称"其旨近老子淡泊无为"。该书以道家的"道"论为根基，兼容儒、墨、法、阴阳等百家精华，胡适评其为"集道家之大成"。

《原道训》作为《淮南子》的首篇，承继并拓展了《老子》的思想体系。而《俶真训》作为《淮南子》的第二篇，是对《庄子》核心范畴的进一步诠释，其在阐述"无用之用"的辩证智慧时指出："由此观之，用也必假之于弗用也。是故虚室生白，吉祥止也。"其中，"虚室生白，吉祥止也"一句，化用自《庄子》的"虚室生白，吉祥止止"。高诱对"虚室生白，吉祥止也"的注解是：

> 虚，心也；室，身也；白，道也。能虚其心以生于道，道性无欲，吉祥来止舍也。

高诱将"白"释作道心；将"生白"释作产生纯洁的道心；将"虚室生白"释作通过心灵的空虚与纯净，能够生发出纯洁的道心。除高诱外，成玄英也将"白"释作"道"。

何为白——《庄子》崔撰注等

西晋司马彪对《庄子·人间世》中的"虚室生白"的注解是：

> 室，比喻心，心能空虚，则纯白独生也。

司马彪以房间比喻心灵，以"空虚"比喻清静无杂念的心境，以"纯白"比喻澄澈明朗的悟道状态。与高诱的注解相比，笔者更倾向于司马彪的注解。

东晋崔撰的《庄子注》对"虚室生白"的注解是："所谓白，是日光照耀之处。"崔撰以物理之光喻道境之明，充分体现了汉魏注疏以具象释玄理的时代特色。

唐代成玄英疏"瞻彼阕者，虚室生白，吉祥止止"曰：

> 观察万有，悉皆空寂，故能虑其心室，乃照真源，而智惠明白，随用而生。白，道也。

唐初，佛道二教围绕"道法自然"发生了激烈的争论，成玄英借佛教般若中观法门，阐扬《老子》"玄之又玄"的重玄之旨。不难看出，成玄英对"虚室生白"的注疏，明显受到了佛教思想的影响。成玄英这段注疏的大意是：当观察到世间万物的本质都是空无寂静的，就能深入观照自己的内在心性，从而照见宇宙的真实本源。此时智慧清明澄澈，随缘应机自然生发。所谓的"白"，就是"道"的体现。

综上所述，关于"虚室生白"之"白"的内涵，可谓仁者见仁，智者见智。其实不管是指"纯白"也好，还是指"日光"也好，"道"也好，都是注释者依据《庄子》文本做出的解释。

白色是透明之义吗？

笔者倾向于认为，"虚室生白"之"白"为透明之义。"白"的本义是白色，白色通常具有明度强、亮度高的特点，由此引申出透明之义。

《左传·僖公二十四年》记载了晋公子重耳为了表白不辜负子犯，誓曰："所不与舅氏同心者，有如白水"，并且"投其璧于河"的故事。其文曰：

> 二十四年春，王正月，秦伯纳之。不书。不告入也。及河，子犯以璧授公子，曰："臣负羁绁，从君巡于天下，臣之罪甚多矣。臣犹知之，而况君乎？请由此亡。"公子曰："所不与舅氏同心者，有如白水！"投其璧于河。

中国古人认为，山川是天地之气所聚，是神灵所居。据《山海经》记载，最早的黄河河神为河伯，河伯也是中国民间最有影响力的河流神。春秋战国时期，中原地区的诸侯常常祭祀黄河，以结盟、立誓或祈求战争胜利等。

僖公二十四年（公元前 636 年），公子重耳在秦穆公的帮助下回到晋国。一行人来到黄河岸边（今陕西省和山西省之间的龙门渡）时，管行李的壶叔将吃剩的饭菜、穿过的旧衣破鞋全部弄到船上。重耳哈哈大笑说："现在我回晋国做国君，要什么有什么，还要这些破烂干嘛？"让随从将剩饭和破衣烂鞋全部扔回岸边。狐偃（重耳的舅舅狐偃，字子犯）见状，双手奉上秦穆公赠送的一对玉璧，跪在重耳面前说道："这些年来，我跟随您流亡辗转各国，犯下的过错实在太多了。连我自己都知道这些罪过，更何况是您呢？请您允许我离开吧。"重耳一听，当场将玉璧投入黄河之中，与狐偃盟誓道："如不与舅氏同心，有如白水。"然后，重耳亲自把扔在岸边的东西捡起来，带回晋国。

"有如……"为古代誓词常用格式，这里的"有如"并非比喻，而是引证神明作誓，强调誓言的不可更改。"有如白水"意为誓言如白水般永恒不变。"白水"本指澄澈的河流，这里指代黄河。由此推测，在这个时候的黄河，还是澄澈的。《左传·襄公八年》记载，郑国子骄引用《周诗》"俟河之清，人寿几何"，表达对时局无奈的感慨。结合《左传》的两处记载来看，僖公二十四年（公元前636年）时黄河的水质还是清澈的，到了襄公八年（公元前597年），其水质已经逐渐浑浊了。

再举一个例子。《管子·水地》篇在描述水之德性时指出："夫水……视之黑而白，精也。"《管子注》[①] 对这句话的注解是："视其色虽黑，及挥扬之则白，如此者精也。"意谓水静止时看似黑色，但一旦被搅动或扬起，便显露出洁白透明的本质，强调水具有纯粹、精微的特质。

通常认为，水是蓝色的，而在中国传统的五行理论中，水行与冬季相应，方位为北，味道为咸，颜色为黑。黎翔凤在《管子校注》中指出，"视之黑"指水在静止或深邃状态下呈现的幽暗外观（如深潭、夜晚之水），而"白"则强调其本质的纯净透明，"黑"与"白"的视觉矛盾揭示了水具有超越表象的内在纯粹性。《楚辞·橘颂》中的"精色内白"，表达了同样的意思。[②]

"精色内白"出自《楚辞·橘颂》的"精色内白，类任道兮"。"精色"指橘皮色泽鲜明光亮，"内白"指果肉洁白纯净。屈原以橘树"精色内白"的特质，象征士人"苏世独立，横而不流"的操守，强调在浊世中保持内在纯净与精神独立的重要性。

综上所述，笔者认为"虚室生白"指的是心灵处于纯净、清澈、透明的状态。

---

① 南宋晁公武《郡斋读书志》卷十一称，《管子》注本存在两种说法：一是房玄龄所作，二是尹知章所作。

② 黎翔凤撰，梁运华整理：《管子校注》，中华书局，2004。

四、心灵空虚，神就会栖身

《管子·心术上》篇

《庄子·人间世》篇的"虚室生白，吉祥止止……鬼神将来舍"，在《管子·心术上》篇中相应的表述是："虚其欲，神将入舍，扫除不洁，神乃留处。"

《管子》托名春秋时期齐国名相管仲所作，实则成书于战国中后期，是由稷下学宫的学者整理编纂而成的，是一部稷下黄老道家学派的文献汇编。《心术》《白心》《内业》合称"管子四篇"，系统阐述了黄老道家修身养性的思想体系，其核心在于通过精神修炼调和身心、体悟天道。

《白心》篇以"建当立有"开篇，提出"虚静为本""合时宜为贵""正名法备"三大治国原则。《管子校注》指出，"白心"意谓通过摒弃欲念、修心静意、调和精气等气化实践，达到的内心虚静纯洁、形神合一的境界。

《心术上》篇曰："道，不远而难极也，与人并处而难得也。虚其欲，神将入舍；扫除不洁，神乃留处。"房玄龄注曰："但能空虚心之嗜欲，神则入而舍之。"《老子》第十一章"三十辐共一毂"的河上公注中有"治身者当除情去欲，使五藏空虚，神乃归之"的描述。对比房玄龄和河上公的注文可知，虽然"空虚"的对象存在"心"和"五藏"
的区别，但"空虚"的最终结果都指向内心虚静纯洁、形
神合一的境界。因此可以说，河上公和房玄龄都主张通过
抑制情感和欲望，使内心保持空明的状态，进而通达"道"
的境界。

五藏空虚，神乃归之

《老子》第五章曰："天地之间，其犹橐籥乎？虚而不屈，
动而俞出。多闻数穷，不若守于中。"这里以"风箱"比喻天
地运行之道，强调大道看似虚空却蕴含无限生机。河上公对
这段话的注解是：

> 天地之间空虚，和气流行，故万物自生。人能除情
> 欲，节滋味，清五藏，则神明居之也。橐籥中空虚，故
> 能有声气。言空虚无有屈竭时，动摇之，益出声气也。

河上公认为，天地之间的空虚状态是"和气流行"的
结果，和气的流行促使万物自发产生。通过去除过度情欲、
节制感官享受，使五脏清静，神明（"道"）方能安住于
身心。

"和气"出自《老子》第四十二章的"道生一，一生二，

二生三，三生万物。万物负阴抱阳，冲气以为和"。"冲气以为和"指万物皆背负阴而怀抱阳，阴阳二气互相激荡，由此形成新的和谐体。河上公注《老子》第七十六章"人之生也柔弱"曰："人生含和气，抱精神，故柔弱也。人死和气竭，精神亡，故坚强也。"

所谓"冲气"，陈鼓应释作"阴阳两气相互激荡"。河上公认为，阴阳二气（清浊、动静）相互作用产生万物，阴阳二气的交融过程就是"冲气"。

"五藏空虚，神乃归之"是河上公在注解《老子》第十一章的"三十辐共一毂，当其无，有车之用"时提出的主张。其文曰：

> 治身者当除情去欲，使五藏空虚，神乃归之。治国者寡能，总众弱共扶强也。无，谓空虚。毂中空虚，轮得转行；舆中空虚，人得载其上也。

河上公明确提出，治国与修身均应遵循清虚无为的法则。所谓"治国者寡能"，强调君主应减少政令干预；"总众弱共扶强"指治国者，寡能总众，弱以扶强也。

要想使"五藏空虚"，实际上是非常困难的。河上公是如何做到的呢？

五、生死与情欲——《老子》第五十章

两种读法

《老子》第五十章深入探讨了"出生入死"的问题，揭示了生死与养神、情欲之间的深层关联。学界通常将第五十章分为两个部分：第一部分从"出生入死"至"以其生生之厚"，主要讨论人的生死问题；第二部分从"盖闻善摄生者"至结尾，主要阐述了如何养护生命。鉴于第二部分不直接涉及情欲问题，这里不进行论述了。

第五十章的前半部分曰："出生入死。生之徒十有三，死之徒十有三。人之生动之于死地亦十有三。夫何故？以其生生之厚。"

①王弼注本作：

> 出生地，入死地。十有三，犹云十分有三分。取其生道，全生之极，十分有三耳；取死之道，全死之极，亦十分有三耳。而民生生之厚，更之无生之地焉。善摄生者，无以生为生，故无死地也。

王弼认为，人从出生到死亡，能自然长寿的占十分之三；

先天短命早亡的占十分之三；本可长寿却自己走向死亡之地的也占十分之三。这是为什么呢？就是因为过于看重自己的生命。

②河上公本作：

> "出生"谓情欲出于五内，魂定魄静，故生也。"入死"谓情欲入胸臆，精神劳惑，故死也。"生之徒十有三，死之徒十有三"，言生死之类各有十三，谓九窍四关也。其生也，目不妄视，耳不妄听，鼻不妄嗅，口不妄言味，手不妄持，足不妄行，精不妄施。其死也反是。"人之生，动之死地亦十有三也"，言人欲求生，动作反之，十三之死地也。"夫何故？以其求生之厚"，言所以动之死地者，以其求生活之事太厚，违道忤天，妄行失纪。

河上公认为，情欲疏泄则生，郁结则死。能自然长寿的占十分之三；先天短命早亡的占十分之三；人本欲求生，但因行为悖逆自然之道，反而陷入死亡境地的，也占到十分之三。

对比王弼和河上公的注文可知，两者对"出生入死"的解读不同。王弼将"出生入死"，解作"出生地，入死地"，意谓人都是要从生地走向死地的。王弼注"善摄生者"曰："无以生为生，故无死地也。"用现代的话来说，就是不过度焦虑生死，以平和自然的态度对待生命过程。

河上公将"出生"解作"情欲出自五内"，将"入死"解作"情欲入胸臆"，将"出生入死"解作情欲外泄则魂定魄静而生，情欲内郁则精劳神惑而死。在此基础上，河上公进一步提出"除情去欲守中和"是修道养身的门户。这种禁欲倾向的注解风格，与王弼注本形成了鲜明的对比。

十有三

河上公对"生之徒十有三，死之徒十有三"的注解是：

> 言生死之类各有十三，谓九窍四关也。其生也，目不妄视，耳不妄听，鼻不妄嗅，口不妄言味，手不妄持，足不妄行，精不妄施。其死也反是。

河上公将"十有三"解作人体的九窍四关。其中，"九窍"是人体与外界进行能量交换的通道，分别指两耳、两目、两鼻、口、前阴、后阴。"四关"是调控能量的关键节点，分别指两肘、两膝。九窍四关是人体沟通天地的枢纽，其开合必须顺应自然法则。九窍四关不妄动，则不生欲望，心守虚静而合道，故有吉福而长生。反之，九窍四关妄自开启，则七情六欲频动，身体就会逐渐衰竭。

河上公将"人之生，动之死地"，解作"人欲求生，动作反之"。用现代的话来说，就是刻意追求长寿者，反而因过度养护而早亡。之所以如此，是因为"求生活之事太厚，违道忤天，妄行失纪"。意谓过度养生会打破身心与自然的平衡，最终导致生命的衰竭。

《韩非子·解老》对"生之徒十有三"的注解是："人主身三百六十节，四肢九窍其大具也。四肢九窍，十有三者，十有三者之动静，尽属于生焉，属之谓徒也。故曰：生之徒十有三。"在韩非子看来，四肢九窍相互协调，共同维持着人体的正常生理功能。一旦生命终结，四肢九窍就会归于"死之徒"。河上公在《韩非子·解老》的基础上，加入了情欲对生命状态的影响。

六、"精神"一词

"精神"一词

河上公将"出生入死"解释为情欲外泄（"出五内"）则魂定魄静而生，情欲内郁（"入胸臆"）则精劳神惑而死，直接将情欲与精神、魂魄联系起来。

"魂魄"通常指附于人体内的精神或灵魂，其中"魂"代表思维与主宰生命的阳气，"魄"则关联身体感官与阴气。"精"的本义为经过筛选的优质米粒，引申为事物的精华部分。"神"与"申""电"同源，甲骨文象形闪电，引申为掌控万物的天神。在《老子》中，"精"与"神"均是作为独立概念出现的。河上公在注解"出生入死"时指出："出生，谓情欲出于五内，魂定魄静，故生也。入死，谓情欲入胸臆，精神劳惑，故死也。"

战国时期"精气"概念兴起，"精神"因被赋予万物生命力的能量属性，而频繁出现在《荀子》《庄子》《韩非子》《吕氏春秋》等典籍中。如《荀子·成相》篇曰："精神相及，一而不贰，为圣人。"意谓精神高度集中，做事专心致志而不三心二意，便能成为圣人。

《吕氏春秋·尽数》曰：

> 天生阴阳，寒暑燥湿，四时之化，万物之变，莫不为利，莫不为害。圣人察阴阳之宜，辨万物之利，以便生，故精神安乎形，而年寿得长焉。

因此可以说，养生长寿之道的关键，就在于解决"毕其数"（享尽天年）的问题，而"毕数之务"，首先在于"去害"。"大甘、大酸、大苦、大辛、大咸五者充形，则生害矣。大寒、大热、大燥、大湿、大风、大霖、大雾七者动精，则生害矣。"意谓养生非仅在"补益"，更在"避害"。五害在内伤形，七害从外动精，唯有调和内外，方得尽享天年。

所谓"精神安乎形"，就是精和神安定于人体之内。道家认为，"精、气、神"是人体生命活动的三大核心要素，其中，"精"是构成人体和维持生命活动的基本物质，"神"指人的精神、思维活动及生命活力。河上公注中的"精神"，也是同样的意思。

在《吕氏春秋》中，"精神"除了指人的生命本源与意识活动外，还可指心神状态。如《仲秋纪·论威》篇用"敌人之悼惧惮恐，单荡精神尽矣"，刻画了敌人因被强大精神力量震慑而陷入极端恐惧，最终意志瓦解、精神耗竭的状态。其中，"单荡"通"殚荡"，意为耗尽、消散。"精神"指精神状态。《素问》《灵枢》等中医典籍中的"精神"，也多指心神状态。

由此可见，"精神"在战国中期以前的典籍中尚未成为复合词。根据现有资料，"精神"作为复合词最早出现在战国末期或汉代的文献中，其使用范围也从个体内在修养延展至社会伦理和行为准则等方面。

《庄子》中的"精神"

《庄子》中的"精神"一词，具有独特的哲学意涵。《天道》篇中的"精神"，多指心灵和意识。如作者在以水为喻，阐述"静"的哲学内涵时指出：

> 水静则明烛须眉，平中准，大匠取法焉。水静犹明，而况精神！圣人之心静乎！天地之鉴也；万物之镜。

这段文字的大意是：水在静止时，能够清晰地照映出人的面貌；水的平面非常符合水平测定的标准，高明的工匠都用水平面作为水准。水平静下来尚且清澄明澈，又何况是人的精神呢！圣人的心境虚空宁静，可以作为天地万物的明镜。这里的"精神"，显然是指心境。

再如，《天道》篇在批判世俗治理手段时，亦出现了"精神"一词。其文曰：

> 本在于上，末在于下；要在于主，详在于臣。三军五兵之运，德之末也；赏罚利害，五刑之辟，教之末也；礼法度数，刑名比详，治之末也；钟鼓之音，羽旄之容，乐之末也；哭泣衰绖，隆杀之服，哀之末也。此者，须

精神之运，心术之动，然后从之者也。

所谓"五末"，分别指军事、刑赏、礼法、乐舞、丧仪这五种低级的治世手段。庄子认为，五末之事皆属人为造作，均需依赖"精神之运，心术之动"，才能发挥作用。成玄英将"心术"解作"心之所能"。因此可以说，"精神之运，心术之动"即指心性修养。

老子与孔子的问答

《外篇·知北游》篇中记录了老子和孔子关于"至道"的讨论。其文曰：

> 孔子问于老聃曰："今日晏闲，敢问至道。"老聃曰："汝齐戒，疏瀹而心；澡雪而精神，掊击而知。夫道，窅然难言哉！将为汝言其崖略：夫昭昭生于冥冥，有伦生于无形；精神生于道，形本生于精，而万物以形相生。"

这段话的大意是：孔子向老聃请教什么是"至道"，老聃回答道："你先得沐浴斋戒，清除心中杂念；净化你的心灵，抛弃你的智慧。大道是神秘莫测，难以言表的！我现在为你说个大概：明亮的东西总是产生于昏暗，具有形体的东西总是产生于无形；人的精神是从大道中产生出来的，形体是从精气中产生出来的，万事万物又是凭借形体而诞生的。"

这段文字中出现了两个"精神"：一是"澡雪而精神"，指清除心中的杂念。此处的"精神"，指的是心灵。二是"精神生于道"，此处的"精神"指先天灵性，也就是大道赋予人体的神秘意识活动。

《列御寇》篇中的"精神"

《杂篇·列御寇》在阐述至人时，亦提及"精神"一词。其文曰：

> 小夫之知，不离苞苴竿牍，敝精神乎蹇浅，而欲兼济道物，太一形虚。若是者，迷惑于宇宙，形累不知太初。彼至人者，归精神乎无始，而甘冥乎无何有之乡。水流乎无形，发泄乎太清。悲哉乎！汝为知在毫毛，而不知大宁。

这段话的大意是：俗人的心智常常局限于馈赠笼络、书信往来等权术之中，把精神消耗在浅薄的事物中，还幻想普济天下，引导众物，以达到物我两忘的境界。像这样的人，已被浩瀚的宇宙表象所迷惑，身心劳累却并不了解混沌初始的境况。而至人呢，却可以让精神回归到混沌初始的状态，甘愿休眠在没有任何有形事物的世界。像水流一样随顺无形，自然而然地流淌在清静无为的自然之道。可悲啊！俗人把心智用在微小琐碎事物中，却一点也不懂得宁静、自然和无为的大宁境界。

通过庄子的描述可知，俗人和至人的"精神"截然不同。俗人的心智常常被消耗在浅薄琐碎的事物中，而至人却可以超越自我，顺应万物，真正达到心灵的自由与超脱。

关于"归精神乎无始，而甘冥乎无何有之乡"，成玄英疏曰："无始，妙本也。无何有之乡，道境也。至德之人，动而常寂，虽复兼济道物，而神凝无始，故能和光混俗而恒寝道乡也。"由此可见，"归精神乎无始"中的"精神"，是"道"的体现。

天地精神

《外篇·刻意》篇通过宝剑的比喻，强调了珍视精神的重要性。其文曰：

夫有干越之剑者，柙而藏之，不敢用也，宝之至也。

> 精神四达并流，无所不极，上际于天，下蟠于地，化育
> 万物。不可为象，其名为同帝。

这段话的大意是：拥有吴越宝剑的人，常常把宝剑放在
匣子中藏起来，舍不得用，珍贵极了。精神充满天地，包裹
六极，无所不在，无所不达，可以主宰世间万物的生死存亡。
这种超自然的力量无法用语言来描述，姑且称之为"同帝"。
这里的"同帝"，也可理解为"道"。

《杂篇·天下》篇称，庄周已经达到"独与天地精神往
来"的境界了。其文曰：

> 以天下为沈浊，不可与庄语。以卮言为曼衍，以重
> 言为真，以寓言为广。独与天地精神往来，而不敖倪于
> 万物。不谴是非，以与世俗处。

这段话的大意是：庄周认为世道浑浊不堪，不能跟世
人庄重地讨论大道。于是就用随意而出的言论来推衍它，用
前辈贤人的话来证实它，用寓言故事来使它博大精微。只和
天地的精神往来亲近，而不傲视万物。不去分辨是与非，而
只是与世俗之人相处。这里的"天地精神"，本质上是"道"
在天地万物中的具象化呈现。

《庄子》一书由《内篇》《外篇》《杂篇》组成，其中《内篇》被视为庄周思想的直接体现。在《内篇》中，"精""神"始终作为独立概念存在，尚未凝固为复合词。其中，"精"指生命本源，如《大宗师》"伏戏氏得之，以袭气母"；"神"指心灵境界，如《养生主》"臣以神遇而不以目视"。

《天下》篇为战国晚期的庄子后学所作，对诸子百家的思想进行了公允而深刻的评述，比较本真地表达了庄周的思想。

《淮南子·精神训》

《淮南子·精神训》主要探讨了精神和形体的关系。其对"精神"的描述是："夫精神者，所受于天也；而形体者，所禀于地也。故曰：一生二，二生三，三生万物。"意谓精神源于天，属阳；形体源于地，属阴；精神与形体是天地阴阳二气化生的结果。高诱在题解中注云："精者，人之气；神者，人之守也。""精气"偏重于从物质形体的层面来讨论生命的构成，"神守"偏重于从精神意识的层面来讨论生命的活动。因此，"精神训"中的"精神"，是兼指形体、精神二者而言的。

《精神训》开篇曰：

> 古未有天地之时，惟像无形，窈窈冥冥，芒芰漠闵，澒蒙鸿洞，莫知其门。有二神混生，经天营地，孔乎莫知其所终极，滔乎莫知其所止息，于是乃别为阴阳，离为八极，刚柔相成，万物乃形，烦气为虫，精气为人。是故精神者，天之有也；而骨骸者，地之有也。

这段话的大意是：天地未开的时候，模糊恍惚而又没有形状，混沌幽暗且不能看清楚，也无法了解内里的情况。有阴阳二神一起产生，治理天地，深远啊，无人知晓它的尽头；浩瀚啊，无人知晓它何时停息。于是便自然分为天地，离散为八极，阴阳二气相荡产生万物，其中杂乱的气产生鱼鸟禽兽和昆虫，而纯精的气则产生人类。因此，人内在的精神心志乃禀受于天，外在的形体骨骸则来源于地。

人体是由天地之精气结合而成的，人的生命是与天地自然息息相通的。从形貌上来说，天有四时、五行、九解①、三百六十日；人有四肢、五藏、九窍、三百六十节。从神情上来说，天有风雨寒暑，人有取与喜怒。

----

① 九解，高诱注曰："八方中央，故曰九解。"俞樾《群经平议》："解者，分也。谓分周天三百六十五度，四分度之一而为九也。"

在阐述完精神和形体的关系后，《精神训》接着就如
何通过形神共养来实现精神与形体的协调展开了论述。其
文曰：

> 夫天地之道，至纮以大，尚犹节其章光，爱其神
> 明，人之耳目曷能久熏劳而不息乎？精神何能久驰骋
> 而不既乎？是故血气者，人之华也；而五脏者，人之
> 精也。夫血气能专于五脏而不外越，则胸腹充而嗜欲
> 省矣。胸腹充而嗜欲省，则耳目清、听视达矣。耳目
> 清、听视达，谓之明。五脏能属于心而无乖，则教志
> 胜而行不之僻矣。教志胜而行之不僻，则精神盛而气
> 不散矣。

这段话的大意是：天地之道极其深远广大，尚且还要节
制光辉，珍视内在神妙，人的耳目感官如何能长期劳累而不
停息？人的精神何以能持续消耗而不枯竭？因此说气血是人
的精华，五脏是人的精粹所在。血气如能专注运行在五脏之
内而不外溢，那么这胸腹内的五脏就充实而嗜欲也随之减少。
五脏充实而嗜欲减少，就能使耳目清新、视听畅达。耳目清
新、视听畅达，叫作"明"。五脏能归属于心而不与心违逆，
旺盛之气占优势，人就不会有邪僻之行了。人的精神旺盛，

精气就不会散泄了。

关于五藏、血气与精神活动之间的关联，《精神训》是这样描述的：

> 夫孔窍者，精神之户牖也；而气志者，五藏之使候也。耳目淫于声色之乐，则五藏摇动而不定矣。五藏摇动而不定，则血气滔荡而不休矣。血气滔荡而不休，则精神驰骋于外而不守矣。精神驰骋于外而不守，则祸福之至，虽如丘山，无由识之。……嗜欲者，使人之气越；而好憎者，使人之心劳。弗疾去，则志气日耗。

这段话的大意是：五官七窍是精神的门窗，而气血则是五脏的使者。耳目过度沉溺于声色刺激，五脏就会动荡不安。五脏动荡不安，血气就会激荡不休。血气持续激荡不休，会使精神能量过度耗散，人就会出现"魂魄飞扬、志意恍乱"等异常表现。……嗜欲使人精气散逸，爱憎之情则使人心力疲惫。如不尽快清除它们，就会使人的气血逐渐耗尽。因此，应通过节嗜欲、戒喜怒来安定五藏，平和血气，最终达到"精神内守而不外越"的理想状态。

故心者，形之主也；而神者，心之宝也。形劳而不休则蹶，精用而不已则竭。是故圣人贵而尊之，不敢越也。……是故圣人以无应有，必究其理；以虚受实，必穷其节；恬愉虚静，以终其命。是故无所甚疏，而无所甚亲；抱德炀和，以顺于天；与道为际，与德为邻；不为福始，不为祸先；魂魄处其宅，而精神守其根；死生无变于己，故曰至神。

这段话的大意是：心是形体的主宰，而精神是心行使其功能的基础。形体过度劳累就会疲惫，精神过度使用就会衰竭。因此圣人自始至终都将精神视为珍宝，不敢随意挥霍使用。……圣人用虚无的精神来应对有形的物质，故能穷究其中的道理；以虚静来接纳实有，故能探究其中的细节；圣人恬愉虚静，以尽天年。因此圣人对外界事物既没有特别疏远，也没有特别亲近；而是持守天德怀拥中和，以顺随天性；与道融为一体，和德相依相伴；不为福始，不为祸先，魂魄安处于形骸之内，精神持守其根本，死生都无法扰乱他的精神，已经达到了神的境界。

《精神训》的内容涉及精神与形体的关系、养生之道及天人相应思想，可谓集道家思想之大成。其对圣人和真人的描述方式，与《庄子》类似。

《淮南子》提出，宇宙万物皆由阴阳二气交感互应化生而来，人是由纯一之精气化生而成的。人的精神禀受于天，骨骸来源于地，二者通过"冲气以为和"的方式，形成完整的生命体。关于二者的关系，《淮南子》的描述是"精神入其门，骨骸反其根"，明确将精神视为生命的主宰。圣人主要通过节嗜欲、戒喜怒来实现"精神内守而不外越"的目标。

河上公在注解《老子》第五十章的内容时，忠实地继承了《淮南子》通过节制欲望以凝聚气血，使精神内守而臻于清明，最终实现形神俱安的主张。

七、河上公注中的"精神"概念

封闭情欲，保护精神

河上公在注解《老子》第五十章中的"出生入死"时，引入了"情欲"和"精神"这两个《老子》文本中原本没有的概念。河上公对于精神和情欲的描述，颇能体现《河上公章句》的思想特色。

除对"出生入死"的注解外，河上公对《老子》第二十七章的注解也提及精神和情欲的问题。《老子》第二十七章开篇曰：

> 善行无辙迹，善言无瑕谪，善数不用筹策，善闭无关楗而不可开，善结无绳约而不可解。

所谓"关楗"，就是关门的木闩，横的叫关，竖的叫楗。河上公对"善闭无关楗而不可开"的注解是：

> 善以道闭情欲、守精神者，不如门户有关楗可得开。

这段话的大意是：任何门户锁钥都无法关闭欲望，唯有修道才能真正封闭欲望。"以道制欲"并非易事，唯有充分认识情欲的本质、危害，才能真正做到"情欲出于五内，魂定魄静"。由此可见，河上公之所以坚决主张"损情去欲"，就是为了保护精神。

河上公在注解《老子》第二十八章中的"大制不割"时指出：

> 圣人用之，则以大道制御天下，无所伤割。治身则以天道制情欲，不害精神也。

河上公明确提出，圣人以大道治理天下，以天道节制情欲，保养精神。如此一来，河上公就在治国与治身皆本于清虚无为的自然之道的基础上，将二者等同起来。

河上公对《老子》第四十三章中的"不言之教，无为之益"的注解是：

> "不言之教"，法道不言，帅之以身。"无为之益"，法道无为，治身则有益精神，治国则有益万民，不劳烦也。

河上公对《老子》第七十一章中的"圣人无病，以其病病"的注解是：

> 小人不知道意，而妄行强知之事以自显著，内伤精神，减寿消年。

结合两则注文可知，河上公将"道"视为节制情欲，保养精神的关键。以道制御情欲，则不害精神，得享天年；不以道制御情欲，则损伤精神，难以长寿。

精神散亡

《老子》第十章曰："专气致柔，能如婴儿乎？"河上公对"专气致柔"的解释是"专守精气使不乱，则形体能应之而柔顺"；对"能婴儿"的解释是"能如婴儿内无思虑，外无政事，则精神不去也"。河上公的意思是：当精神内守而不外泄时，人体便会呈现出类似婴儿的"无思无虑"的状态。

河上公对《老子》第十二章中的"驰骋畋猎令人心发狂"的注解是：

> 人精神好安静，驰骋呼吸，精神散亡，故发狂也。

此处的"驰骋呼吸，精神散亡"，意谓人在从事纵马疾驰等强刺激活动时，会因心神躁动、呼吸紊乱而导致精神涣散。当精神过于涣散时，心智就会狂乱。这一主张，明显受到了《淮南子·精神训》所谓的"神者，心之宝也"的影响。

《老子》第七十六章曰："人之生也柔弱，其死也坚强。"河上公注曰："'人之生也柔弱'，人生含和气，抱精神，故柔弱也。'其死也坚强'，人死和气竭，精神亡，故坚强也。"河上公认为，人活着时因体内存有"和气"与精神，而呈现柔弱状态；死亡后则因"和气竭、精神亡"而呈现僵硬状态。

精神喜清静

河上公在注解《老子》第十二章中的"驰骋畋猎令人心

发狂"时，明确提出了"精神好安静"的主张，其在注解第
七十二章中的"无狎其所居，无厌其所生"时，提出了类似
的主张。

《老子》七十二章曰："无狎其所居，无厌其所生。"河上
公对"无狎其所居"的注解是："谓人心藏神，常当安柔，不
当急狭。"其对"无厌其所生"的注解是："人所以生者，以
其有精神。托空虚，喜清静。而饮食不节，忽道念色，邪僻
满腹，为伐本厌神也。"

河上公指出，人的内心蕴含精神，应当保持安宁柔和，
不应急促狭隘。人之所以能活着，是因为拥有精神。精神依
托于虚空之境而生，本性喜欢清静。放纵口腹之欲，不以道
节制情欲，就会让邪念充斥内心。因此，放纵口腹之欲与情
欲就是在摧残生命的根本，窒息精神的活力。

河上公对《老子》七十二章中的"夫唯不厌，是以不厌"
的注释是：

> 夫唯独不厌精神之人，洗心濯垢，恬泊无欲，则精
> 神居之不厌也。

所谓"洗心濯垢"，就是祛除内心的杂念，当然包括情
欲。河上公认为，只要祛除内心的杂念，保持淡泊无欲的心

态，精神就会永驻心田。

好淫色，尚精神

《老子》第四十四章曰："名与身孰亲？身与货孰多？得与亡孰病？甚爱必大费，多藏必厚亡。"河上公对这段话的注解是：

> 名遂则身退也。财多则害身也。好得利则病于行也。甚爱色，费精神。甚爱财，遇祸患。所爱者少，所费者多，故言大费。生多藏于府库，死多藏于丘墓。生有攻劫之忧，死有掘冢探柩之患。

在古代汉语中，"爱"有两个常用义：一是"喜爱""爱好"，二是"吝啬""舍不得"。这里的"爱"，与"费"相对，均为"吝啬"之义。所谓"甚爱色，费精神。甚爱财，遇祸患"，意谓过度沉迷美色会损耗精神，过分贪求财富会招致祸患。

"所爱者少，所费者多，故言大费"，意谓人若过度执着于名利、财色等欲望，表面看似追求目标单一，实则会过度耗损精力，甚至是透支生命，实在是得不偿失呀。

河上公对《老子》第十二章的"五色令人目盲"注解

是:"贪淫好色,则伤精失明也。"意谓贪恋女色会损耗精气,导致视力衰退甚至失明。这是因为肾主骨生髓,纵欲过度会导致肾精亏虚。若肾精亏虚,则肝血生成不足,视力就会下降。

《老子》第二十九章曰:"为者败之,执者失之。……是以圣人去甚,去奢,去泰。"河上公注曰:"甚,谓贪淫声色。奢,谓服饰饮食。泰,谓宫室台榭。去此三者,处中和,行无为,则天下自化。"意谓圣人若能去除贪淫声色的"甚"、奢侈浮华的"奢"、过分极端的"泰",保持心境的平和,以无为之道治国,天下就会长治久安。在此基础上,河上公进一步提出了"治国者当爱民财,不为奢泰;治身者当爱精气,不为放逸"的主张。

"情欲"和"精神"是河上公在注解《老子》第五十章中的"出生入死"时引入的两个概念,二者都聚焦于人的心灵。此外,河上公也对《老子》中蕴含的治国思想,进行了独特的解读。

第三章　河上公注的结构

一、治身与治国

治国的问题

治身与治国是两个复杂而微妙的问题，河上公注对这两个问题进行了独特的阐述。首先，我们来探讨治国的问题。

《老子》第五十三章曰："使我介然有知，行于大道，唯施是畏。"河上公注曰：

> 介，大也。老子疾时王不行大道，故设此言。使我介然有知于政事，我则行于大道，躬行无为之化。"唯施是畏"，唯，独也。独畏有所施为，恐失道意。欲赏善，恐伪善生；欲信忠恐诈忠起。

这段话的大意是："介"是"大"之义。老子痛恨当时的君王不行正道，因此发出这样的言论：假使我稍微懂得治理政事，我必定践行大道，亲自施行无为而治的教化。君王唯独畏惧施行政事时，背离大道的本义。想要奖赏善行，却担心催生伪善；想要信任忠臣，又忧虑引发诈忠。

河上公将"施"解释为"有所施为"；将"唯施是畏"的原因，归结为"恐失道意"。这里的"道"，就是"无为之化"。因此可以说，河上公对"使我介然有知，行于大道，唯施是畏"的注解，充分揭示了其对道家"无为而治"思想的独特理解。

治国与治身

河上公在注解《老子》第二十九章的"为者败之，执者失之"时指出："人乃天下之神物也。神物好安静，不可以有为治。'为者败之'，以有为治之，则败其质朴。'执者失之'，强执教之，则失其情实，生于诈伪也。"明确指出天下作为"神器"，不可强行控制或妄为。通过强力治理天下，注定失败。那么，圣人是如何治理天下的呢？《老子》第六十四章给出的答案是"无为故无败，无执故无失"。

笔者根据河上公的注解，将《老子》第六十四章的内容分为两段：

① 其安易持，其未兆易谋；其脆易泮，其微易散。为之于未有，治之于未乱。

这段话的大意是：局面安定时容易维持，事变没有出现迹象时容易图谋；事物脆弱时容易消解；事物细微时容易散失。在问题出现前就处理妥当，在混乱未形成时就实施治理。

②是以圣人欲不欲，不贵难得之货。学不学，复众人之所过，以辅万物之自然，而不敢为。

陈鼓应先生对这段话的理解是：所以圣人求人所不欲求的，不珍贵难得的货品；学人所不学的，补救众人的过错，以辅助万物的自然变化而不加以干预。

①和②之间，省略了"合抱之木生于毫末，九层之台起于累土，千里之行始于足下。为者败之，执者失之。是以圣人无为故无败，无执故无失。民之从事，常于几成而败之。慎终如始，则无败事。"河上公对①的注解如下：

"其安易持"：治身治国安静者，易守持也。

"其未兆易谋"：情欲祸患未有形兆时，易谋止也。

"其脆易泮"：祸乱未动于朝，情欲未见于色，如脆弱易破除。

"其微易散"：其未彰著，微小易散去也。

"为之于未有"：欲有所为，当于未有萌芽之时塞其端也。

"治之于未乱"：治身治国于未乱之时，当豫闭其门也。

许多注释家认为，《老子》第六十四章是讨论治国问题的，但河上公却从治身和治国两方面，对第六十四章的内容进行了疏解。如将"其安易持"解作"治身治国安静者，易守持也"，直接将修身与治国并论：个人需克制情欲以守神，君主须平息躁动以安民。又如将"其未兆易谋"解作"情欲祸患未有形兆时，易谋止也"；将"其脆易泮"解作"祸乱未动于朝，情欲未见于色，如脆弱易破除"，将情欲与祸患并论，力主将二者消灭于萌芽状态。

这里以治身为先，以治国为后，与河上公对《老子》第一章"常道"的注解"常道当以无为养神，无事安民"不谋而合。将治身与治国相提并论，将养生之道和人君的南面术联系起来，是河上公注的一大特色。

河上公对②的注解如下：

"是以圣人欲不欲"：圣人欲人所不欲。人欲彰显，圣人欲伏光；人欲文饰，圣人欲质朴；人欲色，圣人欲于德。

"不贵难得之货"：圣人不眩为服，不贱石而贵玉。

"学不学"：圣人学人所不能学。人学智诈，圣人学自然；人学治世，圣人学治身；守道真也。

"复众人之所过"：众人学问反，过本为末，过实为华。复之者，使反本也。

"以辅万物之自然"：教人反本实者，欲以辅助万物自然之性也。

"而不敢为"：圣人动作因循，不敢有所造为，恐远本也。

这里通过众人与圣人的对比，充分展现了道家圣人"无为而治"的智慧与处世哲学。河上公明确提出，治身为圣人之学，治世为众人之学。所谓"治世之学"，就是智巧伪诈之术；所谓"圣人之学"，就是自然无为之道。

以智治国和不以智治国

《老子》第六十五章主要阐述了"古之善为道者"的治国方式。其文曰：

　　古之善为道者，非以明民，将以愚之。民之难治，
以其智多。故以智治国，国之贼；不以智治国，国之福。
知此两者，亦稽式。常知稽式，是谓玄德。玄德深矣，
远矣，与物反矣，然后乃至大顺。

　　这段话的大意是：古代善用道治国者，不是教导人民
智巧伪诈之术，而是教导人民保持淳厚朴实的本性。人民
之所以难以治理，就是因为他们智巧伪诈的心机太多。故
以智治国，是国家的祸患；不以智治国，才是国家的福气。
明白这两种治国方式的差别，就是法则。始终遵循这一法
则，便是"玄德"。"玄德"既深不可测，又远不可及，它
与一般事物的发展规律看似相反，最后却能抵达至善至顺
之境。

　　河上公对这段文字的注解如下：

　　"古之善为道者，非以明民，将以愚之"：古之善以
道治身及治国者，不以道教民明智巧诈也，将以道德教
民，使质朴不诈伪。

　　"民之难治，以其智多"：民之所以难治者，以其智
多而为巧伪。

　　"故以智治国，国之贼"：使智慧之人治国之政事，

必远道德，妄作威福，为国之贼也。

"不以智治国，国之福"：不使智慧之人治国之政事，则民守正直，不为邪饰，上下相亲，君臣同力，故为国之福也。

"知此两者亦稽式"：两者谓智与不智也。常能智者为贼，不智者为福，是治身治国之法式也。

"常知稽式，是谓玄德"：玄，天也。能知治身及治国之法式，是谓与天同德也。

"玄德深矣，远矣"：玄德之人深不可测，远不可及也。

"与物反矣"：玄德之人与万物反异，万物欲益己，玄德施与人也。

"然后乃至于大顺"：玄德与万物反异，故能至大顺。顺天理也。

《老子》文本中的"明民"，意为让人民滋生巧诈之心；"将以愚之"的"愚"，意为敦厚朴实，没有巧诈之心。《老子》中的"愚"，并非传统意义上的愚笨、愚昧，而是指回归自然之道的质朴状态。

河上公将"以智治国，国之贼"解作"使智慧之人治国之政事，必远道德，妄作威福，为国之贼也"；将"不以智治国，国之福"解作"不使智慧之人治国之政事，则民守正直，不为邪饰，上下相亲，君臣同力，故为国之福也"。意为若君主任用智慧之人治国，会导致上下相贼，国无宁日；不任用智慧之人治国，则上下相亲，天下大治。

综上所述，《老子》第六十五章的文本仅仅讨论古之得道者的治国问题，河上公却增加了"治身"的内容，并将"治身"与"治国"等同看待，强调统治者需以质朴无为治国，并引导民众回归淳朴本性。

治身与治国——第十章注

"圣人之治，治国与治身同也"，是河上公注的核心要点之一。这一主张，在其对《老子》第十章的注释中也有所体现。

《老子》第十章主要阐述了道家对君主为政心态的核心要求。如："爱民治国，能无知乎？天门开阖，能无雌乎？"河上公的注解如下：

"爱民治国"：爱气则身全；治国者，爱民则国安。

"能无知"：治身者呼吸精气，无令耳闻；治国者，布施惠德，无令下知也。

"天门开阖"："天门"谓北极紫微宫。"开阖"谓终始五际也。治身：天门，谓鼻孔开，谓喘息阖，谓呼吸也。

"能无雌"：治身当如雌牝，安静柔弱，治国应变，合而不唱也。

"天门开阖，能无雌乎"这句话，颇为晦涩难懂。河上公的注解将"天门开阖"分为两个层面：一是天象层面，"天门"指北极紫微宫，是天帝的居所；"开阖"本指天门开启闭合的动态过程，这里象征王朝的兴衰周期。二是人体层面，"天门"指鼻孔，"开阖"指气息的出入。"五际"指卯、酉、午、戌、亥五个时辰，五者是阴阳转换的关键节点，对应王朝的兴衰周期。河上公将"能无雌"解作"治身当如雌牝，安静柔弱，治国应变，合而不唱也"。意谓治身应保持安静、柔弱、和顺的状态，治国应减少人为干预，无为而治。

"爱民""爱气"的"爱"，都是珍惜的意思。所谓"爱民"，就是减轻百姓的劳役负担和赋税，使百姓休养生息。所谓"爱气"，就是通过节制欲望、顺时养生等，将精气固守在体内。

河上公在注解"能无知"时指出，治身者通过呼吸来吸纳天地精微之气，要做到连自己的耳朵都听不见呼吸声；治国者施惠于民，应如春风化雨，让百姓觉察不到是自己施予的恩惠。在河上公看来，无论是治身还是治国，均应以"无为"为本。

五际

"五际"是汉代《齐诗》学派的代表学者翼奉提出的概念。据《汉书·翼奉传》记载，翼奉在一份奏章中指出：

> 《易》有阴阳，《诗》有五际，《春秋》有灾异，皆列终始，推得失，考天心，以言王道之安危。

翼奉认为，《周易》的阴阳学说、《诗》的"五际"学说、《春秋》的灾异学说，均用阴阳五行学说来推演人事的成败，阐述王朝兴衰存亡的道理。换言之，《诗》的"五际"学说与《周易》的阴阳学说、《春秋》的灾异学说是一脉相承的。

董仲舒的"天人感应"学说认为，君主若违背天道或德行不修，"上天"就会降下旱涝、地震、瘟疫等灾异以示谴告。君主若能接受"上天"的谴告，深刻反省自己的德行和政策，便能转危为安；否则，"上天"便会让其国破身亡。

　　关于"五际"，唐代颜师古注《汉书》引孟康之言曰："《诗内传》曰：五际：卯、酉、午、戌、亥也。阴阳终始际会之岁，于此则有变改之政也。"根据孟康的解释可知，"五际"特指卯、酉、午、戌、亥五个地支年份。这五个年份是阴阳终始际会的年份，每当国家经历这五个年份时，必发生革命（改朝换代）或变革。

　　《毛诗·关雎·序》正义引《诗纬泛历枢》曰："午亥之际为革命，卯酉之际为改正。辰在天门，出入候听。卯，《天保》也。酉，《祈父》也。午，《采芑》也。亥，《大明》也。然则亥为革命，一际也。亥又为天门出入候听，二际也。卯为阴阳交际，三际也。午为阳谢阴兴，四际也。酉为阴盛阳微，五际也。"

　　《大明》出自《大雅·文王之什》，与亥对应，亥主革命，象征革命或变革的起始阶段。《天保》出自《小雅·鹿鸣之什》，与卯对应，卯主阴阳初交，象征变革的推进与制度建设阶段。《采芑》出自《小雅·南有嘉鱼之什》，与午对应，午主阴阳交汇之极，象征军事行动或重大事件的高潮阶段。《祈父》出自《小雅·鸿雁之什》，与酉对应，酉主阳气衰退而阴气渐盛，象征权力调整或改革后的秩序重建阶段。《十月之交》出自《小雅·节南山之什》，与戌对应，戌主阳气终结，象征革命或变革后的稳定期。

综上所述，"五际说"是结合特定时间点与《诗经》篇章及阴阳五行理论来解读和预测王朝兴衰更替的学说，反映了汉代学者以象数推演解经的思维模式。

《齐诗》学派

据《汉书·儒林传》记载，《齐诗》学的创立者为景武之际的齐人辕固生，辕固传夏侯始昌，始昌授后苍，苍授翼奉、萧望之、匡衡。《汉书·翼奉传》记翼奉之言曰："臣奉窃学《齐诗》，闻五际之要《十月之交》篇，知日蚀地震之效昭然可明。"有学者由此提出，"五际说"是西汉《齐诗》学派的经学概念。

齐国是阴阳五行学说的重要传播地，提出"五德终始说"的邹衍是齐国人，黄老学说的集大成者河上公也是齐国人，创立"五际说"的翼奉也是齐国人。

需要指出的是，孟康所谓的《诗内传》，指的是东汉以后被称为"内学"的《诗纬》类文献，并非辕固的《齐诗内传》。《齐诗》之学亡于汉魏之际，翼奉的著述随之亡失殆尽，"五际说"的全貌也已无从考察。

翼奉称自己"闻五际之要《十月之交》篇，知日蚀地震之效昭然可明"，这里的《十月之交》出自《小雅·节南山之什》，诗歌通过日食、地震现象，影射周幽王时期的朝政混乱与民生疾苦。诗中的"十月之交，朔月辛卯。日有食之，亦孔之丑"，记载的是发生在周幽王六年（公元前776年）夏历十月初一的日食事件。这次日食也是中国历史上有明确日期记载的最早日食。诗中的"烨烨震电，不令不宁。百川沸腾，山冢萃崩。高岸为谷，深谷为陵。哀今之人，胡潜莫惩"，形象生动地描述了地震发生的全过程和地震引起的地貌变迁。

翼奉的"四始五际说"之于《齐诗》，类似于灾异谴告说之于《春秋公羊传》，卦气灾异论之于《周易》经传，都与经典本身没有直接关系，而是受特定的历史时势、学术风气之影响，被某人附会到经传之上的。

郎顗之见

据《后汉书·郎顗传》记载，东汉顺帝时期，各地屡见灾异，朝政动荡不安。阳嘉二年（133年），顺帝下诏，命公车（汉官署名）征召贤人询问天象变异之事，于是郎顗上了一道奏章，阐述选贤任能的重要性。郎顗在奏章中指出：

> 夫求贤者，上以承天，下以为人。不用之，则逆天统，违人望。逆天统则灾眚降，违人望则化不行。灾眚

降则下呼嗟，化不行则君道亏。四始之缺，五际之厄，其咎由此。岂可不刚健笃实，矜矜栗栗，以守天功盛德大业乎？

在这份奏章中，郎顗直接将选贤任能与天道运行、民心向背关联起来，指出天象灾异是上天对君主施政失当的警示，故消除灾异的根本在于君主纠正缺失。而纠错的关键，则在于任用明晓天道、德才兼备的贤士辅政。

"四始之缺"中的"四始"，最早见于《史记·孔子世家》，具体指《关雎》为《风》之始，《鹿鸣》为《小雅》之始，《文王》为《大雅》之始，《清庙》为《颂》之始。"四始"象征王朝兴衰的起点，若出现缺失，必致王朝倾覆。"五际"通过亥、卯、午、酉、戌这五个地支年份，预测王朝兴衰节点。当四始不存或五际错乱时，必引发社会剧变或天谴。

郎顗在另一份奏章中指出：

> 今年少阳之岁，法当乘起。恐后年已往，将遂惊动，涉历天门，灾成戊己。

郎顗认为，癸酉年是少阳之年，按照常规，国家应该兴旺。臣担心此后几年，阳气又会受到扰动，灾星运行，经过天门，到了戊己年，会有灾异出现。

郎顗引《诗泛历枢》之言曰："'卯酉为革政，午亥为革命，神在天门，出入候听。'言神在戌亥，司候帝王兴衰得失，厥善则昌，厥恶则亡。"言天神在戌亥之间监察帝王施政得失，帝王政善，天神会助其昌盛；帝王政恶，天神会促其灭亡。

河上公注《老子》第十章的"天门开阖"曰："天门，谓北极紫微宫。开阖，谓终始五际也。"笔者为了弄清"始终五际"的意思，查阅了大量文献资料，终于在《汉书·翼奉传》和《后汉书·郎顗传》中找到了相关内容。经过研究之后，笔者认为河上公的这条注释与《齐诗》学派的"五际说"是一脉相承的。

治身与治国——第四十一章、第四十三章、第四十四章、第六十二章河上公注

《老子》第四十一章曰："上士闻道，勤而行之；中士闻道，若存若亡；下士闻道，大笑之。"河上公的注解如下：

"上士闻道，勤而行之"：上士闻道，自勤苦竭力而行之。

"中士闻道，若存若亡"：中士闻道，治身以长存，治国以太平，欣然而存之，退见财色荣誉，惑于情欲，而复亡之也。

"下士闻道，大笑之"：下士贪狠多欲，见道柔弱，谓之恐惧，见道质朴，谓之鄙陋，故大笑之。

河上公从治身和治国的角度，阐述了"上士""中士""下士"听闻大道后的不同态度。"上士"听闻大道后，主动践行道的法则，以道修身治国；"中士"虽认可道对修身治国的作用，但面对世俗诱惑如财色名利时，便迷失于情欲而背离大道；"下士"因本性贪婪多欲，将道的柔弱特质视作懦弱可惧，将道的质朴本质视作粗鄙浅陋，故讥笑嘲讽。

《老子》第四十三章曰："不言之教，无为之益，天下希及之。"河上公的注解如下：

"不言之教"：法道不言，师之以身。

"无为之益"：法道无为，治身则有益于精神，治国则有益于万民，不劳烦也。

"天下希及之"：天下，人主也。希能有及道无为之治身治国也。

值得注意的是，河上公将"天下"释作"人主"，充分体现了汉代黄老学派"君道无为"的政治主张。

河上公注《老子》第四十三章的"知止不殆"曰："知可止，则财利不累于身，声色不乱于耳目，则身不危殆也。"又注该章的"可以长久"曰："人能知止足则福禄在己，治身者，神不劳；治国者，民不扰，故可长久。"这两条注释都是先讲治身，后讲治国。

《老子》第六十二章："道者，万物之奥。善人之宝，不善人之所保。……故为天下贵。"河上公的注解如下：

> "道者万物之奥"：奥，藏也。道为万物之藏，无所不容也。
>
> "善人之宝"：善人以道为身宝，不敢违也。
>
> "故为天下贵"：道德洞远，无不覆济，全身治国，恬然无为，故可为天下贵也。

需要注意的是，河上公注"故为天下贵"曰："道德洞远，无不覆济，全身治国，恬然无为，故可为天下贵也。"这里明确指出，对道家君主来说，道德既是修身法宝，又是治国根基。

治身和治国并举的例子，在河上公的注文中还有很多。限于篇幅，这里就不一一列举了。总而言之，河上公在注解《老子》文本时，常将治身与治国紧密结合，强调两者皆需遵循自然无为的法则，由此形成了独特的双重阐释体系。

二、道教的接近

从治身治国到道教养生

前文已述，河上公在注解《老子》文本时，频频加入治身的内容，将治国与治身并举，由此提出了"圣人治国与治身相同"的主张，即道家君主效法道的无为，治身则有益精神，治国则有益万民。这一解释路径不仅深化了《老子》的实践维度，还推动了道家思想向养生与政治结合的方向发展。

《老子》第六十章以"治大国，如烹小鲜"为喻，阐述了无为而治的政治智慧。其文曰：

> 治大国，若烹小鲜。以道莅天下，其鬼不神。非其鬼不神，其神不伤人。非其神不伤人，圣人亦不伤人。夫两不相伤，故德交归焉。

这段话的大意是：治理大国，就像煎烹小鱼一样。用"道"来治理天下，不仅鬼神不再具有神秘力量伤害人民，圣人也不会伤害人民。当鬼神和圣人都不伤害人民时，人民就能享受到"德"的恩泽了。这段文字的核心思想是治国需遵循"道"的准则，即清静无为，不轻易打扰或过度干预民众的生活。

河上公对"治大国，若烹小鲜"的注解是：

> 鲜，鱼。烹小鱼不去肠、不去鳞、不敢挠，恐其糜也。治国烦则下乱，治身烦则精散。

《老子》文本中并没有提及治身之事，河上公的注文中却加入了"治身烦则精散"的表述，意为如果操劳过度、思虑过多，就会损耗精气。这一表述明显更符合道教的养生思想。

《老子》第三十五章河上公注

《老子》第三十五章主要阐述了圣人是如何通过"固守大道"，实现自然感召与天下归附的目标的。其文曰：

> 执大象，天下往。往而不害，安平太。……用之不

足既。

河上公的注解如下：

> "执大象，天下往"：执，守也。象，道也。圣人守
> 大道，则天下万民移心归往之也。治身则天降神明，往
> 来于己也。
>
> "往而不害，安平太"：万民归往而不伤害，则国家
> 安宁而致太平矣。治身不害神明，则身安而大寿也。
>
> "用之不足既"：既，尽也。谓用道治国，则国安民
> 昌。治身则寿命延长，无有既尽之时也。

河上公的这三条注文，既对《老子》文本进行了详细的
解释说明，又补充了治身方面的内容。如河上公在注解"执
大象，天下往"时，先解释"执"和"象"的意思，然后从
治国和治身两个层面解释"执大象，天下往"的句意。即圣
人用大道治国，则"天下万民移心归往之也"；用大道治身，
则"天降神明，往来于己也"。河上公对"往而不害，安平
太"和"用之不足既"的注解，也采用了同样的方法，令人
印象深刻。

国之利器不可示人

《老子》第三十六章通过四组对立句式（将欲歙之，必固张之；将欲弱之，必固强之；将欲废之，必固兴之；将欲夺之，必固与之，是谓微明），阐发了物极必反、柔弱胜刚强的道理，最后以"鱼不可脱于渊，国之利器不可以示人"结束全章。

河上公对"鱼不可脱于渊"的解释是：

> 鱼脱于渊，谓去刚得柔，不可复制焉。

河上公的意思是，鱼在深渊中时可以自由活动，处于"刚"的状态；脱离深渊后会变得柔弱，无法再自由活动。隐喻事物若脱离其赖以存在的基础，将会因丧失优势而陷入危险的境地。

河上公对"国之利器不可以示人"的注解是：

> 利器者，谓权道也。治国权者，不可以示执事之臣也。治身道者，不可以示非其人也。

河上公将"利器"解作治国之权与治身之道，提出君主掌握的核心权力不可轻易授予办事的臣子，养生之道不可随意传授给不合适的臣子。"权"的本义是秤砣，古代官员常将秤砣置于案头，寓意"大权在握"，"权"由此引申出权力、权势之义。河上公将"权"解作治国之权，认为君主掌握的核心权力不可轻易授予办事的臣子，韩非子对"国之利器不可以示人"的解释是：

> 赏罚者，利器也，君操之以制臣，臣得之以拥主。故君先见所赏，则臣鬻之以为德；君先见所罚，则臣鬻之以为威。故曰："国之利器，不可以示人。"（《韩非子·内储说下》）

不难看出，黄老之学和法家思想在人君南面之术方面具有一定的互补性。

河上公注"将欲歙之，必固张之"曰："先开张之者，欲极其奢淫。"意谓通过主动扩张对象的势力或欲望，使其达到奢靡放荡的顶点，从而加速其自我崩溃。敦煌遗书 S.477 号写本《道经》第三十六章"将欲歙之"章，将河上公的这条注文误作正文。

重与轻，静与躁

《老子》第二十六章曰："重为轻根，静为躁君……轻则失臣，躁则失君。"《韩非子·喻老》篇对"重为轻根，静为躁君"的解释是："制在己曰重，不离位曰静。重则能使轻，静则能使躁。"对"轻则失臣，躁则失君"的解释是："无势之谓轻，离位之谓躁，是以生幽而死。"韩非子将"重"解作君主牢牢掌握政权；将"轻"解作君主无法掌控政权；将"静"解作君主恪守职责，政权稳固；将"躁"解作君主轻率离开皇位，最终被囚禁至死。

河上公的注解如下：

"重为轻根"：人君不重则不尊，治身不重则失神，草木之花叶轻，故零落，根重故长存也。

"静为躁君"：人君不静则失威，治身不静则身危，龙静故能变化，虎躁故夭亏也。

"轻则失臣"：王者轻淫则失其臣，治身轻淫则失其精。

"躁则失君"：王者行躁疾则失其君位，治身躁疾则失其精神也。

河上公的四条注文，都是先说人君、王者应守重、静，去轻、躁，然后补入治身方面的内容。其注"轻则失臣"曰："王者轻淫则失其臣，治身轻淫则失其精。"所谓"轻淫"，指轻浮放纵、沉迷享乐。这句话的意思是：君主治国若轻率淫逸，臣子必离心离德；治身若过度耗泄，就会耗损生命根基（精气神）。其注"躁则失君"曰："王者行躁疾则失其君位，治身躁疾则失其精神也。"意谓君主治国若急于求成，就会丧失王位；治身若急于求成，就会耗损生命根基（精气神）。

关于治身和治国的顺序，按照《老子》第十三章"贵以身为天下，若可寄天下；爱以身为天下，若可托天下"的表述，应是君主应以治身为先。

三、河上公注的多重结构

河上公注的多重结构，指其在道家思想的基础上，加入了道教养生方面的内容。笔者虽然参考了许多前辈学者的成果[①]，但由于河上公的注文重在解释《老子》义理，笔者在阐述河上公注的结构时，只能尽量做到简洁明了。

---

① 《武内义雄全集》第五卷《老子篇》，角川书店，1978；《老子原始》，东京弘文堂，1926；等等。

《老子》第三章河上公注

《老子》第三章详细阐述了道家"无为而治"的治国理念。下面按照河上公的解读，将该章的内容分为两段。

①不上贤，使民不争；不贵难得之货，使民不为盗；不见可欲，使民心不乱。

这段话通常释作：君主不过分推崇贤能，百姓就不会争名夺利；不抬高稀有之物的价值，百姓就不会去偷盗；不展示诱发贪欲的事物，民心就不会迷乱浮躁。

②是以圣人之治，虚其心，实其腹；弱其志，强其骨。常使民无知无欲，使夫智者弗敢为也。为无为，则无不治。

这段话通常解作：因此圣人治理天下的方法是：净化百姓的思想，满足他们的温饱；削弱争名逐利的欲望，强健他们的体魄。常使百姓没有奸诈心思和贪欲，使那些投机取巧者不敢妄为。以无为的态度治理民众，天下没有不太平的。

　　河上公对①的注解，与其他注家基本相同，值得注意的
是其对②的注解：

　　　　"是以圣人之治"：说圣人治国与治身同也。

　　　　"虚其心"：除嗜欲，去乱烦。

　　　　"实其腹"：怀道抱一，守五神也。

　　　　"弱其志"：和柔谦让，不处权也。

　　　　"强其骨"：爱精重施，髓满骨坚。

　　　　"常使民无知无欲"：返朴守淳。

　　　　"使夫智者弗敢为也"：思虑深，不轻言。

　　　　"为无为"：不造作，动因循。

　　　　"则无不治"：德化厚，百姓安。

　　《老子》文本是围绕治国问题展开论述的。关于"圣
人之治"，大多数注家都解作圣人治理国家的原则或方
法，但河上公却解作"圣人治国与治身同也"。河上公认
为，治国需要"虚其心（除嗜欲，去乱烦），实其腹（怀
道抱一，守五神）"，而治身需要通过"爱精重施，髓满
骨坚"来维持身心调和，治国与治身均需顺应自然无为
的规律。

　　河上公注"实其腹"曰："怀道抱一，守五神也。"这里

的"五神",指五脏之神(心神、肝神、脾神、肺神、肾神)。"怀道抱一,守五神也"意为通过调息聚气于丹田,滋养身体,使精力内守、骨强体健。在道教的内丹修炼中,"实腹"是炼气筑基的初级阶段,强调通过身体修炼(如调息、守神)来稳固根基,进而实现"虚心"的精神升华。河上公注"强其骨"曰:"爱精重施,髓满骨坚。"意为珍惜精元,避免妄泄,从而滋养骨髓,强健骨骼。这是道教延年益寿的核心原则。

河上公注"弱其志"曰:"和柔谦让,不处权也。"意为君主应以柔和谦卑的姿态治理百姓,不滥用权威,不沉迷权术。这条注文充分体现了道家无为而治的思想。

因此可以说,河上公注既是道家思想重心由经世治国向修身养性转变的体现,也是道家养生向道教养生修炼发展的体现。

《老子》第五十九章河上公注

《老子》第五十九章主要围绕"啬"这一概念展开论述。其开篇曰:

> 治人事天,莫若啬。夫唯啬,是谓早服;早服谓之重积德;重积德则无不克;无不克则莫知其极,莫知其

极，可以有国。有国之母，可以长久。是谓深根固柢，
长生久视之道。

这段话通常解作：治理国家，事奉上天，没有比爱惜精
力更重要的。只有爱惜精力，万事才能早做准备；早做准备
就是厚积其德；厚积其德就没有不能胜任的事；没有不能胜
任的事，就无法估计他的力量；无法估计他的力量，就能担
任治理国家的重任。掌握了治理国家的原则，国家就可以长
治久安。这就是根深柢固、长生久视的道理。

河上公的注解如下：

① "治人"：谓人君治理人民。

② "事天"：事，用也。当用天道，顺四时。

③ "莫若啬"：啬，爱惜也。治国者当爱惜民财，
不为奢泰。治身者当爱惜精气，不为放逸。

④ "夫为啬，是谓早服"：早，先也。服，得也。
夫独爱惜民财，爱惜精气，则能先得天道也。

⑤ "早服谓之重积德"：先得天道，是谓重积得于
己也。

⑥ "重积德则无不克"：克，胜也。重积德于己，
则无不胜。

⑦ "无不克则莫知其极"：无不克胜，则莫知有知己德之穷极也。

⑧ "莫知其极，可以有国"：莫知己德者有极，则可以有社稷，为民致福。

⑨ "有国之母，可以长久"：国身同也。母，道也。人能保身中之道，使精气不劳，五神不苦，则可以长久。

⑩ "是谓深根固蒂"：人能以气为根，以精为蒂，如树根不深则拔，〔果〕蒂不坚则落。言当深藏其气，固守其精，使无漏泄。

⑪ "长生久视之道"：深根固蒂者，乃长生久视之道。

道家君主的为政

《老子》文本中的"治人事天"，通常解作"治理人民，事奉上天"。如王弼注"治人事天"曰："上承天命，下绥百姓。"即帝王的职责是顺应天命，治理百姓。中国古人认为，"天"是众神之君，是至上的主宰神，掌控着日月、星辰、风雨、生命等力量。"事天"就是事奉上天，古代帝王通过祭天仪式与上天建立独特的联系，以彰显自身统治的合法性。

河上公将"事"解作"用"，将"事天"解作"用天道，顺四时"。这里的"天道",指的是自然规律。"用天道,顺四时"意谓君主治理百姓应当遵循自然规律,顺应春生、夏长、秋收、冬藏的节律。

周人把"天"奉为有意志的、人格化的至上神,周王亦称"天子",奉天命讨伐商纣。春秋战国时期,"天"被视为宇宙运行规律和自然法则的象征。在《老子》中,"天"被视为自然之天或无为之天,"事天"就是遵循自然规律治理国家。由此可见,河上公的注解是符合《老子》原意的。

③到⑧,阐述的是道家的君主之道。③中,河上公将"啬"解作"爱惜"。"啬",许慎《说文解字》的解释是"爱濇也"。"爱濇"就是爱惜之义。顺便一提,"吝",许慎《说文解字》的解释是"恨惜也"。"恨惜"为过度爱惜财物之义。

在③和④中,河上公阐述了"啬"在治国和治身方面的具体应用:"治国者当爱惜民财,不为奢泰。治身者当爱惜精气,不为放逸。"君主通过爱惜民财和精气来不断积累自身的德行,便可最终达到"可以有国""长生久视"的境界。

在⑤中,河上公明确将"先得天道"与"重积德于己"等同起来,并将"节俭民力以治国"和"收敛精神以治身"视为践行天道的重要途径。不管是爱惜民财还是爱惜精力,都贵在约束自己的欲望。

在《老子》中，"母"被视为"道"的化身，象征"道"的本源性和生成作用。河上公直接将"母"释作"道"，将"有国之母"释作"保有国家之道"，而治国之道与治身之道皆应遵循清虚无为之道。在此基础上，河上公提出了"国身同也"的主张。河上公的这条注释，也成为后世道教"身国同治"理论的源头。

道家的修养法

在⑨中，河上公在提出"国身同也"的主张后，接着从治身的角度提出："人能保身中之道，使精气不劳，五神不苦，则可以长久。"意为人若能遵循身体内在的自然规律，使精气不过度损耗，五脏对应的神志不受困扰，就能健康长寿。

道家认为，"精"是构成和维持人体生命活动的基本物质，"气"是生命能量的本源。河上公继承并发展了这一观点，在⑩中以树木为喻，提出"人以气为根，精为蒂"的养生思想。深藏气，固守精，使无漏泄，正是道教养生的首要任务。

在⑪中，河上公提出"深根固蒂"是实现"长生久视"的关键。"久视"本指感官（耳目）不衰退，形容持久存在或长寿。"长生久视"通常指"延年益寿"。如《吕氏春秋·孟

春纪》曰："世之人主贵人，无贤不肖，莫不欲长生久视，而
日逆其生，欲之何益？"

《老子》第五十九章以"啬—积德—无不克—长久"为
逻辑链条，揭示了"啬"才是治国、养生的根本原则。河上
公以"身国同治"思想为基础，将道家"无为而治"的政治
理念转化为个体修身养性的理念，推动了道家学说从侧重于
经世治国转向强调修身养性。

四、多重结构与五脏神

五脏神

道家将五脏视为神灵驻留的实体空间，据《黄庭经》记
载："五脏六腑，神明居之。"道教认为，五脏不仅承担着生
理功能，还与精神和灵魂紧密相连；每个脏器中都居住着一
位神灵，它们分别掌管着不同的精神和功能。

西汉方士提出的"化色五仓"修炼术，就是通过存想体
内五脏对应"五色"（青赤黄白黑），并想象腹中有"五仓神"
驻守，"五色存则不死，五仓存则不饥"。太平道的经典《太
平经》对"五藏神"的描述是：天地自有神宝，悉自有神精
光，随五行为色，随四时之气兴衰为天地始，以成人民万物
也。这种四时五行之气进入人腹中，便为人的"五藏神"。

这里的"五藏神",即"五脏神"。河上公注《老子》第六章的"谷神不死"曰:"谷,养也。人能养神则不死。'神'谓五脏之神,肝藏魂,肺藏魄,心藏神,肾藏精,脾藏志。五脏尽伤,五神去矣。"

北宋张君房主持编纂的《云笈七签·推诵黄庭内景经法》对"五脏神"的姓名、字号、形象、功能进行了具象化的描述。其文曰:

> 心神名为丹元,字守灵,心之状为朱雀,主藏神。
>
> 肺神名皓华,字虚成,肺之状为虎,主藏魄。
>
> 肝神名龙烟,字舍明,肝之状为龙,主藏魂。
>
> 肾神名玄冥,字育婴,肾之状为玄鹿两头,主藏志。
>
> 脾神名常在,字魂庭,脾之状如神凤,主藏魂。

与张君房的具象化描述相比,河上公的独特贡献在于将玄妙的"谷神"概念落地为可操作的养生实践,这一表述也成为后世道教修炼的理论基础。

《老子》第六章王弼注

河上公对"五脏神"的阐述,主要集中在对《老子》第六章的注解中。第六章的原文是：

> 谷神不死，是谓玄牝。玄牝之门，是谓天地之根。绵绵呵！其若存！用之不勤。

王弼注曰：

> 谷神，谷中央无谷也。无形无影，无逆无违，处卑不动，守静不衰，谷以之成而不见其形，此至物也。处卑而不可得名，故谓天地之根，绵绵若存，用之不勤。门，玄牝之所由也。本其所由，与太极同体，故谓之天地之根也。欲言存邪，则不见其形；欲言亡邪，万物以之生，故绵绵若存也。无物不成，用而不劳也，故曰"用而不勤"也。

王弼将"谷"释作"山谷"，将"谷神"解作"谷中央无谷也"，以山谷的空旷特性比喻"道"的虚无特性，强调其无形无象却蕴含万物生成的能力。

王弼虽然没有对"玄牝"作出具体解释，但将其与"天地根"相关联，称"玄牝之门"乃"本其所由，与太极同体"，强调"玄牝"是"道"创生万物的路径，其门户为天地根源。可见在王弼看来，"玄牝"之"门"即"道"化生天地的入口，其作用"绵绵若存，用之不勤"，则象征"道"的运作自然无为且永续不竭。

由"本其所由，与太极同体，故谓之天地之根也"的描述可知，王弼将"玄牝"与"太极"等同起来，认为二者同具"无形无影、处卑守静"的特质，既不可名状又化育万物。

《老子》第六章河上公注

河上公对《老子》第六章的注解可谓自成体系，虽在义理上偏离了《老子》的本旨，却深刻影响了道教养生思想的发展。鉴于河上公注文的丰富性和层次性，笔者将其分成若干段落，分别加以分析。

①"谷神不死"：谷，养也。人能养神，则不死也。神，谓五脏之神也。肝藏魂，肺藏魄，心藏神，肾藏精，脾藏志，五藏尽伤，则五神去矣。

②"是谓玄牝"：言不死之有，在于玄牝。玄，天也，于人为鼻。牝，地也，于人为口。天食人以五气，从鼻入藏于心。五气轻微，为精、神、聪、明、音、声五性。其鬼曰魂，魂者雄也，主出入于人鼻，与天通，

故鼻为玄也。地食人以五味，从口入藏于胃。五味浊辱，为形、骸、骨、肉、血、脉六情。其鬼曰魄，魄者雌也，主出入于人口，与地通，故口为牝也。

③"玄牝之门，是谓天地根"：根，元也。言鼻口之门，是乃通天地之元气所从往来也。

④"绵绵若存"：鼻口呼噏喘息，当绵绵微妙，若可存，复若无有。

⑤"用之不勤"：用气当宽舒，不当急疾勤劳也。

在①中，河上公将"神"释作"五脏神"，而五脏与五神的对应关系是："肝藏魂，肺藏魄，心藏神，肾藏精，脾藏志。"河上公明确指出，五脏调和则神安，五脏衰败则神亡。

在②中，河上公将"玄牝"释作人的鼻口（"玄为鼻，牝为口"）。其中，鼻为天之门户，负责吸入五气（清微之气），藏于心，滋养精、神、聪、明、音、声五性，并与天相通；口为地之门户，负责摄入五味（浊辱之物），藏于胃，滋养形、骸、骨、肉、血、脉六情，并与地相通，二者共同构成"天地根源"。

在③中，河上公直接将人的鼻口比作天地元气往来的门户。

在④中，河上公揭示了道家养生术的核心要义：通过细缓自然的呼吸，不断吸纳天地元气（清微之气）与地之养分（五味），以此来维系生命本源的活力。

在⑤中，河上公指明了道家养生术的精髓：以无为之道调息，使呼吸如"绵绵若存"、用之不竭，从而达到形神兼养的境界。

谷神

河上公将"谷"解作滋养、养育；将"神"解作五脏之神；将"谷神"解作滋养五脏之神。

在古代汉语中，"谷"的本义指山谷，后因稻、黍、稷等有壳的粮食作物多生长于山谷之中，逐渐被引申为粮食的统称；又因粮食的滋养功能，而引申出"滋养""养育"之义。

《尔雅·释天》曰："东风谓之谷风。"邢昺疏引孙炎曰："谷之言榖。榖，生也；谷风者，生长之风也。"《诗经·邶风·谷风》曰："习习谷风，维风及雨。"这里的"谷风"，特指东风。中国古人认为，东风主生发，象征滋养万物。河上公将"谷"释作"养"，可谓其来有自。

"神"的本义指天神或主宰万物的力量，后来泛指人们身体上的精神和虚无缥缈的神灵。河上公注《老子》第一章的"常道"曰："常道当以无为养神，无事安民。"这里的"以无为养神"，就是以无为之道来涵养内在的神明。按照通常的理解，"人能养神，则不死也"的"养神"，也是同样的意思，河上公却将"神"释作五脏神。"神"由"神明"之义发展出"五脏神"之义，中间有个断点。

日本学者楠山春树在《老子传说的研究》一书中指出，"人能养神，则不死也"之后的内容，是河上公附加的注解。可谓一语中的。

五脏与五神的对应关系

"肝藏魂，肺藏魄，心藏神，肾藏精，脾藏志"这段表述，出自《黄帝内经·素问·宣明五气》篇，原文是："五脏所藏：心藏神，肺藏魄，肝藏魂，脾藏意，肾藏志。"

《黄帝内经》是中国现存最古老的医学典籍，主要由《素问》和《灵枢》两部分组成，全面总结了秦汉以前的医学成就。唐宝应元年（762年），王冰撰成《重广补注黄帝内经素问》（简称《素问》）二十四卷。当今所见《素问》诸本，皆系王冰整理后的传本。

《宣明五气》篇对"五脏所藏"的描述是："心藏神，肺藏魄，肝藏魂，脾藏意，肾藏志。"河上公将《宣明五气》篇中的"脾藏意，肾藏志"，改作"肾藏精，脾藏志"，直接将"志"归于脾，将"精"归于肾。

据隋代萧吉的《五行大义》记载：

> 河上公注《老子》云："肝藏魂，肺藏魄，心藏神，肾藏精，脾藏志。五藏尽伤，则五神去矣。"《道经义》云："魂居肝，魄在肺，神处心，精藏肾，志托脾。"此与《素问》同。

《五行大义》系统总结了先秦至隋代的五行理论体系，内容广泛涉及释名、支干相配、五行相生相克相杂、论德、论刑、论治政等方面。英国剑桥大学的李约瑟博士十分推崇这本书，认为它是"关于五行的最重要的中古时代的书籍"之一。该书在宋代后就失传了，最晚在奈良时代传入日本，成为阴阳道的必读书之一。阴阳道在平安时代蔚然成风，对日本社会生活的各个方面产生了深远的影响。

在河上公之前，注家们都将"谷神不死"释作"不生不灭的道"，"不死"指的是"道"作为宇宙本源，是超越生灭、永恒存在的。河上公则将"不死"解释为"养神"，即通过调养五脏之神（肝、肺、心、肾、脾）来达到长生不老的目的。如此一来，河上公就将道家的"无为"思想与个人的修身养性结合了起来，标志着道家思想从政治哲学向个人生命哲学的转向。

玄牝的问题

河上公对"是谓玄牝"的注解是：

> 言不死之有，在于玄牝。玄，天也，于人为鼻。牝，地也，于人为口。天食人以五气，从鼻入藏于心。五气轻微，为精、神、聪、明、音、声五性。其鬼曰魂。魂者，雄也，主出入于人鼻，与天通，故鼻为玄也。地食人以五味，从口入藏于胃。五味浊辱，为形、骸、骨、肉、血、脉六情。其鬼曰魄。魄者，雌也，主出入于人口，与地通，故口为牝也。

与其他四条注释相比，河上公对"是谓玄牝"的注释明显很长，难免让人怀疑其中有后人掺入的成分。

"玄牝"的"玄"，本义为赤黑色，常与天空、宇宙等宏大概念相关联，如《千字文》开篇曰："天地玄黄，宇宙洪荒。"由于赤黑色具有隐晦、模糊等特性，"玄"字逐渐衍生出神秘、玄妙之义。《老子》中的"玄"既可描述"道"的幽微形态（如"玄牝"），又可描述认知境界（如"玄览""玄德"）。"牝"的本义是雌性的鸟兽。如《周易·坤

卦》曰："利牝马之贞。"这里的"牝马"，即母马，象征着
坤卦承载、孕育与化生万物的母性力量。因此可以说，"玄
牝"象征着"道"所蕴含的无穷无尽、永恒不竭的生养万
物的能力。

　　河上公将"玄牝"释作人的鼻和口，其中，鼻为玄，是
天之门户，负责吸入五气，滋养精、神、聪、明、音、声五
性；口为牝，是地之门户，负责摄入五味，滋养形、骸、骨、
肉、血、脉六情。在④中，河上公注"绵绵若存"曰"鼻口
呼噏喘息"，将鼻口视为呼吸器官。在中医理论中，五官与
五脏的对应关系通常为：目对应肝，舌对应心，口对应脾，
鼻对应肺，耳对应肾。从这个意义上来说，①中关于"五脏
神"的阐述，应是出自河上公本人之手。

注释的注释

　　②中的"天食人以五气""地食人以五味"云云，出自
《素问·六节藏象论》第九章。"五气"即木、火、土、金、
水五行之气。五行之气以一年为周期循环，与四季变化密切
相关。其中，木对应春季，主生发；火对应夏季，主生长；
土对应夏季第三个月（季夏），主长夏；金对应秋季，主收
敛；水对应冬季，主闭藏。"五气"通过鼻孔吸入后，首先
进入肺脏进行初步代谢，再通过心主血脉的功能将气血输布

至全身。

在②中，河上公提出："五气轻微，为精、神、聪、明、音声五性。"关于"精、神"，河上公在注释"谷神不死"时指出："肝藏魂，肺藏魄，心藏神，肾藏精，脾藏志。"按照这一表述，心脏具有主宰人的精神意识、思维活动的作用，肾脏负责储存和调节人体内的精气。"聪、明、音声"分别指人的听、视、言等感官能力。

"其鬼曰魂"的"鬼"，特指生命终结后，脱离形体的阳气（魂）。"魂"是"鬼"的阳性能量形态，故河上公特意强调"魂者，雄也"。中国古人认为，生命由阴阳二气构成，阳气属天→化为精神魂魄→死后升天消散；阴气属地→化为血肉体魄→死后归土腐烂。

"地食人以五味"的"五味"，指酸、苦、甘、辛、咸五种味道。五味与五脏、五行相对应。酸对应五脏中的肝、五行中的木；苦对应五脏中的心、五行中的火；甘对应五脏中的脾、五行中的土；辛对应五脏中的肺、五行中的金；咸对应五脏中的肾、五行中的水。

"五性六情"中的"五性"，指仁、义、礼、智、信，是由纯净、精微的五气转化而成的。"六情"指形、骸、骨、肉、血、脉，六者共同构成有形躯体的物质基础。道教主张，调息纳清以固五性，合理饮食以强六情。

玄牝天地之魂魄与五脏神之魂魄

道家认为，"玄"代表天，对应于人体之鼻，其神灵称为"魂"，属性为雄；"牝"代表地，对应于人体之口，其神灵称为"魄"，属性为雌。这一体系在中医藏象理论中衍生应用，如魂藏于肝，魄藏于肺。

《礼记·檀弓下》记载了：季札出使北方诸国返回途中，陪同的大儿子去世，季札将其就地安葬。孔子和弟子受邀观看葬礼。季札按照古礼将儿子下葬后，说："骨肉归复于土，命也。若魂气，则无不之也。"然后就离开了。孔子感叹道："延陵季子之于礼也，其合矣乎？"

这里的"骨肉归复于土，命也。若魂气，则无不之也"，充分体现了先秦儒家的魂魄二元生死观：魂代表轻清、阳性的气，魄代表重浊、阴性的形，生死之别即形气分离的结果。《礼记·郊特牲》亦曰："魂气归于天，形魄归于地。"这句话描述了人死后魂魄分离的状态：魂气（精神或精气）上升至天，形魄（肉体或形体）沉降入地。

"魂"字，《说文解字》曰："魂，阳气也。从鬼，云声。""鬼"在甲骨文中像跪着的鬼之形，以表人离开身体而存在的精神；云声，指示读音，也有表意作用，云像云气兴起，有飘浮游荡之义，表示无影无踪的灵魂就像云一样飘浮不定。"魂"是依附于身体的一种精神或精气，人活则有魂，死则魂升于天。

"魄"字，《说文解字》曰："魄，阴神也。从鬼，白声。"需要注意的是，"白"是"泊"的省略，为停靠之义，与"鬼"组合后，构成"魄"，意为支配肉体并依附肉体的神秘能量（阴神）。在中医理论中，"魄"被描述为统领肉体的阴神，"魂"被描述为统领精神的阳神，二者通过阴阳协调维持生命活动。

天地、五气、五味

《素问·六节藏象论》篇深入探讨了天体运行与人体脏腑、腧穴之间的关系，其中关于五气和五味的描述是：

> 草生五色，五色之变，不可胜视。草生五味，五味之美，不可胜极，嗜欲不同，各有所通。天食人以五气，地食人以五味。五气入鼻，藏于心肺，上使五色修明，音声能彰。五味入口，藏于肠胃，味有所藏，以养五气，气和而生，津液相成，神乃自生。

这段文字的大意是：自然界的草木呈现青、赤、黄、白、黑五种颜色，五色的变化令人目不暇接。草木又化生酸、苦、甘、辛、咸五种味道，五味的精妙滋味难以尝尽，不同的人对五味的偏爱各有不同。五气由鼻腔吸入，储存在心肺系统，向上输布能使面色红润光泽（五色修明），声音洪亮清晰。五味通过口腔进入体内，储存在肠胃系统，经消化吸收后滋养五脏之气。当五脏之气调和充盈、津液代谢顺畅时，人的精神活力（神）便自然旺盛。

需要注意的是，河上公称"五气从鼻入，藏于心"，《素问·六节藏象论》称"五气入鼻，藏于心肺"。两者的差别在于，河上公并未提及"肺"。在中医理论中，心肺同属上焦，共同调节呼吸与气血分布。由此判断，《素问·六节藏象论》的表述较为合理。

河上公称"五味从口入，藏于胃"，《素问·六节藏象论》称"五味入口，藏于肠胃"。两者的差别在于，河上公并未提及"肠"。中医将脾胃视为"气血生化之源"，其中，胃主降浊（向下传导食物），脾主升清（向上输送营养）。由此判断，《素问·六节藏象论》的表述更为合理。

"津液相成，神乃自生"中的"津液"，是由后天水谷之精气化生而成的液体，"神"代表人的生命活动和精神状态。津液的充盈与协调，是生命活力正常运作的关键。

河上公在注解"是谓玄牝"时，在引用《素问·六节藏象论》中的相关表述的基础上，加入了"魂魄"的内容，由此使得这段注文的结构变得更加复杂。

五脏的外在表征

《素问·六节藏象论》还详细阐述了五脏的生理功能、外在表征、与四时阴阳的对应关系。其文曰：

> 心者，生之本，神之变也。其华在面，其充在血脉，为阳中之太阳，通于夏气。
>
> 肺者，气之本，魄之处也。其华在毛，其充在皮，为阳中之太阴，通于秋气。
>
> 肾者，主蛰，封藏之本，精之处也。其华在发，其充在骨，为阴中之少阴，通于冬气。
>
> 肝者，罢极之本，魂之居也。其华在爪，其充在筋，以生血气，其味酸，其色苍，此为阳中之少阳，通于春气。
>
> 脾、胃、大肠、小肠、三焦、膀胱者，仓廪之本。营之居也，名曰器，能化糟粕，转味而入出者也，其华在唇四白，其充在肌，其味甘，其色黄，此至阴之类，通于土气。

《素问·六节藏象论》用五行思想诠释了五脏的属性和生

克关系，心与神对应、肺与魄对应、肾与精对应、肝与魂对应。河上公在注释"谷神不死"时指出："肝藏魂，肺藏魄，心藏神，肾藏精，脾藏志。"两者对于"脾"的功能表述不同，《素问》称"脾，营之居也"，而河上公称"脾藏志"。在中医理论中，脾胃五行属土，属于中焦，同为"气血生化之源"。据此判断，《素问》的表述更为合理。

综上所述，河上公在阐述道家君主的治国之道时，补入了治身方面的内容，并将论述重心放在了如何以无为修身养性方面。其"精气神"修养模型及"长生久视"目标，成为后世道教内丹修炼的理论雏形。

"玄牝之门"之后的河上公注

河上公将"玄牝"释作人的鼻口，将"玄牝之门"释作"鼻口之门"，人通过鼻口来呼吸饮食，实现与宇宙能量的动态交换。因此可以说，二者共同构成了人体与天地元气交换的通道。

河上公注"绵绵若存"曰："鼻口呼噏喘息，当绵绵微妙，若可存，复若无有。"又注"用之不勤"曰："用气当宽舒，不当急疾勤劳也。"这两句表述意在强调：呼吸需宽舒自然，避免急迫劳累。需要注意的是，河上公对鼻口功能的描述，与《素问·六节藏象论》所谓的"鼻取天之五气，口取地之五味"截然不同。

通观河上公对《老子》第六章的注释可知,"玄牝之门"之后的注释是以阐述呼吸法及其效用为主的。河上公在注释"谷神不死"时指出:"人能养神,则不死也。"这也是道家养生思想的核心命题。那么,圣人是如何养神的呢?河上公给出的答案是:"除情欲,守中和,是谓知道要之门户也"。

河上公注的终点

河上公在注释"谷神不死,是谓玄牝"时,融入了道家"五脏神"的理论,形成了道教的附加注解。由此导致的结果是,我们今天看到的河上公注的结构,似乎是多层叠加的。

通过对比敦煌抄本与传世本的差异可知,南北朝时期茅山派道士从经文校勘与思想整合两个方面,对《河上公章句》进行了修改,通过吸纳河上公"元气化生"宇宙论,强化道教修炼的生理学依据,推动了道教理论与实践的统一。但这一说法,缺乏直接文献佐证。

总之,河上公在"身国同治"的基础上,将老子"无为而治"的治国思想与汉代黄老学说结合,强调清虚无为的自然之道既是治国原则,形成了独特的"治国—治身"一体化理论。后世道教徒从道教的角度,对河上公注进行了修改。

因此可以说,《河上公章句》既是以黄老学派"清静善生"的观点解释《老子》的重要著作,又是后世道教的重要思想宝库。